生命科技问题的法律规制研究

徐明　著

国家社会科学基金青年项目（14CFX036）成果
湖北省社会科学基金项目（2013001）成果
湖北省青年英才开发计划项目成果
湖北[illegible]科学研究计划项目（B2014164）成果
湖北[illegible]育厅高等学校哲学社会科学研究重大项目（15ZD037）成果
武汉[illegible]学院校级科研专项项目（S2015001）成果
武汉工商学院校级博士项目（D2014007）成果

WUHAN UNIVERSITY PRESS
武汉大学出版社

图书在版编目(CIP)数据

生命科技问题的法律规制研究/徐明著.—武汉：武汉大学出版社，2016.6
ISBN 978-7-307-16929-6

Ⅰ.生… Ⅱ.徐… Ⅲ.生命科学—科学技术—法律—研究
Ⅳ.D912.104

中国版本图书馆 CIP 数据核字(2015)第 229392 号

责任编辑:易 瑛 胡国民　　责任校对:汪欣怡　　版式设计:马 佳

出版发行：**武汉大学出版社**　(430072 武昌 珞珈山)
(电子邮件：cbs22@whu.edu.cn 网址：www.wdp.com.cn)
印刷:武汉中远印务有限公司
开本:720×1000 1/16　印张:14.25　字数:203 千字
版次:2016 年 6 月第 1 版　2016 年 6 月第 1 次印刷
ISBN 978-7-307-16929-6　定价:38.00 元

目　　录

导语…………………………………………………………………………… 1

第一章　生命科技概述 ……………………………………………… 10
　第一节　生命科技的历史发展 ………………………………… 12
　第二节　生命科技的界定 ……………………………………… 31
　第三节　生命科技的范畴 ……………………………………… 38

第二章　法律规制生命科技的重要性 ……………………………… 51
　第一节　社会现实的论证 ……………………………………… 52
　第二节　法哲学上的论证 ……………………………………… 79
　第三节　伦理学上的论证 ……………………………………… 97

第三章　生命科技问题的立法理论基础……………………………… 105
　第一节　前提性思考……………………………………………… 105
　第二节　社会正义价值观………………………………………… 108
　第三节　功利主义价值观………………………………………… 122
　第四节　人权保障价值观………………………………………… 127
　第五节　人道主义价值观………………………………………… 134

第四章　人类辅助生殖的法律规制………………………………… 137
　第一节　人类辅助生殖及其立法概述…………………………… 137
　第二节　我国人类辅助生殖的立法现状………………………… 142
　第三节　我国人类辅助生殖立法的理论基础…………………… 153
　第四节　我国人类辅助生殖的理性立法………………………… 162

第五章　人体器官移植的法律规制 …… 167
第一节　人体器官移植及立法概述 …… 167
第二节　我国人体器官移植的立法现状 …… 173
第三节　我国人体器官移植立法的理论基础 …… 182
第四节　我国人体器官移植的理性立法规范 …… 188

第六章　脑死亡问题的法律规制 …… 192
第一节　脑死亡的法律定义 …… 192
第二节　脑死亡的法律定位 …… 194
第三节　脑死亡者器官的再利用问题 …… 201

总结：我国生命科技问题的立法展望 …… 204

参考文献 …… 216

导　语

长期以来在人类社会，生命因其天然的神圣性和神秘性，常常被人们视为由上帝所掌控的世界。一个新的生命个体究竟孕育于何时何地何情之中，又是什么力量在不断推动和左右着其成长发育的漫漫人生旅程呢？古人假借上帝之说，一切听天由命。而现代社会，科学技术的发展极大地提升了人类社会认识自然和改造自然的能力，生命科技也应运而生。事实上，今天的生命科学家们不断破解了一个又一个的科学难题，正日益将过去难以想象的生命科技付诸实践之中。不得不提的，一是克隆技术取得成功——1997 年 2 月 24 日，英国《泰晤士报》披露世界上第一只通过无性繁殖培育的“克隆羊”已经诞生，从而正式宣告克隆技术取得了成功，该技术震动了整个世界，美国《科学》杂志把“多莉的诞生”评为当年世界十大科技进步的第一项；二是“人造生命”的诞生——2010 年 5 月 22 日，美国生物学家克雷格·文特尔（Craig Venter）在实验室中制造出世界首个人造生命细胞，这项技术为生命科学研究带来了新的生机，被 2010 年美国《科学》杂志和《时代》杂志评选为十大科学突破之一。在现代社会，生命科技的发展显然已经为人类自身的发展描绘出了一幅绚丽多彩的美好图画，使人类得以真正科学认识自身的“生命密码”，并可能使人类提高发现问题及采取相应的预防性手段措施或者根据一定的需要修改完善自身的生命特征，等等。这些无疑都将极大地提高和改善人类自身的生活质量，起到有力造福人类社会的作用。但同时，生命科技发展所带来的影响也并不仅仅停留在纯粹的科学技术领域，它深深影响和推动着经济、社会和文化的巨大变革。种种难以想象、前所未有的生命科技日益被付诸实践，正犹如一块巨石投入平静的池水之中（相对于生命科技之于人类社会的出乎意料，这里的池水状态是平静已久)，正深刻改变着人类社会的传统生活方式，对千百年来的社会价值观念和生命文化等产生了巨大的冲击和挑战，引发了一系列的社会伦理道德和法律问题。

生命科技即有关各种生命活动的科学技术，是人类社会进入近现代科学时代后不断探索与发展的最重要成就之一。一般而言，“生命科学即生物学，是以分子遗传学为主的研究生命活动规律、生命的本质、生命的发育规律，以及各种生物之间和生物与环境之间相互关系的科学”。① 在此意义上，生命科技是一个十分广义的概念，具有丰富的内涵和外延，并且应该说，现代社会的生命科技仍处在不断的快速甚至是加速发展之中，各种新的生命科技类型不断产生，其应用的领域也在不断地扩展，这也使得生命科技成为一个不断发展的概念而难以明确地界定范围。但我们不妨用“生命科技”这一表述来加以概括，泛指现代社会生命科学技术的发展及其实践应用，这里主要就与人相关的生命科技及其应用问题进行法律规制的探讨。

众所周知，医学旨在治病救人、救死扶伤、减轻痛苦与恢复健康等，现代社会医学是人类战胜疾病和恢复健康的重要手段。因此，医学与生命科技天然就具有某种紧密的联系，正是这些崇高的医学目的推动了现代生命科技的产生和不断发展，而且，医学事实上成为了生命科技最为广泛应用的领域，自20世纪中叶现代生命科技取得突破性进展以来，医学领域生命科技的应用日益广泛，从人的生命诞生到生命结束，都不乏现代生命科技的“身影”：在人的生命诞生上，有人类辅助生殖技术，包括人工授精、“试管婴儿”、“代孕”以及“克隆人”等；在人的生命发展过程中，有各种器官移植技术；在人的生命终结上，有备受关注的脑死亡。本书主要探讨这些与人直接相关的医学领域中的生命科技问题。对医学诊治疾病、治病救人及恢复健康等而言，生命科技无疑是最有力的科学武器，它极大地提高了医学战胜疾病的能力和促进了现代医学

① “生命科学（生物学）”，百度百科，http：//baike. baidu. com。

的发展与繁荣。然而，生命科技的应用并不都是一片美好的光明景象，还存在诸多疑难的问题：一是医学中生命科技的应用本身就存在一个是否及如何“适用”的问题。“适用”是“适合应用”之义，是符合事物自身性质及其条件要求的应用，医学“健康所系、性命相托”，关乎人类个体真实的生命健康，因此，生命科技的应用应格外谨慎。二是医学中生命科技的应用还可能引发诸多严重的社会伦理、道德和法律问题。例如：现代社会是否应当允许“克隆人”？人类辅助生殖技术应用的边界是什么？代孕的合法性问题以及代孕所生子女的身份认定问题？人体器官移植中摘取供体器官行为的合法性问题以及非法买卖人体器官行为的法律定性？等等。这些在现实社会中与生命科技发展相伴而生的问题不断涌现，而因生命科技的特殊性引起的社会伦理道德和法律疑难问题，日益引起社会各界的广泛关注。

当前，应对生命科技发展所带来的社会冲击与挑战，我们显然应当加强生命科技的法制建设，及早构建起科学合理和完善的生命科技法律法规并将其付诸实践。为什么呢？一方面，从我国的现实需要来看，加强生命科技的法制建设是我国现阶段法治建设的应有之义。在我国，自改革开放以来，依法治国取得了迅速的发展，1999年3月15日，第九届全国人民代表大会第二次会议通过了《中华人民共和国宪法修正案》，正式把“依法治国”写入了宪法，规定：中华人民共和国实行依法治国，建设社会主义法治国家。在此之中，有关“法治”和“依法治国”的思想理论及制度建构等，日益成为社会各界最为关注的问题。2012年11月8日，党的十八大报告则明确将依法治国提升为治国理政的高度，指出：“依法治国是治国理政的基本方式。”2014年10月23日，党的十八届四中全会顺利通过了《中共中央关于全面推进依法治国若干重大问题的决定》，该决定指出：“全面推进依法治国，总目标是建设中国特色社会主义法治体系。”在建设社会主义法治国家中，要“加强重点领域立法。依法保障公民权利，加快完善体现权利公平、机会公平、规则公平的法律制度，保障公民人身权、财产权、基本政治权利等各项权利不受侵犯，保障公民经济、文化、社会等各方面权利得到落实，实现公民权利保障法治化。增强全社会尊重和保障人权意识，健全公民权利救济渠道和方式”。生命科技事关人的生命活动，直接关系到人的生命健康这一最基本的权利，理应成为当前加强立法的重点领域。生命科技作为现代国家社会生活中的重要部分，将其纳入法治的轨道，用法律来规范现代社会生命科技活动的合理开展，是保证生命科技的理性发展和运用以避免其潜在的副作用的需要。另一方面，从国外已有经验来看，加强生命科技的立法是当今世界上生命科技发达国家在规范生命科技发展及其应用，促进生命科技可持续健康发展的有益经验，值得我们加以借鉴吸收。事实上对于生命科技乃至科学技术，一个普遍的认识是“科学技术是一把双刃剑”，科学技术对社会的价值越大，对社会可能造成的危害也越大。因此，虽然在医学上，生命科技以治病救人为宗旨，救死扶伤、改善生命质量是生命科技的出发点，但其也并非白玉无瑕、完美无缺，生命科技的发展和运用并不能脱离国家法律的规范，否则就会成为脱缰之马，给国家、社会和人类造成难以估计的损失。或许正因如此，现代生命科技诞生较早和取得较大发展的西方发达国家，无一例外高度重视对生命科技的法律规制。这从20世纪90年代的克隆羊“多莉”诞生事件可见一斑。随着人类辅助生殖克隆技术的发展，世界第一只无性繁殖的转基因羊（克隆羊“多莉”）在英国一研究所顺利诞生，1997年首次经媒体报道而曝光，克隆羊的诞生当时轰动了整个世界，这一成果名列美国《科学》杂志评选出的该年度世界十大科技进步的榜首位置，在一些学者所津津乐道时，克隆技术同时引发了宗教、伦理和法学界的强烈批评，最大的批评就是克隆技术可能被别有用心的人滥用以至于非法克隆人，从而导致一系列的伦理道德和法律问题。对此，自1997年至2001年短短4年时间，世界上已有20多个国家明令禁止这种以克隆人类个体为目的的生殖性克隆，2001年法国和德国还在联合国带头发起制定“禁止克隆人”的国际公约活动，至今影响深远。

生命科技的发展及其日益广泛的运用，势必会对传统社会伦理道德和法律规范等造成巨大的冲击、挑战。现实社会又该如何合理地应对，以平衡协调生命科技的发展与规制，这构成了本书研究的重要现实价值。现实社会是纷繁复杂的，由生命科技引发的问题往往又是社会中的崭新问题，如何依法处理？一方面，可能是现有法律法规完全没有作出明确的规定，即由新情况出现导致的立法漏洞，即使通过法律解释也难以将新情况纳入法律的调整范围，这显然需要立法机关加快相关立法工作，完善立法。另一方面，则可能是现行法律法规有相关的规定但不甚明确，能否适用、如何合理适用值得思考；或者对同一问题，存在时间先后不同、制定机关不同的数个相关立法规范，究竟应该适用哪一个立法规范？而且，立法源于社会现实的需要，已有的立法是概括抽象出社会问题的一般性规定而作出的命令或禁止性规范，所体现的主要是一般的社会公平正义。又如何在不尽相同的具体的个案中实现个别正义呢？这些现实而紧迫的问题，往往是棘手的问题，不同的人、不同的群体基于不同的观察视角、不同的价值观念则可能会得出不同乃至完全相反的结论，"公说公有理，婆说婆有理"。如 2011 年 12 月的广东富商"八胞胎"事件，起初有人高调支持，一家儿童摄影店以八胞胎做广告代言，宣称"中国首例八胞胎"；但后来质疑之声不断，广东省卫生厅介入调查八胞胎的生育过程，明确表示早在 2003 年卫生部就已明令禁止"代孕"，省卫生厅将追究为八胞胎父母提供"代孕"服务的医疗机构的责任，并按相关法规给予处罚。① 可见，在"八胞胎"事件中，对通过代孕产下八胞胎行为的法律评价，社会公共机构、新闻媒体前后就存在不同的认识。在实现了轰动的"眼球效应"之后，人们开始反思生育八胞胎行为本身对我国"独生子女"计划生育政策法律法规的挑战。现实社会中的生命科技问题纷繁复杂，并且随着生命科技的发展和广泛应用，社会生活中因生命科技而导致的难题还会层出不穷，存在诸多复杂的法律问题。因此研究生命科技的法律规制，寻求医治生命科技发展中出现问题的"灵丹妙药"，具有特别重要的现实意义。

---

① "八胞胎事件"，百度百科，http://baike.baidu.com/view/7129691.htm,2015-03-24。

本书研究的重要理论价值在于生命科技的法律规制是法学和医学科技研究中的新领域。生命科技显然是现代社会中极富时代感的概念，无论对于法学，还是医学抑或伦理道德观念而言，由生命科技发展而产生的法律规制都是新问题、新情况。长期以来，医学诊疗实践旨在运用先进的生命科学技术救死扶伤、治病救人，提高和改善人的生命质量；法律崇尚的是社会公平和正义，强调对安宁有序的社会秩序的保障。二者似乎并不相关，几千年以来，人类社会生命科学（或医学）与法律在各自的发展之路上并行不悖，我们并不存在对生命科技发展的担忧，自然没有真正面临像今天这样艰难的抉择——如何在生命科技的发展及其法律规制上寻找一个最佳平衡点。在此意义上，研究现代社会医学生命科技的法律规制的价值主要有如下几个方面：

首先，我国生命科技问题的法律规制研究，是一种以应用性为主的研究，问题分析与对策构建是重要的研究内容，也是研究价值所在。本书旨在通过对现代生命科技在医学实践中的应用的考察，明确指出我国医学生命科技应用可能存在的一系列与法律相关的问题，分析对这些问题进行立法规制的紧迫性和必要性。在此基础上，遵循现代法治的基本价值观念，借鉴国外已有立法经验，提出医学生命科技的立法规制。现代社会法是理性思想的产物，而理性源于思考，围绕医学生命科技问题的理论研究及立法规制思考，将有利于在医学应用实践中厘清医学生命科技应用问题的关键，起到事先预防、合理化解纠纷和明确法律责任等的作用。这是法治社会的应有之义，在医学生命科技领域，事实上一个令人担忧的不良倾向是“技术至上”，医学科学技术的发展让医学目的开始变得模糊起来。2008 年在中国医学界最高规格的个人奖项“吴阶平医学奖”的颁奖大会上，时任全国人大常委会副委员长、中国科协主席韩启德的主题报告《关于医学技术发展的价值思考》，就流露出对医学科技应用“异化”问题的担忧：医学技术的发展从根本上改变了人类的生活，但“技术至上”却导致医学离“人”越来越远。韩启德院士说：“现在技术大大发展了，我们的医生开始得意忘形了，开始忘记了你看的是生命，而不是病。"① 这种"技术至上"观念及其指导下的医学实践，就可能导致医学忽视对人的生命健康伦理道德乃至法律规范的尊重。现代社会医患矛盾紧张、医疗纠纷时有发生，造成严重的社会问题，在很大程度上就有医学法治观念方面的原因。

其次，探讨生命科技问题的法律规制有利于法学与医学、伦理学、宗教等不同学科的交叉融合，从而扩展法学研究的领域，丰富法学研究的内容。顾名思义，法学是研究社会中各种法律现象的学科，属于社会科学的范畴；法律是由掌握国家权力的统治阶级颁布并以国家强制力为后盾的，是调整人们的各种行为规范的总和，因此法律是一国重要的上层建筑的内容。但法学显然不是一个自给自足的学科，它需要考虑其他学科的内容，法律与其他非法律学科存在着紧密的联系。医学生命科技应用问题的法律规制，就涉及与医学、生命科学、法学和伦理道德等学科的广泛而深入的联系，并不局限在法律一门之内。探讨生命科技的法律规制自然不可能只是法律原则、法律概念的逻辑推理过程，而需要综合和协调相关学科的知识以作出合理的判断。

再次，探讨生命科技问题的法律规制有利于法学理论的丰富和发展，扩展法学理论的视野。近年来随着生命科技的飞速发展，我国法学界主张提出一门新的法学学科——生命法学的声音日益受到广泛关注。如有学者指出："生命法是伴随着生命科学技术尤其是现代生命科学技术发展而为法学理论界提出的一个新概念，是从生命伦理学研究中剥离出来的一个学科范畴。"② 生命法学调整以生命科技活动为中心，涉及人的生命延续、终结乃至人的生命创设、修缮等社会关系的法律科学。相关的生命科技法律问题研究进行得如火如荼。2007 年 11 月，上海社科院法学所、上海市法学会、上

① 《技术至上导致医学离"人"越来越远》，《老人世界》2008 年第 12 期。

② 刘长秋：《关于生命法的学科思考——生命法的概念及生命法学学科的现状与问题》，《科学学研究》，2008 年第 6 期。

海政法学院、同济大学知识产权学院等联合主办了“生命科技发展与法制建设国际研讨会”。会议既在宏观上探讨了生命科技法律的基础理论：生命法的概念、生命法学学科的现状与问题、生命法的价值取向和立法原则，等等，又在微观上探讨了具体的生命科技法律问题，包括基因技术、器官移植、辅助生殖技术、安乐死、美容整形和人体实验中的法律问题，等等。2009 年 10 月，上海社会科学院法学研究所再次联合上海政法学院，在上海举办了“生命法学理论研究与教学”学术研讨会，会议议题是生命法学基本理论问题研究、生命法学教学问题研究等。相对于传统的民事和刑事法律，生命法学因生命科技而具有自然科学和社会科学交叉融合的特点，属于高科技领域中的法学问题。这在一定意义上有利于法学理论研究的深入发展，法律与科学技术的“联姻”也将更加激起法律的理性之光。

最后，探讨生命科技问题的法律规制有利于深化生命科技发展中的“社会公平正义”观念、人道主义、更好地实现保障人权。公平正义是法律的重要价值，同时又是社会最为重要的价值，人类社会几千年历史传承，可以说已经形成了一定的公平正义观念。生命科技这一现代社会的新事物必然会对传统的社会生活、公平正义观念产生重大的冲击。今天，在生命科技的发展已为人类新的生活方式提供丰富的可能性时，应否通过法律干预以维持传统的社会伦理道德或法律观念呢？人类社会发展至今，已有几千年历史积淀形成的相对稳定的文化传统，人类选择了适合自己的若干规范，这些规范是维系社会秩序的伦理基础，而现代医学生命科技的发展已经严重挑战了某些传统的社会规范。以人体器官移植为例，一个不能回避的简单事实情况是：摘取某一身体健康者的器官或组织移植给另一身体器官病变或衰竭的患者，以挽救其生命和健康，对于需要接受器官植入的患者而言，因为是医疗救治行为自然不存在什么问题；但对于器官提供者即健康的正常人而言，摘取器官或组织的行为必然会在一定程度上伤害其生命健康，我们又该如何论证其摘取行为的正当性？在什么条件下什么样的摘取行为，才是为社会公平正义观念所允许的呢？如何在保障患者人权的同时维护器官供者的人权呢？这些问题都值得法学理论进行深入细致的探讨。虽然这些公平正义、人道主义、人权保障观念，往往较为抽象，但并不意味着其与具体问题分析判断的“绝缘”，相反，具体问题的分析不能脱离这些普世价值的基本要求。探讨生命科技的法律规制就是要在生命科技发展和应用中充分体现社会的普世价值观念。

第一章　生命科技概述

生命科技即生命科学技术，是一个非常广义的概念，通常包括生命科学和生物技术两大领域，在字面上，前者主要是从分子水平的微观角度研究各种生命活动，探索生命活动的本质和规律等的科学，而后者主要是研究生物的结构、功能、发生和发展的规律及运用这些知识规律对生物个体进行能动改造的科学技术。但这二者之间显然并不是那样泾渭分明的关系，无论是生命科学，还是生物技术抑或相关表述①，都是用以指代近现代社会以来，随着人类对个体各种生命活动认识的不断深入，掌握了生命个体包括生命产生、生长发育和终结的基本规律，并有意识地将它们用于现实社会以改造生命个体的活动。在笔者看来，有关生命科技的不同表述，实际上就是生命科技这一概念在不同的研究领域、不同的研究学科所表现出来的不同称谓。其中，生命科学，即英文中的 life science，是关于各种生物体生命活动的科学，具体研究生命的起源、产生、发展和终结等整个生命活动过程的生命现象与本质规律。现代社会生命科学旨在研究生物体整个生命周期发展变化规律，并利用这些规律进行调节控制，以促进整个社会发展，造福于人类。② 生物技术，即英文中的 biotechnology，通常又被称为“生物工程”，即英文中的 bioengineering，是人们以现代生命科学为基础，结合先进的工程技术手段和其他基础学科的科学原理，按照预先的设计改造生

---

① 相关的概念表述还有“生命医学”、“生物科技”、“生物科学”、“生物医学”和“医学高新科学技术”，等等。

② 郭自力：《生物医学的法律和伦理问题》，北京大学出版社 2002 年版，第 169~170 页。

物体或加工生物原料，为人们生产出所需的产品或达到某种目的的科学技术。① 现代社会，生物技术源于生命科学，突出生命科学在生物学领域的应用。

在笔者看来，“生命科学”和“生物技术”这两个概念，为生命科技应用的法律规制研究预设了一个无比宽泛的考察范围。而对一个宽泛概念或事物的问题与对策研究，首先应当明确具体的研究对象及内容；何况，时至今日的生命科技处在日新月异的飞速发展变化之中，本身就是一个外延极富开放性的概念，不难想象在不久的将来完全可能凭空冒出一些新的、让人匪夷所思的生命科技项目。在此意义上，本书对“生命科技”这一研究对象有所限定，主要探讨医学领域中的人的生命科技的应用问题。这是为了明确研究对象以构建统一的理论对话平台，也期许能够避免或减少一些不必要的误解。

在明确生命科技的研究对象主要是医学领域之后，需要补充说明的是，这里的“生命科技概况”，也就是指医学领域中人类对生命科技的产生、发展及其应用的基本情况。在现代社会，生命科技日益成为一种医学领域中被广泛使用的疾病诊治手段，而生命科技正深刻影响和改变着现代社会医学中生命产生与死亡、疾病诊治与恢复健康等的传统观念，其中引发的冲击与挑战不容忽视。同时，从现代生命科技的产生和发展来看，人类社会生命科技的实践应用与相关的科学理论研究是紧密联系在一起的。正是人类社会的实践需要推动了生命科技的理论研究，而反过来，相关生命科技的理论研究往往迅速转化为医学实践，推动了医学生命科技实践的迅猛发展。具体而言，这里主要是对生命科技的概念理解，对近现代社会医学生命科技的历史发展情况进行梳理，明确指出本书生命科技的具体研究内容及其表现形式，同时指出现代医学生命科技的迅猛发展正日益改变着传统社会各种价值规范，引发了一些值得关注的社会问题等。

---

① 宋思扬、楼士林：《生物技术概论》，科学出版社 2000 年版，第 2 页。

第一节 生命科技的历史发展

毋庸讳言，人类社会的生命科技显然不可能是从一开始就有的，而是近现代社会以来随着自然科学技术高速发展而产生和不断发展的。在此意义上，人们往往把生命科技与现代社会联系在一起，即所谓的“现代生命科技”。并且，现代社会的生命科技发展可谓日新月异，从20世纪五六十年代出现的人体器官移植技术到DNA技术，再到克隆技术，20世纪90年代克隆羊“多莉”的顺利诞生标志着现代生命科技的飞跃性突破和发展，人类社会由此迈入了一个崭新的生命科技时代。具体到医学领域，生命科技的发展同样表现出十分强劲的势头，有关生命科技的研究与应用正驶入“快车道”。2013年5月16日，“第四届中美临床和转化医学国际论坛”新闻发布会在北京召开，“中美临床和转化医学国际论坛”筹委会秘书长、全球医生组织（Global MD）中国代表处时占祥博士在会上介绍：“转化医学是近10年来生物医学科学领域发展延伸的新理念……其核心是将生物医学研究成果加速并且有效地转化为临床应用的指导理论、应用技术、诊疗方法和最新产品等，在实验室和病房，以及公共卫生决策和医疗服务市场之间架起一条快速双向通道。”而且，“近年来，国际医学界越来越重视转化医学，部分国家已将转化医学作为生命科学的重点战略发展方向之一”。①

---

① 2006年，美国国立卫生研究院（NIH）设置了临床与转化科学基金，将其纳入21世纪NIH的战略发展路线图，每年基金资助转化医学项目经费高达5亿美元；欧盟也为类似转化医学计划投入了60亿欧元。2012年1月，NIH再次重整美国临床和转化项目和投入导向，成立了NIH促进转化科学发展中心来引导美国的临床和转化科学发展，每年投入资金上升到9亿美元。我国也高度重视转化医学，将其发展作为生物医学领域里一个重要部分。目前，我国已建立了129家各类临床和转化医学研究中心/平台机构，为加快我国生物医学科研成果转化，提高疾病的诊治水平奠定了必要基础。详见《我国转化医学正驶入快车道》，分析测试百科网，http：//www. antpedia. com/news/71/n-312071. html。

在国内，为规范和推进转化医学的各种疾病防治技术的开展，保障转化医学或医学生命科技健康有序地发展，2014 年 12 月 5 日，辽宁省科技厅、辽宁省卫生计生委、沈阳军区联勤部卫生部联合出台了《辽宁省转化医学研究中心管理办法（试行）》，明确规定了有关转化医学中心的申报与建设，转化医学中心的体制、机制创新以及管理、诚信、绩效考评等各项规章制度，从而使转化医学研究中心的建设和活动开展有章可循、有规可依。虽然在我国法律体系中，该试行办法充其量只是一部仅适用辽宁省地区的地方政府规章，实际执行效力也有限，但毕竟明确显示了我国转化医学法制化的进程。

在近现代社会，生命科技一经产生即发展迅猛。可以说，“21 世纪是生命科学的时代”①，再怎么强调和重视生命科技也不为过。而虽然生命科技是近现代社会的产物而带有明显的现代社会烙印，但人类对生命科技的想象与追求却古已有之、源远流长。诚如 20 世纪伟大的科学家爱因斯坦所说：“想象力比知识更重要”，正是这种对生命科技的丰富想象力推动了现代生命科技的产生与不断发展。毫无疑问，现代社会生命科技是一个不断发展变化的概念，探讨生命科技应用的法律规制离不开对生命科技发展的历史考察。在人类历史上，向往“长生不老、青春永驻、长久健康、起死回生……”是人之常情，科学文明不发达时代的古人更为甚之；然而，我们不难发现，古人也不乏对生命科技的理性态度，即意识到生命科技的应用并不都是“十全十美”的，而可能导致一些严重的社会问题。这种辩证思想对我们规制生命科技具有重要的启示意义。

一、古代社会生命科技的思想

虽然生命科技是近现代社会科学技术飞速发展的产物，但有关现代生命科学技术的思想渊源历史悠久。古今中外，概莫能外，在

① 《21 世纪是生命科学的时代》，网络文摘，http：//www.people.com.cn/digest/200004/12/kj041203.html。

诸多从古代流传下来的神话故事和传说中，我们都可以窥见古人对现代意义生命科技的叙说。当然，囿于当时社会人们的认识能力有限和科学技术不发达，这些都只能是一种艺术的虚构和想象。

（一）我国古代关于生命科技的传说

在我国古代神话中，人类社会早期也不乏有关生命科技活动的实践尝试，它们大都与长生不老、健康长寿等人们从古至今孜孜以求的美好愿望联系在一起，也有为了聪明才智、获得姣好面容等的故事。值得注意的是，我国古代的这些神话传说在对待生命科技的态度上却是理智和清醒的，故事的主人公们往往希望通过神奇的生命科技给自己带来美好的新生活，但往往事与愿违，导致了一些意想不到的严重后果的发生。生命科技在给人们带来“利”的同时也蕴含着“弊”的危机，这种辩证思想在现代生命科技大放异彩的今天，无疑具有重要的启示意义。

我国早在公元前430年，就有神医扁鹊为两人互换心脏以治病的传说。《列子·汤问》记载，鲁公扈、赵齐婴二人有疾病，就一起请扁鹊治病，扁鹊对公扈说：“你的志气强身体却很弱，有计谋却并不果断，齐婴的志气弱身体却很好，没有谋虑却过于执著。如果把你们的心脏互换，就能平衡，病也就好了。”扁鹊让他人两人喝下药酒，昏迷了三天，在此期间，扁鹊剖开他们的胸腔找到了心脏，将它们对换放置好，然后给他们吃了神药，于是二人过了一会便醒了，就像刚开始一样的健康，后来二人就向扁鹊告辞回家了。

此即为人们津津乐道的扁鹊换心治病的故事。今天，我们以扁鹊当时生活年代的医学科学普遍不发达的情况来看，扁鹊换心是不现实的，所记载的“易而置之”、“投以神药，即悟，如初”，在现代医学中也是难以做到的。因此，这只是人类早期美好的“科学幻想”，显示了古人丰富的想象力，构想出了人体心脏移植手术，对现代的生命科学作出了预言。事实上，今天“扁鹊换心”主要是作为古代寓言故事而存在的，寓意每个人都有自己的长处和短处，人要取长补短。

清代著名小说家蒲松龄（1640—1715）创作的《聊斋志异》，

是我国古代社会集志怪传奇小说之大成者。其中的《陆判》一篇就讲述了“换心”和“盗取美丽妇人的头换给黄脸婆”的故事。故事主人公朱生（朱尔旦）与阴曹地府的判官陆判交好，陆判为了报答朱生的友情，为他换了一颗七窍玲珑心，从此文思泉涌。《陆判》说：……朱尔旦在醉梦中感到腹部有些痛，睁开眼一看，竟是陆判官在给自己清理肠胃。朱尔旦以为陆判官要加害于他，陆判官解释说，你的文章做不好，是因为心窍被堵住了，所以我从阴间挑选了一颗最好的心替你换掉。天亮时，朱尔旦解开衣服一看，发现伤口已愈合。此后，朱尔旦的文章果然大有长进，读书也能过目不忘……尝到换心的甜头，朱尔旦嫌弃自己妻子相貌丑陋，请求陆判为他的妻子换一副姣好面容，陆判答应了下来。一日，陆判得美人首，尔旦于是将其领到卧室，见妻子正侧卧榻上，睡梦正香。陆判将怀中人头交给尔旦，从靴中抽出一把匕首，按住朱妻脖子，轻轻一切，人头滚落一旁，一时血流如注。尔旦心惊不已。陆判急将美人头换上，小心对接端正，再轻按几下，使伤口愈合，而后将枕头垫在肩下。不久，朱妻醒来之后，发现自己长眉入鬓，眼如杏核，俨然就是画中人。不知不觉中，头颅便被换了，身上却并无不适之感，只在脖颈的位置，有一道红线，红线上下，肤色判然有异。

《聊斋志异》本来是小说家在他的书斋中记述的奇异故事，多数作品是通过谈狐说鬼的手法对当时腐败、黑暗的社会现状进行批判。我们不难看出，所谓陆判给朱生“换心”、给朱妻“换头”，都是作家文学创作和艺术虚构的产物，但同时我们不能忘记文学来源于现实生活，是对现实生活加工的产物，其中就暗含着对人体器官移植这一现代生命科技的无限想象。

我国是世界上具有悠久历史的国家，类似的故事还有很多。这反映了古代社会人们认识自身和改造自身的美好愿望，是现代生命科技产生的思想渊源。值得一提的是，对待这些有关生命科技适用的美好神话传说，我国古人并没有一味热捧或羡慕，所持的是一种客观冷静的态度，甚至是略带贬低或排斥之意。在上述故事中，虽然“换心治病”、“换一颗七巧玲珑心”、“换一个美丽面孔”，是很多普通人梦寐以求的事，但是故事并没有描述一个皆大欢喜的结局，作者笔锋一转，讲述了主人公在换心、换头之后产生的一系列社会道德法律问题。

在“扁鹊换心”中，鲁公扈和赵齐婴二人成功互换心脏之后，一个不良反应就是二人的自我身份认同也随之发生了互换，由“换心”引发了“错认妻子的风波”。“于是，公扈返回了齐婴的家里，把齐婴的妻子当做自己的妻子，而齐婴的妻子根本不认识公扈；齐婴返回了公扈的家里，也把公扈的妻子当做自己的妻子，而公扈的妻子也根本不认识齐婴。两家终于打起了官司，不得不找扁鹊来辨明是非；扁鹊把自己对公扈、齐婴进行治病、换心的经过作了证明，官司才得到了了结。”①

在《聊斋志异·陆判》中，无论是朱生“换心”，还是朱妻“换头”，都不是纯粹的事事如意，好事连连，而是一波三折，潜伏着巨大的危险。就“换心”而言，朱生原来天资驽钝、心地善良，陆判为他换了一颗聪慧敏捷的心。之后，他变聪明了，开窍了，各种想法也就多了。中举之后，朱生得意忘形，嫌弃妻子相貌丑陋，一再要求陆判给自己的妻子换上一副美丽的面孔。这就是，“换心”使原来心地善良的朱生迷失了自我，变得贪得无厌，结果酿成祸患。在朱妻“换头”中，陆判是盗用一个被强盗害命的员外女儿的头，因为女儿的头不翼而飞，员外家人生疑并四处派人打听、找寻，后发现女儿的头在朱妻身上。员外怀疑女儿之死是朱生用妖术杀人，故告到衙门，因此，朱生遭受牢狱之灾，幸得判官想办法让员外女儿托梦员外夫妇告之真凶及实情，才得以洗脱冤屈。由此，朱生因给妻“换头”，险些招致杀身之祸。

综上，我国古人不仅早有生命科技的大胆想象，而且清醒地认识到生命科技适用可能带来副作用。这种一分为二、辩证地看待生命科技适用的思想是值得现代社会生命科技研究者加倍注意的。

① 其人：《扁鹊换心（见列子·汤问篇）》，《中华魂》，1995年第11期。

（二）西方古代关于生命科技的传说

人类社会不同地区、不同时代、不同民族，往往具有相通的文化思想。有关生命科技的思想，不仅在我国古代社会的文献中早有记载，而且在域外的古代文明中亦不鲜见。在西方神话传说中，就有不少人物都是兽身人面或半兽半人的神怪形象。主要有：

（1）斯芬克斯怪兽。关于斯芬克斯（Sphinx）的传说，可谓家喻户晓。斯芬克斯给问路的人出一个谜语：什么东西早晨用四条腿走路，中午用两条腿走路，晚上用三条腿走路？如果路人猜错，就被害死。在神话传说中，斯芬克斯就是一个长着狮子躯干和女人头面的怪兽，埃及神话中则有三种斯芬克斯——人面狮身的、羊头狮身的（阿曼的圣物）和鹰头狮身的。① 在埃及金字塔，法老就建造了一个狮身人面像作为自己的守护者。

（2）半人马，又被称为山杜尔族，是希腊神话中一种半人半马的怪物。它们的上半身是人的躯干，包括手和头，下半身则是马身，包括躯干和四腿。在近东地区的一些古代雕塑和绘画中，人们也发现了人马怪的作品，这些半人马通常着猎人装束，弓箭是它们的主要武器，近东地区的人们将其奉为自己的守护神。

（3）美杜莎。神话中美杜莎原本是凡身，是一位美丽的少女，因为生性傲慢而激怒了雅典娜，雅典娜对其施展法术将她的秀发变成了无数毒蛇。她的两眼闪着骇人的光，任何人哪怕只看她一眼，也会立刻变成毫无生气的一块大石头。美杜莎被宙斯之子杀死，她的头颅和血液等都有着神奇的力量。美杜莎的头像常被艺术家用在象征性的徽章、建筑的装饰物甚至雅典的钱币上，也曾用于士兵的盾牌上。

（4）鹰身女妖。神话中鹰身女妖名叫哈耳庇厄，在早期传说中，它们并非被描述为十分丑陋的生物，《神谱》中说它们为“有可爱头发”，后来，它们的形象则发展为丑陋的怪物，长着女人的头，却有着秃鹫的身体、翅膀和利爪，而且性格残忍、凶恶。在希

① “斯芬克斯”，百度百科，http：//baike. baidu. com/view/95235. htm。

腊神话中，哈耳庇厄曾与风神结合，并生下两对神马。在中世纪的欧洲，哈耳庇厄是骑士纹章上常见的图案，尤其流行于东弗里西亚地区。

(5) 牛头人弥诺陶洛斯。弥诺陶洛斯是希腊神话中一个著名的半人半牛怪物。按照传统说法，弥诺陶洛斯是克里特国王弥诺斯之妻帕西淮与克里特公牛发生性关系而生出来的怪物。在著名的建筑师代达罗斯的帮助下，帕西淮化装成一头母牛与此牛交配；结果她不久便怀孕生下了弥诺陶洛斯。在古希腊人的想象中，弥诺陶洛斯具有人类的身体，但长着一颗牛头和一条牛尾巴。

(6) 喀迈拉。喀迈拉是古希腊神话中会喷火的怪兽，其形象是狮子的头和颈、山羊的躯体和巨蟒的尾巴，在背上还昂扬伸出一颗羊头。喀迈拉因其形象特征而被引申使用在生物学研究领域，成为一个非常常用的术语，意译为中文是“嵌合体”(chimera)，指的是来自不同的个体生物分子、细胞或组织被结合在了一起而成为一个新生物体。基因重组、克隆技术均与此有关。美国移植外科协会的 logo 就是它。

此外还有：

鸟怪塞壬 (Siren)，是神话中人首鸟身或鸟首人身，甚至跟美人鱼相类的怪物，塞壬用自己的歌喉使得过往的水手倾听失神，航船触礁沉没。

狮鹫，也称为“格利芬”，拥有狮子的身体及鹰的头、喙和翅膀，现在，狮鹫是费城艺术博物馆的标志，能在博物馆屋顶的每个角落看到狮鹫的青铜铸件。

厄喀德那，又称为“怪兽之母”，上半身为美丽的女人，下半身是可怕的蛇形，生下了许多可怕的野兽。

拉弥亚：人首蛇身女怪，上半身是美丽的女人，下半身为蛇身。

特里通：海之信使，上半身是人形但带着一条鱼的尾巴，等等。

在西方神话传说中，这些怪兽形象的虚构——半人半兽或几种动物的混和，以及不同生物之间的杂交生育等，又何尝不显示着古代社会人们关于生命科技的丰富而有趣的想象呢？而相较于我国，西方神话传说中的怪兽形象更为夸张，叙事更为大胆。在今天看来，这些怪兽或妖怪的形象，都是现代生物学上不同种属动物的组成部分之间机械式直接“嫁接”的结果，其中自然就蕴含着不同物种之间“器官移植”或不同物种结合产生新物种的生命科技思想。当然，根据我们今天的生命科技，这是绝难实现的，换言之，古代社会生命科技长期存在于人们的神话传说之中，难以取得在现实社会中的重大突破。

并且，与我国古代社会对生命科技的基本看法一样，古代西方社会的人们对这类生命科技的应用即怪兽的出现，也大致是持一种怀疑、否定和排斥的态度。其突出表现在诸多的神话传说中，人们常常将种种怪兽（半人半兽）和妖怪，与一些不好的形象或事物联系在一起，多以丑陋、邪恶、恶毒和残忍等来形容之。就上述怪兽而言，斯芬克斯以谜语害人命，被视为狡诈和残忍；半人马之好斗及地位不高；美杜莎之生性傲慢，受诅咒后变得恶毒以及其不得善终；鹰身女妖则被刻画为丑陋的怪物且性格残忍、凶恶；牛头人弥诺陶洛斯往往被看做受诅咒的生物；更有厄喀德那，因生下了许多可怕的野兽，被视为“怪兽之母”，等等。

应该说，在人类社会的前科技时代，富有想象力的古人已经大胆地设想出了现代意义上的生命科技活动；并且开始尝试了一些生命科技的实践活动，当人体的器官、组织等组成部分发生病变时，就通过移植新的健康的器官、组织以恢复功能、治疗疾病。这就是今天的人体器官移植技术。如印度流传的，在公元前600年，古印度就有外科医师采用移植病人本人手臂上的皮肤为其重整鼻子的故事。① 当然，在人类社会早期，尽管人们希望通过器官移植重获新生或医治疾病，但囿于历史条件和医学科学技术的限制，上述“历史记载”还很难让人尽信，它们主要是一些神话传说，是人类社会早期的一种美好的梦想。

① 刘长秋：《器官移植法研究》，法律出版社2005年版，第5页。

二、近现代社会生命科技的产生与发展

在漫长的人类历史长河中，生命科技活动经历了从神话传说到现实生活的嬗变。随着人类社会科学技术的不断发展，笼罩在生命科技上的神秘面纱被人们日益揭开，各种生命科技活动也逐渐被付诸医疗实践之中，极大地提高了医学诊疗疾病的能力和改善了人们的生活质量。然而值得一提的是，生命科技作为一种十分复杂的高新科学技术，有关它的应用异常复杂，常被视为一项系统工程，其产生自然不是一蹴而就的，而是来之不易的，是无数科学家和实验参与者在经历了无数次失败，甚至付出宝贵生命健康的基础上，不断研究和探索的结晶。

医学领域中生命科技，是随着对人体自身组织器官结构及其功能的科学认识而不断建立和发展起来的。事实上，人类社会很早就有解剖的专门记载。在我国，产生于两千多年前战国时期，也是我国最早医学典籍的《黄帝内经》，就明确提出要从对活人的身体测量和对尸体的解剖两个方面来完整地认识人体的结构。① 汉代名医华佗被后世称为外科圣手、外科鼻祖，他尤擅长外科，精于手术，曾用“麻沸散”实施剖腹产手术，传说中华佗给关公刮骨疗毒的故事更是脍炙人口，可见他对人体形态和器官组织结构有较深的认识。不过，受传统儒家忠孝文化观念等的束缚，我国历史上解剖学并未得到较大的发展。现代意义上的解剖学是西方社会科学发展的产物。一般认为，西方解剖学最早可以追溯到古希腊古罗马时期著名的哲学家希波克拉底（Hippocrates）和亚里士多德（Aristotle）

---

① 《黄帝内经·经水篇》指出：“若夫八尺之士，皮肉在此，外可度量循切而得之，其死可解剖而视之”；“其脏之坚脆，腑之大小，谷之多少，脉之长短，自之清浊……皆有大数。”即对活人进行身体测量，而对死尸可以解剖以观察其内脏的结构与变化情况等。

等进行的对动物和人体的解剖观察。① 西方历史上第一部比较完整的解剖学著作是古希腊名医盖伦（Galen，130—201）的《医经》，该书对人体的血液循环、神经系统分布及人体基本器官组织的结构等作了较详细和具体的描述，但其中也存在较多的错误之处。在西方漫长的中世纪时期，人们处于宗教统治的黑暗之中，解剖人体有违宗教禁忌，是严厉禁止的行为，因此也没有人体解剖科学的产生与发展。及至中世纪晚期，文艺复兴运动极大地解放了人的思想观念，从而推动了包括人体解剖在内的科学的发展。在当时，著名的天才画家达·芬奇就创作并流传下来了上百幅有关人体解剖的画稿，详细而准确地描绘了人体肌肉和骨骼的结构，以及手、脚、颈、脊椎因肌肉活动而产生的各种姿态。②

在严格意义上，近现代社会中科学系统和专门对人体器官组织结构进行解剖探索研究的，则直接始于16世纪初叶著名的比利时医生、解剖学家安德烈·维萨里，他对人体解剖有重大贡献。③ 他通过长期的尸体解剖实践，明确记述了人体各个器官的位置、形状

---

① 希波克拉底对人骨作了正确的叙述，但却把神经和肌腱混淆起来。亚里士多德把神经和肌腱区别开来，指出心脏是血液循环的中枢，血液自心脏注入血管。详见倪秀芹、李星：《人类解剖学的历史现状及未来发展趋势》，《四川解剖学杂志》，2001年第3期。

② 相关新闻报道称：2012年5月4日到10月7日，在英国白金汉宫的女王美术馆举办了题为“达·芬奇：解剖学家”的展览，展出著名画家达·芬奇的87幅解剖画作。这些画稿均为英国王室的收藏，至今已有500多年的历史，画稿展览负责人表示，这些画稿从未在达·芬奇生前展出过，如果发表的话，达·芬奇就有可能成为当时最伟大的科学家之一。据介绍，达·芬奇在当时共解剖了大约30具人体标本，做了上百幅解剖画稿，不过这些作品直到1900年才被发表并得到科学界的认可。详见《达·芬奇还是解剖学家?》，中国日报网，http://language.chinadaily.com.cn/news/2012-05/02/content_15189493.htm。

③ 安德烈·维萨里在近现代医学发展中具有非常高的历史地位，被誉为“人体解剖学的创始人”。他在1543年发表了《人体构造》一书，总结了当时解剖学的成就。它与哥白尼的《天体运动论》同一年出版，在此意义上，人们一般将他与哥白尼齐名，一起被奉为近代社会科学革命的两大代表人物。

和结构等，奠定了医学人体科学的发展基础。此后几百年，外科医生在实践中克服了一个又一个的难题，人体器官移植技术才逐渐建立和发展起来。近现代社会，在人体器官移植技术方面取得突破性进展而作出卓越贡献的当属法国外科医生、科学家亚历克西·卡雷尔（Alexis Carrel），他被称为“人体器官移植的先驱”。1902年，卡雷尔在法国里昂经过4年的临床和实验观察，证实用“三线缝合法”缝合的血管可以不出血、不形成血栓和不使血管腔狭窄，被后人称为“卡雷尔缝合法”，该法即血管重建技术，为人体器官移植解决了重要的手术难题。① 后来，他又连克难关，进行输血治疗试验取得成功，并成功创造了“组织培养法”，使人们能够在体外观察细胞的发育和分裂活动。在1935年，他还与美国飞行家查尔斯·林白合作发明了机械心脏，这也是最早的用以器官移植的人造心脏，同时他明确提出了人的任何脏器都可以进行移植的理论，其主要理由是，他经过试验证明人体中的任何器官都可以离开人的身体而在体外的装置中继续存活下去，人们可以在需要的时候用这些器官来替换病人已经坏死的器官。

在20世纪上半叶的西方社会，伴随着人体解剖学及外科手术技艺等的不断发展，医学实践中陆续出现了诸如“肾移植”等移植重要人体器官进行疾病治疗的案例。据相关资料的记载，主要有：1905年，奥地利医生爱德华·泽尔进行的眼角膜移植手术，接受眼角膜植入的是一名来自捷克的农场工人，因长年跟石灰打交道而眼睛濒临失明，提供眼角膜的是一名被异物刺入眼部的11岁小男孩，在确定男孩视力无法挽回时，泽尔医生征得其家人的同意，将男孩的眼角膜移植给了工人。这是人类社会发生在同种异体间的首例角膜移植手术。接受眼角膜植入的农场工人愈后情况良好，因为角膜上没有血管，移植后的器官排斥反应轻微，尽管术后一只眼睛感染，另一只仍然恢复了视力并保持了终生。

---

① 卡雷尔是最早尝试心脏移植的先驱。他在缝合血管、组织培养、器官移植等方面都作出了令全世界震惊的重大贡献，因此荣获1912年诺贝尔生理学/医学奖。

1906 年，法国医生亚布雷斯第一次进行了人与动物之间的异种器官移植，他曾分别将猪和山羊的肾脏移植给了罹患尿毒症肾病的两名女性，但因为强烈的器官排斥反应，这两名病人都很快死去了。1933 年，乌克兰医生沃罗诺伊实施了第一例人体同种异体的肾脏移植，器官受者为 26 岁女性，因服氯化汞自杀造成肾衰，供者为 66 岁男性，死亡 6 小时切取肾脏，在局麻下将肾移植到股血管上，但术后无尿，数小时后病人死亡，手术以失败告终；3 年之后，沃罗诺伊又开展了一次著名的肾移植手术，他为一位尿毒症患者进行了同种活体肾移植，手术进展顺利，但由于对免疫排斥机理一无所知，未采取任何免疫抑制措施，使得病人在术后仅存活了 48 小时即死去。在此期间即 20 世纪上半叶，西方社会有众多科学家和医生都先后开展了人体异种器官或同种异体器官的移植手术。尽管当时医学上的外科手术已经较为成熟，能够解决诸如血管重建等的难题，但由于人们并没有清楚地认识和掌握人体对移植的异体器官组织存在着免疫排斥反应，也无从解决这种移植器官与原来人体之间的排斥反应，故接受人体器官移植的患者均未能获得长时间的存活。如学者所总结：“人类真正实现实体器官移植的历史不到 50 年。早期进行的肾移植均以失败而告终。”①

人体器官移植的重大突破发生于 20 世纪 40 年代，皮特·梅达尔和其同事弗兰克·伯内特发现了人体免疫系统并解释人体排斥外来组织的原理。人体免疫医学使科学家们找到了以往人体器官移植屡屡失败的根源所在。此后，在强调移植器官的组织配型和抗免疫排斥药物的运用下，人体器官移植患者存活率日益提高，器官移植技术得到广泛的运用。1954 年，美国科学家默里和他的医疗小组在一对同卵双胞胎之间成功地实施了肾移植手术，创造了人类历史上第一例长期存活的人体器官移植。后人一般认为，人类社会自此

① 熊吉影：《器官移植的历史》，《人民日报》2002 年 9 月 27 日。

开创了疾病治疗的器官移植时代。① 1955 年，修穆将免疫调节性类固醇激素运用于肾移植，使同种肾移植的存活率大为提高。1959 年，默里和法国科学家哈姆伯格各自采用给肾脏移植的患者全身大剂量放射线照射以抑制异体排斥反应的方法，使非同卵双胞胎间的肾移植手术也获得成功。60 年代以来，随着新的免疫抑制药物的研制和应用，组织配型能力的提高以及外科手术的改进，器官移植取得巨大的成就。1963 年首例肝移植、1967 年首例心脏移植……目前，除了神经系统外，医学科学技术几乎对人体内所有器官和组织都可以移植，但肾移植的应用最为广泛，人数已逾 10 万，存活率也最高。人类在医学人体器官移植领域取得了巨大的成就。

现代生命科技的另一个重大成就是人类辅助生殖技术，它已经表现出广泛的内容和广阔的应用前景，包括通过人工辅助的方式来解决患有不孕不育症夫妇孕育子女问题的科学技术以及由此衍生出的基于人体基因或 DNA 分子水平的疾病筛选、诊断、治疗，试管婴儿、代孕、克隆技术等诸多方面。繁衍后代是人类自身得以存在和不断发展的根本动力，人的孕育和生殖无疑具有十分重要的社会意义，也因此形成了丰富的鼓励生育和重视生命的社会文化。在我国就流传有“不孝有三，无后为大”的古训，一个人不娶妻生子，断绝后代，就是不孝。在此意义上，人类社会天然就存在着强烈的人类辅助生殖的需要。如今，人类辅助生殖技术泛指代替自然的人类生殖过程中的某一步骤或全部步骤的手段，即运用现代医学科学

---

①　他们在患者中选择了一名有双胞胎弟弟的尿毒症患者，其弟弟同意捐出一个肾。默里和他的医疗小组为保证兄弟俩确为同卵孪生，到警局核对过指模，并预先给他们进行了交叉植皮试验。最终这场里程碑式的换肾手术进行了 5 个半小时，开创了器官移植的新时代。后来，默里对病人进行放射线照射，以抑制排斥反应。术后哥哥的生命延续了 8 年，肾脏运转始终正常，后因心脏病去世。捐肾的弟弟则一直活到了 79 岁。1990 年，默里由于在“人体器官和细胞移植研究”方面的贡献而获得诺贝尔生理学/医学奖。相关资料参见郭晓强、刘宪峰：《器官移植之父——默里》，《科学》，2013 年第 2 期；曲辉：《人类器官移植史 从神话到手术台》，中国残疾人网，http://www.chinadp.net.cn/topic_/organdonation/roundup/2015-07/30-14715.html。

技术和方法，对精子与卵子、受精卵、胚胎进行人工操作，以达到孕育子女后代目的的技术，并逐渐形成了三种基本的人类辅助生殖技术：人工授精、体外受精和无性生殖。

从人类辅助生殖的历史发展来看，早期的人类辅助生殖就是“人工授精”（Artificial Insemination AI），即通过人工的方式获取健康的精子，再置入女性体内使之受孕。据文献记载，人工授精距今已有230年的历史，1785年英国Jonh hunte将一名患有尿道下裂症病人的精液注入他妻子的阴道内，成功地使其怀孕，从而解决了他们的生育问题；1860年美国纽约州医院人工授精获得成功；1953年美国首次使用低温冷冻储藏的精子进行人工授精成功，到20世纪70年代中期，人工授精技术在医学上已被广泛应用。①

人工授精是把丈夫或供精者的精子采用人工注射的方法送进女性的生殖腔道内以达到孕育子女的目的，主要是为男性原因以及少数的女性原因而造成不孕不育的夫妇生育子女的一种补救方法。这也决定了其适用的范围极为有限，难以有效地解决那些因为女性输卵管或子宫疾病而导致的不孕不育症。② 而随着医学科学技术的不断发展和不孕不育治疗实践的需要，人工授精逐渐从简单的“体内受精”走向了日益复杂的“体外受精”，并产生了“体外受精—胚胎移植”这一新型的人类辅助生殖技术。在体外受精技术应用中，首先是人工获取男性的精子细胞和女性的卵子细胞，在试管里使二者结合在一起，完成体外受精并培育成为胚胎，再将胚胎植入

① 梅志强：《人类辅助生殖技术的发展历史与现状》，《中国计划生育学杂志》2008年第10期。

② 人工授精的适应症主要有：（1）男性因少精、弱精、液化异常、性功能障碍、生殖器畸形等不育；（2）女性因宫颈黏液分泌异常、生殖道畸形及心理因素导致性交不能等不育；（3）免疫性不育；（4）原因不明的不育。其禁忌症主要有：（1）女方因输卵管因素造成的精子和卵子结合障碍；（2）女方患有生殖泌尿系统急性感染或性传播疾病；（3）女方患有遗传病、严重躯体疾病、精神心理障碍；（4）有先天缺陷婴儿出生史并证实为女方因素所致；（5）女方接触致畸量的射线、毒物、药品并处于作用期；（6）女方具有酗酒、吸毒等不良嗜好。

女性体内孕育和分娩胎儿，在此意义上，人们形象地将“体外受精—胚胎移植”技术称为“试管婴儿技术”（In Vitro Fertilization Technology IVF）。① 对此，作出开拓性研究的是美籍华人科学家张明觉，他被称为“试管婴儿先驱”，于1945年开始在美国做动物体外受精实验，从事精液的冷冻保存和家畜的人工授精研究。1950年，他成功移植了兔的受精卵，提出了卵龄和子宫内膜发育必须同步化的概念，1951年，他同澳大利亚科学家奥斯汀同时发现了“精子获能”现象②，从而为哺乳类动物体外受精奠定了理论基础，并于1959年在兔的体外受精试验中获得成功，也是全世界第一个取得成功的动物体外受精。③ 而推动将体外受精技术应用于人类的是英国生理学家罗伯特·爱德华兹，他被誉为“试管婴儿之父”。④ 20世纪50年代，他受当时已出现的动物体外受精技术的影响，就预言体外受精方法将会是治疗人类不孕症的有效手段，并着手相关研究。1963年，他与英国妇科医生帕特里克·斯特普托合作创立了全球第一个试管受精研究中心。1969年，其研究取得了突破性的进展，首次成功地实现了人类卵子的体外受精，并培育出了人类的早期胚胎。1978年7月，他和斯特普托终于培养出第

① 尽管体外受精技术通常被世人俗称为试管婴儿，但试管婴儿并不是真正在试管里长大的婴儿，而是从卵巢内取出几个卵子，在实验室里让它们与男方的精子结合，形成胚胎，然后转移到女性子宫内，使之在子宫里着床、孕育与妊娠成熟，并与正常自然受孕的妇女一样，怀孕至足月，最后分娩出胎儿。一般而言，正常的受孕是男性的精子和女性的卵子在女性输卵管内相遇，二者结合而孕育形成受精卵，然后受精卵回到子宫内，继续妊娠。因此，试管婴儿实际上是用实验室的试管代替了输卵管的功能而称为试管婴儿。

② 国际生理学界特地将“精子获能”原理命名为“张氏—奥斯汀原理”。

③ 许立言、秦扶一、姚诗煌：《哺乳类体外受精的奠基人——张明觉》，《中国科技史杂志》1981年第2期；郭礼和：《“试管婴儿技术”获奖的联想》，《中国细胞生物学学报》，2010年第6期。

④ 罗伯特·爱德华兹因其在试管受精科学领域中所获得的重大成就，于2010年10月4日获得诺贝尔生理学/医学奖的殊荣。

一个试管婴儿，该婴儿在一秘密地点分娩，名叫“路易丝·布朗”。① 此后，试管婴儿技术在各国医学实践中被逐渐推广开来，紧随其后，在1980年和1981年，澳大利亚和美国分别诞生了各自的首个试管婴儿，在我国，第一试管婴儿诞生于1988年。

目前，试管婴儿技术已经发展到了第四代。第一代试管婴儿，即常规试管婴儿（IVF-ET），是将患者的卵子和精子在培养皿内混合让卵子受精，然后将受精卵在体外培养所产生的胚胎移植到患者子宫内的一种辅助生殖技术。第二代试管婴儿，即卵胞浆内单精子注射技术（Intracytoplasmic sperm injection ICSI），是借助显微操作系统将单一精子注射入卵子内使其受精。它是在第一代试管婴儿基础上发展而来的，该技术仅需数条精子即可完成受精、妊娠，是严重男性因素不育患者的最有效治疗方法。第三代试管婴儿，也称胚胎植入前遗传学诊断（PGD），指在常规试管婴儿的胚胎移植前，抽取胚胎的遗传物质进行分析，诊断是否有异常，筛选健康胚胎移植，防止遗传病传递的方法。第四代试管婴儿，是针对那些虽有排卵功能，但因为身体条件不好，或者年龄偏大，致使卵子的质量不高、活力差的女性。具体方法是将她的卵细胞的细胞核取出，移植到一位年轻、身体健康的女性卵子的细胞浆中，形成一个新的、优质卵细胞，而它仍旧表达着前一位女性的遗传特征，仍旧以前一位女性为“核心”。然后再把这个新“造成”的卵子和其丈夫的精子在试管中结合成受精卵，重新植入前一位女性子宫内，这样就生下一个和提供卵细胞浆的“第三者”毫无关系的健康孩子。在2013年10月，国际辅助生育技术监控委员会发表报告指出：“现在全球的试管婴儿已经超过500万”，“在1990年时，全球还只有大约9.5万名试管婴儿，但是到2000年已增加到接近100万，到2007

① 根据爱德华兹研究团队的凯·埃尔德回忆说：“那是多么可怕的时刻，当时媒体认为，即将有可怕的怪物出生。人们普遍认为，篡改人类规律不合道德不受欢迎。”而对路易丝·布朗的诞生，让世人惊讶：科学家“扮演了上帝”，“潘多拉的盒子被打开了”。为了躲避媒体，路易丝的母亲不得不在一处秘密地点分娩。参见邱仲潘：《饱受争议的试管婴儿之父》，《自然与科技》，2010年第6期。

年则增加到 250 万人。从 2007 年到现在，试管婴儿技术又为全世界增添了约 250 万人。这也说明，以试管婴儿为代表的体外受精技术已经成为不育治疗的主流选择。”①

世纪之交，生命科学在人类辅助生殖、繁衍后代的技术上取得了更大的进步，并由此诞生了“克隆技术”这一现代社会最受争议的生命科学技术。它完全颠覆了过去的通过两性结合孕育后代的高等生物的生命诞生法则，而是直接由一个单一个体通过克隆复制技术“无性生殖”出新的生命后代。克隆技术所产生的后代与该个体在遗传基因上完全相同，是遗传基因上的同一体。1997 年 2 月 24 日，英国《泰晤士报》披露了一条惊世骇俗的重大科技消息：世界上第一只通过无性繁殖培育的“克隆羊”7 个月前就已经诞生了。由成功克隆羊自然延伸到克隆人，这在理论上即意味着现实的克隆人技术。由此遭到了包括科学、伦理道德、宗教和法学的强烈抗议，纷纷作出禁止克隆人的反应，认为对人类自身的克隆明显有悖于伦理道德规范。同时，人类辅助生殖技术的发展也涉及和不断衍生出人类遗传和基因技术的应用。相关的研究与应用始于 19 世纪中叶，奥地利生物学家孟德尔通过大量植物实验发现了遗传因子，并提出遗传的分离规律和自由组合规律，但在当时未受到学术界的重视。30 多年之后即 20 世纪初，美国生物学家摩尔根在果蝇实验中，重现了孟德尔遗传定律，并在此基础上发展了染色体理论，提出了基因论。② 此后，经过英美科学家威尔金、弗兰克林和鲍林等有关 DNA 分子结构的研究，1953 年，美国科学家沃森和克里克联手成功搭建了 DNA 双螺旋模型，使遗传和生物学研究从细胞阶段进入到分子阶段。而随着分子生物学的发展和计算机科学的应用，1990 年，全球科学家正式启动了旨在测定组织人类染色

① 林森：《试管婴儿的数量和质量》，《百科知识》，2014 年第 1 期。

② 摩尔斯因此被誉为现代实验生物学奠基人，他发现了染色体的遗传机制，创立了染色体遗传理论，并于 1933 年由于发现染色体在遗传中的作用，获得了诺贝尔生理学/医学奖。

体碱基对核苷酸序列的“人类基因组计划”,① 至2005年，人类基因组计划的测序工作已经完成……现代社会，生命科技的发展日新月异、亮点纷呈。如一份调研报告称：“在21世纪生命活动的基本过程和规律已经澄清，这为生物技术的腾飞提供了原动力。正在发展的生物信息技术、生物芯片技术、胚胎干细胞等关键技术，加上已经成熟的克隆技术、转基因技术等不仅使生物技术产业成为21世纪最重要的产业，也将深刻改变人类的医疗卫生、农业、人口和食品状况……”②

应该说，近现代社会生命科技的产生与自然科学技术领域的重大发展和突破是紧密相连的，是自然科学技术上的伟大成就，赋予了那些神话传说中生命科技变成现实的力量。而现代意义上的生命科技，虽然产生于20世纪初，但是一个世纪以来发展迅猛，以至于让人惊呼“21世纪是生命科学的时代”。在现实生活中，随着现代社会生命科技发展迅速，由生物基因技术产生的转基因食品已经摆上了普通百姓的餐桌；医学上基因技术已经开始挽救患者的生命；克隆技术的重大突破已使动物的复制成为可能……生命科学已经取代物理学成为现代科学的时代主题，相信在不久的将来，新的生命科学及技术“奇迹”将不断产生，随着科学技术的发展，生命科技的前景将难以估量。

今天，生命科技作为一种充满活力和希望的科学技术，就其取得的丰富发展及对人类社会的重大积极作用，无疑是成功的。然而值得注意的是，现代社会生命科技的产生与发展并不是一帆风顺

---

① 人类基因组计划（Human Genome Project，HGP）是由美国科学家于1985年率先提出，于1990年正式启动的。美国、英国、法国、德国、日本和我国科学家共同参与了这一预算达30亿美元的人类基因组计划。人类基因组计划与曼哈顿原子弹计划和阿波罗计划并称为三大科学计划，被誉为生命科学的“登月计划”。该计划要把人体内约2.5万个基因的密码全部解开，同时绘制出人类基因的图谱，就是要揭开组成人体2.5万个基因的30亿个碱基对的秘密。

② 生命科学发展战略调研小组：《迎接生命科学世纪的挑战——生命科学发展战略调研报告（概要）》，《世界科技研究与发展》，2001年第1期。

的，人们对生命科技的看法也并不是铁板一块，不存在什么问题的。一方面，生命科技因其在现代社会中的高速发展，其对传统社会伦理道德观念的突破，产生了一系列的社会问题。无论现代社会生命科技如何高度繁荣发达，发展前景如何广阔无比、无法估量，在漫长的人类社会历史上，生命科技无疑是一种新生事物，它是现代社会的产物。因为人类社会在其早期，囿于人们智识水平以及认识能力的限制，不可能产生现代意义的生命科学技术，自然也不存在生命科技的运用问题以及对这些问题加以规范的现实需要。生命科技显然是人类社会发展中的新鲜事物，高速发展的生命科技及其适用，必然会对传统的社会生活规则和秩序产生挑战、冲击，当然需要现代社会予以积极的应对。毫无疑问，我们并不否定这些新的生命科技的发明与应用，是为了人类自由发展、幸福生活的善良目的；但是作为新生的事物，它们也将深深地影响、冲击和改变人类传统的社会生活，打破传统社会长期以来形成的安宁有序的社会生活规范。这就产生了生命科技适用导致传统社会规范失效与如何构建新的法律规范的问题。今天的生命科技“前无古人”，对我们的社会生活影响深刻，如何看待和合理规范现代生命科技的发展，值得我们深入思考。

另一方面，生命科技理论及其应用本身的技术问题不容小觑，尤其是高昂的成本问题。如上所述，每一种生命科技的产生及生命科技的每一步发展，都是建立在各种巨大的付出和牺牲之上的。就人体器官移植技术的产生来看，由于缺乏对人体免疫排斥反应的认识和有效应对，早期的人体器官移植均以失败告终，众多的试验者付出了宝贵的生命。即使在今天，人体器官移植技术取得较为成熟的发展，但也并不是100%的成功，而且，人体器官移植的治疗费用较为高昂，接受了器官移植的病人也需要长期服用免疫抑制药物，这不是一般病人能够承受的。就人类辅助生殖技术而言，其实际的成功率也极为有限，试管婴儿技术的一般成功率仅为30%～50%，加之受孕患者的原因，其分娩率更低。而且，在试管婴儿技术的应用中，由于人为地使精卵细胞结合，可能导致胎儿的畸形率较高；一般试管婴儿要取10多个卵子细胞进行体外受精，培育形成胚胎，再选取其中的 1~2 个胚胎移植至患者的体内，这也产生了如何选取胚胎的道德风险问题。

第二节　生命科技的界定

生命科技即生命科学技术，是有关各种生命活动现象的科学技术。生命科技活动在人类社会不可能从来就有，这一概念本身同样如此。随着现代社会有关生命科技理论研究的深入发展并取得重大突破，生命科技在现实社会中逐渐被广泛应用，日益影响到人们的社会生活，生命科技这一概念才被提出并逐渐受到人们的重视。

一、概念的提出

在现代社会，生命科技因其迅速的发展演变，可以说是一个历史发展的概念。这是由生命科技在漫长的人类社会中从无到有，从美好的神话传说到现实实践，从简单到复杂的自身发展演变所决定的；并且，现代社会生命科技日新月异，正处于高速的发展变化之中，更赋予了这一概念不断发展变化的特征和丰富的外在表现之形。生命科技的概念就是在此过程中被人们提出和广泛接受的。

今天，生命科技作为现代社会科学技术高度发展的产物，究其实质主要是自近现代社会以来的医学、生物学、化学等自然学科及这些学科交叉融合的重大发展和突破，它使人们对生命活动现象及其本质规律的认识越来越深入；人们越来越能够主动掌握和控制包括人类自身在内的各种生命活动的情况，利用已发现的生命活动规律去改造和创造新的生命形态，由此诞生了“生命科学”这一新兴的迅猛发展的学科。

囿于不同历史时代不同社会的人类认识能力，前述的古代社会生命科学或生命科技主要表现为神话传说故事；在近现代社会科学技术大发展时期，生命科技则主要表现为诸如外科手术、血管缝合、器官移植、免疫机理的发现，基因技术及其人类辅助生殖技术的流行，“克隆人”，等等。这些都是生命科技在现代社会医学科学技术发展中的主要进程及其具体表现形式，但并不能代表全部的生命科技范畴。因为，从整个生命活动现象来看，生命科技还包括除了人类生命活动之外的有关细菌、微生物、一般动植物的生命科学技术。即现代社会生命科技作为一个非常广义的概念，可囊括一切不同表现形式、不同领域的各种各样的现代生命科技。例如，近几年颇受关注的转基因食品就是现代生命科技的产物。随着基因技术的迅速发展与成熟，转基因技术被农业生产广泛应用，转基因大豆、转基因玉米、转基因大米……层出不穷。这些经转基因技术改良的农作物，极大地提高了农作物的抗病虫害、抗自然灾害的能力，增加了粮食产量，但毕竟不是几千年来人们所熟悉和适应的自然食品，这些转基因粮食是不是潜藏着对人体乃至人类种族安全的某种危险因素呢？在没有得到令人信服的答案之前，难免会使人恐慌和不安，因此也需要进行有力的规范。

二、学科上的定义

生命科技由现代社会科学技术的发展相伴而来，在现代社会学科分类趋细趋专的背景下，生命科技是多种学科的科学技术发展的产物。因此对于生命科技，不同的学者基于不同的研究视角和领域就难免存在不同的称谓和表述。从现有的表述来看，主要有“生命科技”、“生命科学”、“生命医学”、“生物科技”、“生物科学”和“生物医学”等。不难看出，这在形式上涉及两个概念（或名词）的排列组合问题，一是“生命”与“生物”，二是“科技”、“科学”与“医学”，不同的排列组合形成不同的概念。在我国法学界，有的学者称之为“生物医学”，如郭自力教授的著作《生物医学的法律和伦理问题》采用的是“生物医学”表述；有的学者称之为“生命科技”，如上海社会科学院法学研究所刘长秋研究员的著作《生命科技犯罪及其刑法应对策略研究》便以“生命科技”冠之，熊永明教授的著作《现代生命科技犯罪及其刑法规制》也采用“生命科技”的表述。虽然表述不同，但在泛指由现代生命科学技术发展而产生的重大突破意义上是一致的，探讨的都是对这一重大发展与突破如何进行合理规范的问题。

当然，毕竟不同的表述必然对应不同的概念，首先，前面的

"生命"不是"生物"；其次，后缀的"科技"、"科学"、"医学"更不尽相同，由二者组合而成的不同概念也有不同的内涵和外延。本书研究生命科技的法律规制问题，首先应当明确生命科技的概念，合理界定其内涵和外延，以使研究立论于此，有的放矢，是故下面对这些相关的概念分别加以阐述。

"生命科技"是人们最为常用的表述方式之一。在现实社会中，以"生命科技"命名的公司、企业、科研机构和单位等不计其数，当然也有的称之为"生命科学技术"。理论研究上学者也广泛使用"生命科技"的表述，如上述刘长秋和熊永明的著作等。但或许正是因其司空见惯、成其自然，这一表述的使用者往往没有专门的概念界定。同时，学者一般又将其与"生命科学"的概念通用，相互借代。生命科学是研究各种生物生命现象、生命活动本质特征和规律的科学。"现代生命科学是指以生命为研究对象，立足于对生命现象观察和实验的基础而建立起来的庞大生命科学体系，是对包括基因技术、辅助生殖技术、器官移植技术、变性手术以及生物制药技术等在内的现代医学、生物学技术的总称。"① 就是将生命科学解释为包括各种生命科技在内的科学体系。

"生命医学"也是理论研究和实践中常采用的一个概念，如王静、张保华、王生《现代生命医学与美国相关法律的发展》（《河北法学》2007 年 11 月），穆冰冰《现代生命医学高科技的伦理研究》（南京航空航天大学硕士学位论文，2008 年 3 月），等等，均使用了这一说法。但学者却没有对"生命医学"进行明确的定义。从学者的论述来看，生命医学同样被用来泛指现代生命科学技术，包括器官移植、基因技术、辅助生殖技术、克隆技术，等等，因为它们都表现为在医学领域的广泛运用。在此意义上，生命医学实与前述生命科学的含义基本相同。

"生物科技"是一个运用广泛、耳熟能详的名词，它由英文

① 刘长秋：《生命科技犯罪及其刑法应对策略研究》，法律出版社 2006 年版，第 3 页；持相同观点的还有熊永明：《现代生命科技犯罪及其刑法规制》，法律出版社 2012 年版，第 1~2 页。

biotechnology 翻译而来。根据 1992 年联合国环境与发展大会通过的《生物多样性公约》第 2 条的规定，“生物科技”是指使用生物系统、生物体或其衍生物的任何技术应用，以制作或改变产品或过程以供特定用途。美国国家科技委员会将“生物科技”定义为“生物科技包含一系列的技术，它可利用生物体或细胞生产我们所需要的产物，这些新技术包括基因重组、细胞融合和一些生物制造程序等”。①生物科技是利用科学技术和生物技术，对农业或其他方面进行改造的科学。这种生物科技古已有之，与人类社会生活息息相关。在某种意义上，人类通过耕种、畜牧等获得稳定的食物来源，利用细菌发酵技术酿酒和做面包，利用霉菌来治疗伤口等都可以划入生物科技的范畴。人类社会利用生物体或细胞产生我们需要的产物的历史悠久。现代社会科学技术的突飞猛进，尤其是 20 世纪 50 年代科学界对构成生物体最小单位的细胞及控制细胞遗传特征的基因深入认识，70 年代发展出基因重组和细胞融合技术，赋予了生物科技全新的理论与实践领域，使之焕发出勃勃生机。基因重组和细胞融合技术是近代生物科技的基石，其任务是探索生命的奥秘，掌握生命运动的规律。现代生物科技是包括基因工程、细胞工程、酶工程、发酵工程等在内的总称。

“生物科学”，即生物学，是一门以实验为基础，研究生命活动规律的科学。它旨在研究生物的结构、功能、发生和发展的规律，以及生物与周围环境的关系等。生物学又可简称为生物，具有十分广泛的研究范围，远不止于与人的生命活动相关的生命科技。

值得注意的是“生物医学”，生物医学是综合工程学、医学和生物学的理论和方法而发展起来的交叉边缘学科，基本任务是运用工程技术手段研究和解决生命科学，特别是医学中的有关问题，主要研究利用电子信息技术结合医学临床对人体信息进行无损或微损的提取和处理。生物医学是生物医学信息、医学影像技术、基因芯片、纳米技术、新材料等技术的学术研究和创新的基地。随着“社会—心理—生物医学模式”的提出、系统生物学的发展，形成

① “生物科技”，百度百科，http：//baike. baidu. com/view/413717. htm。

了现代系统生物医学。生物医学与21世纪生物技术科学的形成和发展密切，关系到提高医疗诊断水平和人类自身健康。生物医学研究和运用领域广泛，包括医药微生物学、生物医药、细胞生物学、基因工程等等，由此诞生了新兴学科“生物医学工程”。生物医学工程是综合应用生命科学与工程科学的原理和方法，从工程学角度在分子、细胞、组织、器官乃至整个人体系统多层次认识人体的结构、功能和其他生命现象，研究用于防病、治病、人体功能辅助及卫生保健的人工材料、制品、装置和系统技术的总称。①

可见，以上不同的概念或表述，除“生物科学”限定为“生物学”而存在较为显著的区别之外，其他概念或表述(“生命科技”、“生命科学”、“生命医学”、“生物科技”、“生物医学”)，尽管在用语上存在着一定的差别，但彼此紧密相连，互为交叉重合。其中，“生命科技”与“生命科学”实则同义，人们往往将二者混同使用；“生命科技”与“生命医学”、“生物科技”和“生物医学”之间，也是相通之处大于差异之点。从我国学者对“生命科技”、“生命医学”、“生物科技”、“生物医学”等概念的表述和使用来看，不难发现其中一个显著的特点就是，它们之间联系紧密，在形式上的字眼不同并不能掩盖它们实质上的同义性，即学者都是将它们用来表述现代社会科学技术发展对生命学科、生物学科和医学等领域的理论和实践带来的巨大变革，都将上述学科及具体的DNA基因技术、基因工程、克隆技术，现代医学发展如器官移植、生物制药等纳入其研究范畴。分析其原因，或许一方面正是由于它们都是随着现代社会科学技术大发展而产生的新兴学科；并且，缘于这些新兴学科仍处在不断地快速发展和变化之中，以至于各自的研究领域和定位尚不甚明确，往往将与之相关的广义的研究对象或内容纳入自己的领域。另一方面是因为这些学科本身就涉及广泛的学科知识，不同于传统学科明确的分门别类，生命科学是两个或多个学科的交叉学科或边缘学科，往往涉及生物学、化学、生物化学与分子生物学、医学等学科，尚难以形成明确的学科定位。当然，

① “生物医学”，百度百科，http：//baike. baidu. com/view/1339162. htm。

不同的用语表述意味着生命科技的不同侧重点，有的侧重于与人相关的生命科学技术，有的侧重于生命科技在医学领域的发展与运用，有的无意限制而包括所有生物的生命活动现象。从纯学科的角度来看，它们之间是存在一定差异的。生命科技或生命科学主要围绕的是生命现象和本质问题，以揭示生命进化、产生、发展、遗传与变异问题。生命医学突出医学领域中的生命科学及其运用，生物科技外延广泛，泛指利用现代科学技术对生物有机体在分子、细胞或个体水平上进行调整和重新设计。生物医学则是综合多学科知识，尤其是工程学和生物学知识，来解决医学中的有关问题，常用来表示现代医学的“社会—心理—生物医学”模式。这是值得我们加以注意的。

现代社会生命科技的飞速发展已经使其成为一个具有广泛外延的概念，以生命活动的现象与本质为基础，生命科技已经产生了不同的生命科技种类或活动。然而，由于用语习惯的先入为主，我国法学学者在探讨上述有关生命活动现代科学技术的应用时，往往使用“生命科技”这一表述。本书亦采用“生命科技”这一法学学界的主流表述，生命科技就是伴随现代科学技术的发展，人类在生命研究、生物技术、医学领域等取得的巨大进步和突破，及其在社会实践中的广泛应用。

一般而言，“科技”即“科学技术”的简称，因此，相对于“科学”之语，“科技”一词明确包括了“科学”和“技术”两个方面的内容。科学技术，是研究、认识和掌握客观事物存在及其相关规律的科学知识。“科技”这一表述更突出了静态的科学知识理论在现实社会中的具体运用，由停留在头脑中的抽象知识理论形态转化为真实客观的事物；并且在生命科技中，这种生命科学知识的现实应用显然具有更加重要的社会意义和价值，抽象的理论知识或许与一般人的普通生活事不相干、遥不可及，人们更加关注的是现实社会生活中已经付诸实践的事物，这些真真切切存在的事物更让人感受到生命科技的发展及其可能存在的问题。现代社会法律是规定和调整人的行为的规范体系，生命科技的实际运用对社会生活产生了影响或冲击，因而才可能成为法律调整的对象。因为，单纯的思想观念及停留在人的头脑中的行为，只是社会伦理道德调整的对象，还并不是法律规制的对象。

这里对“生命科技”的理解，就是基于现代社会生命科技的理论发展及其现实应用意义而言的。现代社会，生命科技的产生与发展的目的在于提高人类社会诊治疾病的能力，改善人们的生活质量，提供不虞匮乏的食物及保护我们的居住环境习惯，等等。在现代社会，生命科技作为一个非常广义的概念，从字面来看，泛指所有的与各种生命活动相关的科学技术。在研究对象上，它既包括关于人的生命问题的科学技术，也包括关于人之外的动物、植物和微生物生命问题的科学技术，还包括利用生命科技创造某种新生物、新生命的问题；在研究内容上，它既包括将生物体作为整体问题的科学技术，也包括分子水平和基因水平问题的科学技术，而且后者即对遗传基因 DNA 问题的研究和应用，更是现代社会生命科技的主要内容。今天，生命科技在微观的基因技术研究和应用中取得了惊人的突破，各种基因技术、基因工程、转基因技术及其应用层出不穷，引起了人们的广泛关注。这使得现代社会生命科技是一个充满活力也充满无限想象的未知发展学科。在此意义上，明确划分生命科技的种类是存在一定难度的。

为明确研究对象，避免不同研究之间在理解上的混乱和无谓的冲突，这里的生命科技是狭义的概念，仅指关系到人的生命，与人类医学疾病治疗紧密相连的生命科技，而不包括与人类生命或疾病治疗无关的生命科技现象，如与人无关的纯粹 DNA 重组技术、克隆技术、一般动植物的基因改造、物种杂交、转基因技术运用，等等。这里做出明确限定，乃是因为这些生命科技活动直接关系到人的生命健康、自由发展乃至人类整体的生存与发展等，往往成为社会各界关注的热点问题；而且，在目前我国社会有关生命科技的立法不尽完善的背景下，事关人的生存和发展的生命科技立法，更应成为法律规范的首要考虑对象。但这并不意味着那些与人的生存和发展无关的生命科技活动及其问题无关痛痒，不值一提。事实上，因为它们涉及人类之外的生态环境保护问题，以及其在一般动植物与人类中的运用存在着相通性，也具有非常重大的社会意义。

第三节　生命科技的范畴

前述已将这里的“生命科技”限定于与人的生命健康或疾病治疗相关的现代医学生命科技，即与作为个体的自然人或作为整体的人类生存和发展密切相关的生命科学技术。这些生命科技的理论与实践，或者直接影响到个人的生命健康权利，或者对人类整体的生存和发展造成某种影响；或者对传统社会的伦理道德法律规范带来巨大的冲击，或者表现为对重要社会利益带来可能造成某种巨大危害的不确定性风险。而且，有些因生命科技理论及其应用所带来的问题，在目前已有的情况下，是利是弊？利弊相较如何？尚难以作出确定的判断。

将生命科技限定为人的生命科技，这并不意味着其作为一个整体的不可分性。事实上，根据现有生命科技的发展情况和表现形式，可以将其分为人体器官移植、脑死亡问题和人类辅助生殖技术，等等。遵循人的生命“发生—发展—终结”的自然历程，生命科技在这三个方面对传统社会观念带来较大挑战和问题的，分别表现为人类辅助生殖技术、器官移植和脑死亡。① 因此，结合生命科技法律规制的探讨，本文将生命科技主要划分为：人类辅助生殖技术、器官移植和脑死亡。详述如下：

一、人类辅助生殖技术——生命诞生

人类辅助生殖技术，英文是 Artificiai Reproduction Techniques (ART)，泛指利用人工辅助的方法使女性孕育的各种技术的总称。对这一技术，国内外学者也有不同的称法，国外有的学者或立法文件中也称之为“生殖科技”（Reproduction Technology）、“协助怀孕”（Assisted Conception）等。台湾地区称之为“人工协助生殖技术”，其立法是《人工协助生殖技术管理办法》。我国官方的表

---

① 从有关新闻报道、生命科技实践及未来发展来看，与人相关的生命科技除这三种外，还有多种：如人体试验、性别转换、美容整形等。

述是“人类辅助生殖技术”，2001年由卫生部制定的《人类辅助生殖技术管理办法》即采用这一表述。① 尽管表述有所不同，但其实质内容都把人类辅助生殖作为与传统的自然生育相对的一个概念，即自然生育过程中的某一环节（主要表现为受孕）被人工技术所替代。在此意义上，人类辅助生殖技术又被称为“替代性生育”、“非自然生育”或“异常生育”技术。② 毫无疑问的是，现代社会人类辅助生殖技术因为介入了“人工辅助”，打破了传统社会通过两性结合方式而自然孕育子女的过程，因此是一种全新的现代生殖技术。

人类辅助生殖技术是为解决“不孕症”而兴起的一门生殖医学科学技术。当夫妇一方或双方由于某种疾病不能自然孕育或在孕育上存在难以克服的困难时，就需要借助人类辅助生殖技术的力量以实现孕育自己孩子的愿望。如前所述，从历史来看，人类辅助生殖技术是一个不断发展走向丰富的现代生命科学技术。最早产生的是各种体内人工授精技术，即人们常说的“人工授精”（AI），是采用人工方法使卵子受精，即通过将男性精液注入女性体内取代男女之间性交途径使其妊娠的一种方式。人工授精可以取代传统的两性自然结合过程，主要用于解决由男方不育而引起的生殖障碍。在人工授精中，根据精子的来源不同，可以分为：（1）夫精体内受精（AIH），也称为同质人工体内受精，医师采集丈夫的精子将其注入妻子体内使其受孕；（2）捐精体内受精（AID），也称为异质人工体内受精，它与同质人工体内受精只有一点不同，即医师注入妻子体内的精子不是来源于丈夫，而是捐精者。这两种人工授精方式，尽管在作为表现形式的医学技术层面并没有什么差别，但在法律和社会意义上存在着显著的差别。第一种情形即夫精体内受精，

---

① 我国卫生部颁布的《人类辅助生殖技术管理办法》第24条将人类辅助生殖技术解释为：运用医学技术和方法对配子、合子、胚胎进行人工操作，以达到受孕目的的技术，分为人工授精和体外受精——胚胎移植技术及其各种衍生技术。

② 杨佳祥：《论人工生殖技术对我国亲子关系法规范之冲击》，“国立”中正大学2004年硕士论文，第9页。

并不会在道德和法律上引起什么争议问题，因为精子来源于丈夫，所以所生子女与父母双方都具有紧密的血缘关系，父母子女法律关系明确，与传统自然方式生育子女并无二致。但是在第二种情形即异质人工体内受精中，因为精子不是来源于丈夫，所生子女与丈夫不存在任何血缘上的联系，所以可能产生一些情感认同问题和社会伦理法律上的争议。其中，一个令人担忧的问题是可能出现“超级捐精者”现象及其引发种种严重的社会问题。无独有偶，2013年4月7日，英国《每日邮报》网站报道：“目前英国通过人工授精技术出生的孩子有6111个，当初的精子全部来自500位捐精者。”① 即平均每位捐精者就有12个子女。该信息一经报道，舆论哗然。因为，由于目前有关捐精的法律法规和管理制度都普遍遵循“互盲原则”,② 要求捐精方与受精方互不相通，互不相见，这难免就会使超级捐精者所生子女（他们之间实际上具有生物学意义上的兄弟姐妹关系）出现近亲结婚或乱伦等严重的社会问题。

随后产生的是体外受精（In Vitro Fertilization NF），是采取现代生命科技在试管内使精卵细胞完成受精活动，发育形成胚胎，然后植入女性体内，代替自然性交受精而孕育子女的一种人类辅助生殖技术。这一技术是在体外完成卵子受精并继续培育成胚胎，再将胚胎植入子宫着床、发育成胎儿直至分娩的技术。通过这一技术孕育的婴儿又称为“试管婴儿”。相对于体内受精技术，在体外受精中，人工辅助的成分更多，它是采取医学手段获取正常的精子和卵

---

① 《英国捐精造就超级爸爸　500男子六千余孩子》，人民网，http://pic.people.com.cn/n/2013/0410/c1016-21082628.html。

② 我国卫生部发布的自2001年8月1日起施行的《人类精子库管理办法》第21条规定：人类精子库应当建立供精者档案，对供精者的详细资料和精子使用情况进行计算机管理并永久保存。人类精子库应当为供精者和受精者保密，未经供精者和受精者同意不得泄露有关信息。即明确规定了在精子捐献中遵循“互盲原则”，该原则一般是通过构建一套规范的精子库管理制度来实现的，具体表现为精子库工作者通过密码制度，对供需双方进行编号，隐匿供、受精子方的真实身份；捐赠方和需求方互不见面，互相不了解信息，以避免由此给供需双方带来的不利影响。

子细胞，在体外使之结合培育成早期胚胎，再转移至子宫发育分娩的过程。这样，所生子女与父母血缘关系的情况就显得异常复杂，因为有可能是采取夫妻双方的精子和卵子结合，也有可能是采取夫妻一方精子或卵子、再与第三人提供（捐献）的精子或卵子结合，还有可能结合的精子和卵子都是来源于第三人的。同体内受精一样，夫妇双方精子和卵子结合所生子女自然不存在问题，但至于由第三人提供的精子或（和）卵子，也会同样存在如上所述的为传统社会观念接受和认可的问题。

而且，由体外受精技术的发展而衍生出的问题同样争议较大，较为典型的是“代孕”问题。“代孕”，顾名思义，是代替孕育、由他人来代替女性进行孕育的意思，事实上，这是体外受精技术应用的一种特殊情况，是与“试管婴儿”技术紧密联系在一起的。在体外受精或试管婴儿技术的应用中，如果医生将体外受精培育成的早期胚胎，移植入原来的妻子体内孕育至分娩子女，就属于合法的试管婴儿范畴；但如果医生将胚胎植入妻子之外的第三人体内来代为孕育子女，就属于性质复杂的“代孕”问题。在现实社会，代孕行为一般表现为，某一女性（即代孕母）为了某种经济利益或其他原因，同意接受委托夫妻的要求，将带有委托夫妻基因的胚胎植入其体内，由其代为孕育和分娩子女，并将分娩的孩子交由委托夫妻领养的过程。代孕母又称为代孕妈妈，是整个代孕行为进行的关键因素。其中，是否应当允许代孕母出于单纯的经济或商业利益进行代孕，是当前社会各界争议最大的问题之一。而且在现实社会中，代孕母除了单纯地出租自己的子宫代为孕育（即精子和卵子来源于委托夫妻双方或捐献者），也包括同时提供卵子和子宫的情形，即接受委托方丈夫或捐献者的精子，将其与自己的卵子结合受精，从而代为孕育子女。可见，因为精子、卵子及其胚胎形成的复杂性，医学实践中可能存在的代孕情形也是错综复杂的。虽然这些具有不同来源的精卵细胞或胚胎的代孕技术应用，在医学疾病治疗上并不存在显著的差别，但是在社会学和法学上却具有截然不同的意义。我们可以大致把代孕行为分为三大类：一是借腹代孕，即单纯地出租子宫代孕，精子、卵子及其胚胎均来自于委托夫妻双方，或者精子和卵子有一种是来自于委托夫妻，另一种来自于捐献者，体外受精形成胚胎，再植入代孕母体内代为孕育和分娩，代孕母只是单纯地提供子宫，与所生子女不存在血缘或基因关系。二是借卵代孕，由代孕母同时提供卵子和子宫，精子来自于委托的丈夫，精子和卵子经体外受精培育成胚胎后，植入代孕母体内孕育和分娩。这种情况代孕母与所生子女存在着血缘或基因关系。三是捐胚代孕，即由捐献的精子和卵子在体外受精培育成胚胎，再植入代孕母体内代为孕育和分娩，代孕母和委托者都与孩子没有血缘和基因关系。对此，第一种情形借腹代孕和第三种情况捐胚代孕，所生子女事实上与代孕母亲（医学上的生母）并不存在直接的血缘和基因关系，完全颠覆了传统社会“所生者为母，出者为子”的朴素观念，引发了较大的伦理道德争议；而第二种情形借卵代孕，由于代孕母与所生子女存在血缘或基因上的紧密联系，但代孕母出于经济利益的考虑，按照委托关系将所生子女交由委托方抚养，其实际上是一种非法买卖儿童的行为，存在较大的伦理道德和法律争议。

目前，人类辅助生殖技术发展的最高形态无疑是无性生殖（cloning），即“克隆技术”。它是一种不需要两性结合而采用细胞分裂繁殖方式，诞生新个体的生殖形式。克隆技术就相当于细胞复制，通过克隆技术诞生的子代与父代具有完全相同的遗传基因特征。由于克隆生殖不需要两性结合，由克隆生殖产生的后代又被称为“无性系”，它们在遗传上与父代完全一致。可见，克隆生殖在子代与父代之间是一种固化的遗传物质传递过程，这就有违生物遗传物质自然进化的要求，从而影响到生物的多样性。目前，这一技术在各国都面临着很多非议，虽然20世纪90年代就有相关动物克隆的实验及其报道，但至今没有“克隆人”的相关报道，“克隆人”在世界各国都是被严格禁止的生殖技术。

综观各国立法，普遍允许实施人工体内受精和人工体外受精。至于立法是否应将“代孕”合法化及其合法化的条件如何设定，则存在较大的不同，英美法系国家多主张代孕合法化，同时明确规定了代孕中代孕母与委托夫妇双方的权利与义务、代孕所生胎儿的父母子女法律关系等内容，以避免将来产生纠纷；而大陆法系国家仍以禁止代孕母为主。同时，各国普遍禁止有关人的克隆研究及实践。

二、人体器官移植技术——生命发展

人体器官移植技术是现代社会生命科技的重要组成部分，是现代医学高新科学技术发展的重要成果之一。如前所述，通过移植某种器官来治疗疾病、恢复生命健康或实现一定目的，曾是人类社会早期的一种梦想，在中外历史神话传说中都不乏其例。而在现代社会，随着医学手术治疗更深入的发展和发现人体免疫排斥反应及其免疫抑制药物的改进，人体器官移植技术才从梦想变成了现实。

自 20 世纪中叶以来，各种人体器官移植手术陆续取得了成功，成为医学领域最引人注目的进展之一，这使许多难以治愈的病人得以生存、恢复健康或获得美好与幸福。人体器官移植作为人类生命科技、医学发展中的伟大成就，使成千上万的患有不治之症者通过器官移植获得了“第二次生命”，“移植的器官不仅具有良好的功能，而且他们身心健康，过着和正常人一样的生活，育龄妇女能怀孕生育，少年儿童能健康成长”①。为充分展示器官移植技术，鼓舞接受人体器官移植者像正常人一样生活，自 1978 年起，奥林匹克运动会在世界范围内每两年举行一次“世界移植运动会”，专门为接受了人体器官移植的患者提供一个展示健康生活的舞台。我国国内也有类似的由接受了人体器官移植的人参加的运动会，自 2004 年起开始连续举办了“移植运动会”，第一、二届都是在武汉举行，至 2012 年 6 月 22 日，第五届中国移植运动会在杭州举行。运动会追求“更高”、“更快”、“更强”，基本特点就是激烈地竞争和高要求的身体素质，等等。现代社会正是通过举办“移植运动会”的形式，向人们展示接受过器官移植的人健康生活的现状，帮助移植受者树立康复和回归社会的信心，并唤起公众的器官捐献

① 管文贤、李开宗：《关于开展活体器官移植的伦理学思考》，《医学与哲学》，2001 年第 6 期。

意识，帮助更多器官衰竭患者获得移植的机会。当然，器官移植也带来了许多伦理问题，给医务人员提出了新的道德要求。

器官移植是摘除人体的某一器官并把它置于同一个（自体移植）或同种另一个体（同种异体移植），或不同种个体（异体移植）的相同部位（常位）或不同部位（异位）。即器官移植是通过医学外科手术的方法，用新的正常健康的器官代替发生病变或丧失功能的器官。但值得注意的是，在医学上，人体器官是一个具有特定内容的专有名词，一般而言，由多种组织构成的能行使一定功能的结构单位就叫做器官；人体的组成部分从微观到宏观可分为细胞、组织、器官和系统，由细胞组成组织，由组织组成器官，再由不同的器官构成系统。就人体组成部分来看，器官不同于细胞和组织，因此，有的观点提出广义的器官移植应包括细胞移植和组织移植。对此，笔者基本赞同，即人体器官移植实际上是涵括细胞移植和组织移植的，而至于较为复杂的高级形态的人体系统，如呼吸系统、消化系统等，囿于技术的限制，尚没有“系统移植”之说。当然，一般而言，单纯的人体细胞和组织移植因为对人体的损伤较轻微，并不会引起什么问题，如输血（细胞移植）和皮肤移植(组织移植)。毕竟，目前困扰人体器官移植和引起较大非议的，主要由于人体器官是一个人至关重要的、唯一和不可再生的人体组成部分，摘取人体器官难免会对提供人体器官的人造成一定程度的伤害，甚至严重危及其生命健康。在对人体器官或组成部分的移植中，显然不是因为摘取和移植的部分究竟是人体的细胞、组织，还是人体器官而成为什么问题，主要是因为所摘取和移植的人体组成部分事关一个人的生命健康，才真正成为问题。

在人体器官移植中，提供人体器官以供进行移植的一方，称为器官供体。器官供体一般是拥有正常健康器官的人，而为防止在人体器官移植中出现严重的道德风险问题，各国法律一般对器官供体作出某种限定，即往往限定于与器官受体存在某种特定关系的人员。接受器官植入的一方，称为器官受体，器官受体，通常是自身器官发生病变或功能衰竭的患者。人体器官移植常见的分类就是根据器官供体与受体的不同关系，分为如下四类：（1）自体移植，指移植的人体器官取自受者自身，是摘取自身不同部位的器官进行移植。常见的就是人体皮肤组织的移植，如头部皮肤移植至手部等。（2）同系移植，指移植的人体器官取自遗传基因与受者完全相同或基本相似的供者。常见的是同卵生双胞胎①不同个体之间的移植，因为器官供体与受体遗传基因高度相同，移植后一般不发生排斥反应。（3）同种移植，指移植的人体器官取自同种但遗传基因有差异的另一个体。移植的器官来源于同种但属于不同的个体，因此常被称为“同种异体（型）移植”。这是医疗实践中常见的人体器官移植类型。由于是不同基因型个体之间的移植，也是移植免疫学研究的重点，同种移植排斥反应既包括宿主抗移植物反应，也存在移植物抗宿主反应。因此即使单纯的器官移植手术非常成功，因为存在免疫排斥反应，一般需要终生服用抗免疫排斥的药物。这在某种程度上也严重加重了接受过器官移植患者的经济负担并影响了其生存质量。由此，这也是现实社会中存在较大争议的器官移植类型。（4）异种移植，指不同生物学种属间的器官移植。科学研究发现，某些灵长类动物与人类在遗传基因上具有亲缘关系，而且一些动物的组成部分可以移植给人类。这使得异种移植技术得以产生和发展。目前，医学上就有把猿猴器官、猪的器官移植给人类的实践，只不过由于免疫排斥反应强烈或一些诸如对病毒跨种族传播的担忧，异种移植技术受到严格的限制。

---

① 双胞胎是一个妇女一次怀胎生下两个胎儿的情况，如果一次生下3个及以上的胎儿，就是多胞胎或者称之为相应胎儿个数的三胞胎、四胞胎……根据双胞胎中精卵细胞的形成发育及其基因成分情况，一般可分为同卵双胞胎和异卵双胞胎。同卵双胞胎，又称同卵双生子、单卵双胞胎，是一个精子与一个卵子结合产生的一个受精卵，这个受精卵再发育一分为二，形成两个胚胎。由于他们出自同一个受精卵，接受完全一样的染色体和基因物质，因此他们性别相同，且就像一个模子里出来的。与之不同，异卵双胞胎是由两个（或多个）卵细胞同时或相继与两个（或多个）不同的精子结合发育而成。此外，还有一种是半同卵双胞胎，是由一个卵子和两个精子结合的受精卵发育而来的双生现象或方式，但其发生的概率极低。

三、脑死亡问题——生命终结

脑死亡概念是现代社会关于如何判断人死亡问题的产物。在对人是否已经死亡的判断上，脑死亡标准即以人的大脑的死亡（功能不可逆转地丧失）作为整体的人的死亡判断标准。“脑死亡”这一死亡标准是相对于传统社会的死亡标准“心肺死亡说”而言的。“心肺死亡说”是将人的心跳和呼吸的停止作为其已经死亡的判断标准。可以说，死亡必须发生在心跳和呼吸活动停止之后，直到20世纪60年代，这一直是判定人已经死亡的无可争辩的标准。

传统社会的“心肺死亡说”又可分为“心脏死”和“肺死亡”。心脏死或称心死亡，是指原发于心脏功能不可逆中止所引起的死亡。在这种情况下，人体中最早发生的是心脏死亡，心跳停止先于呼吸停止和脑功能的完全停止。心脏是人体血液循环系统的主要器官①，主要功能是通过心脏的收缩提供压力，把血液运行至身体各个部分，因此一旦心脏停止跳动，人体的血液循环无法进行，而血液携带、运输氧气和营养是维持人体重要脏器功能所必需的，在血液循环停止之后，人体脏器就会因为缺氧等而导致功能丧失、持续发展继而出现器官质性病变——组织细胞的坏死；随着心脏停止跳动时间的持续，最终导致人体重要脏器功能丧失和坏死，人的生命即告终结。在医学中，心脏死亡最主要的原因是心脏本身的严重损伤或疾病，其他原因如各种原因的休克、电流通过心脏的电击、具心脏毒性的毒物中毒等也能引起心脏功能不可逆中止死亡。② 死亡意味着人体活动的停止和归于寂静，表现于外的呼吸活动的停止，通常也被作为个体死亡的重要标志。并且，从实际情况来看，人的死亡并不全部是“因心而死”，其死亡过程并不都是开始于心跳的停止，也可能首先表现为呼吸的停止；一旦呼吸发生不

---

① 在人体生理活动中，心脏的作用是推动血液流动，向器官、组织提供充足的血流量，以供应氧和各种营养物质，并带走代谢的终产物（如二氧化碳、无机盐、尿素和尿酸等），使人体细胞组织和器官维持正常的代谢和功能。

② 王保捷：《法医学》，人民卫生出版社2002年版，第11页。

可逆转的停止，继而则是心跳停止，当这一过程不可逆转地发生时，个体即死亡，此即“呼吸死”。呼吸是人体机体同外界之间进行气体交换的过程，是吸入氧气和排出二氧化碳，以维持人体组织器官的正常新陈代谢和功能活动。人体组织“肺主呼吸”，肺脏是人体实现血液与氧气交换的重要器官，因此“呼吸死”又可称为“肺死亡”。在严格意义上，“肺死亡”发展过程不同于“心脏死”，它开始于人体呼吸功能的丧失，呼吸功能丧失导致肺与血液之间的气体交换活动停止，血液缺氧使组织器官的新陈代谢难以进行，继而引发包括心脏及其他人体重要脏器官功能丧失或组织坏死，导致人的死亡。由于心脏与肺脏二者都是人体至为重要的器官，二者功能紧密相连，且都是表现为外、易为一般人所直观感受到的生命活动现象，因此传统社会人们一般将二者合并在一起，共同作为人死亡的判断标准，统称为“心肺死亡说”。

现代社会随着医学科学技术的发展，尤其是脑神经科学研究和认识的深入发展，“脑死亡”被医学界率先提出。一般认为，“脑死亡”概念可追溯至1959年第23届国际神经学会上提出的“昏迷过度”概念。有学者通过对临床上有关昏迷病例的观察和研究，首次提出和明确了“昏迷过度”的现象，同时报道了存在这种病理状态的23个病例，并开始使用“脑死亡”一词加以描述，据其研究报告显示，凡是被诊断为“昏迷过度”的病人，苏醒可能性几乎为零，此即所谓的脑死亡状态。此后，“脑死亡”的提法逐渐为医学界所广泛接受，并无异议。全世界第一个具体的脑死亡诊断标准，是1968年美国的“哈佛标准”。1968年在第22届世界医学大会上，美国哈佛医学院脑死亡定义审查特别委员会提出了将“脑功能不可逆性丧失”作为新的人体死亡判断标准，具体诊断标准为：(1) 不可逆的深度昏迷；(2) 无自主呼吸；(3) 脑干反射消失；(4) 脑电波消失（平坦）。在此影响下，世界上许多国家纷纷采用了“哈佛标准”或与其相近的标准。同时在现代社会，脑死亡概念及其判断标准也是在不断发展的，在脑死亡概念内部，也存在着一定的分歧。即随着医学对人脑结构和功能的深入认识——呼吸中枢位于脑干，因而脑干功能受损直接导致呼吸功能停止，20世纪70年代，英美国家率先提出脑干死亡就是脑死亡。1971年，美国提出脑干死亡就是脑死亡的概念，英国皇家医学会于 1976 年制定的脑死亡标准也确认了脑干死亡说。当一个人的脑干永久性完全丧失功能，以致呼吸功能不可逆的丧失，随后身体的其他器官和组织也会因为没有氧气供应而逐渐丧失功能。因此，脑干死亡就是脑死亡，脑死亡即人死亡。应该说，以脑干死亡作为人死亡的判断标准具有一定的科学性，但以部分人脑的死亡作为大脑的死亡，以脑干呼吸中枢的死亡作为人整体的死亡，还是难完全令人信服。在此意义上，目前多数国家还是采用全脑死亡的概念，只有部分西方国家采用脑干死亡的标准。

“脑死亡”这一概念及其具体的判断标准，显然是现代社会的产物。它是医学科学技术深入发展所认识并揭示的医学科学现象。一方面，有关人的死亡标准从传统社会的“心肺死亡说”到现代社会“脑死亡”概念的提出，本身就是科学技术发展的产物。传统社会人们对生死的认识能力有限，往往借助表现于外的人体“动静”的心跳和呼吸功能，作为人生死的判断标准。现代神经科学的发展，使学者注意到某些“昏迷过度”这一异常现象，并由此提出、发展形成了“脑死亡”的概念；而且，现代医学科学技术（尤其是脑神经科学）的发展使得人们对自身生理活动的认识更加科学、透彻，即认识到人的大脑才是人体中结构极为复杂、功能极其完善的存在部分。对人来说，大脑是神经系统的中枢和高级部位，是决定生命机能的最终调节器，包括心跳和呼吸活动在内的人体活动都受到来自大脑这一中枢神经系统的调控，即表现于人体之外的心跳和呼吸实际上源于大脑生理功能的有效发挥与调控。在此意义上，人脑之于人体的重要性是心脏和肺脏等器官（或部位）难以相比的，自然在人体死亡判断上，就出现了以人脑的功能丧失来取代心脏和肺脏的功能丧失来作为其死亡判断标准的趋势。另一方面，从具体的脑死亡判断标准来看，脑死亡标准主要表现为脑的功能活动状况及其表现出来的脑电波形状等①。而这一大脑功能活动状态及其脑电波的判断，本身就是现代科学技术发展的体现，即

① 人脑功能丧失或发生死亡，脑电波表现为持续平坦的一条直线，即没有任何脑电波。

借助现代科学技术的力量，由掌握专门医学知识的医务人员，应用脑电图仪进行科学的测量，来得出准确的判断。可见，这主要是一种客观事实的判断，相较于传统的主要依靠经验的心跳和呼吸停止判断，更具有客观准确性。此外，之所以将“脑死亡”作为现代生命科技的重要内容，还是因为学界一般将脑死亡与前述的人体器官移植问题联系在一起加以讨论。基于人体器官移植治病救人的善良目的及其显著成效和广阔前景，现代社会器官移植技术被广泛接受和运用。但主要问题不在于人体器官移植技术本身的手术成功风险有多大，而是如何扩大人体器官来源从而获得足够多的可供移植的人体器官。对此，医学界提出一个重要的解决途径就是主张脑死亡，以进行脑死亡器官移植，即主张将脑死亡作为人的死亡判断标准，只要人的大脑出现不可逆转的死亡就标志着人的死亡（即便仍有心跳和呼吸也已成为尸体），对此，就可以摘取其尸体器官用以移植给其他需要的人。如果根据脑死亡的标准加以判断，以前那些仍有心跳和呼吸但大脑功能发生不可逆丧失的过度昏迷者，其身份就从活人变成了尸体，而相较于摘取活人的器官，摘取尸体的器官，显然在人们道德情感上的认识和可接受程度更高，而且这样摘取的器官更加新鲜和具有生理活性，更利于成功进行器官移植以有效地挽救罹患重病患者的生命健康，则更具社会正当性。但值得注意的是，也有一种观点反对为了人体器官移植的需要而主张脑死亡合法化，认为在各种不同利益的驱使下，什么都可能发生。①

然而，尽管医学界很早就提出了“脑死亡”这一概念，并对其进行了医学上的论证，但是在现实社会法律领域中，我国尚没有关于脑死亡作为人体死亡判断标准的明确立法规定。事实上，我国法律也没有对人的生死判断及其标准作出明确的规定。这或许是因为人的生死问题兹事体大，已凝结形成了深厚的历史底蕴，死亡判断承载着人类社会几千年来形成的生死文化观念，难以成为现代法律规范调整的对象，此即充满感情色彩的死亡之情实难以与要求冷

---

① 《法学专家：脑死亡下器官移植或是侵犯生命权》，网易，http：//news. 163. com/14/0507/08/9RKM515400014AED. html。

静理性的法律之理相融，情法难相融。对此，只有随着社会的发展，人们对死亡之情的认识更加理性，才宜对死亡作出法律上的规定。有的观点提出："我国法律移植一致并未对死亡标准立法，死亡标准是医学问题，只要不违反社会公共利益，法律是没必要介入的。而且死亡标准是随着科学的发展而呈开放性的，不宜以法律明文规定。"①

相关死亡标准的争议则主要是社会实践和理论研究中的问题，概括起来，实质上是传统的心肺死亡说与现代医学的脑死亡说。应该说，在人类社会几千年的历史发展中，死亡已很难说仅仅是一个医学判断问题，而是一个广泛牵涉社会伦理道德、宗教思想和心理等诸多领域的问题。几千年来，传统观点都是将心跳和呼吸停止作为人死亡的确切无疑的标准，学者们通常称之为"心肺死亡说"。这样，现代社会"脑死亡"与"心肺死亡说"二者孰优孰劣，应如何协调二者之间的关系，一直是人们关注的热点问题。

① 曹玲玲：《论器官权利》，吉林大学2009年博士学位论文，第40页。

第二章 法律规制生命科技的重要性

在现代社会中，生命科技大放异彩，有关生命科技的科学研究与试验正在如火如荼地进行。有学者宣称："21 世纪将是生物技术、生物经济的世纪，以生物技术为主导的新科技革命正在加速形成……生物技术成为许多国家科技投入最多的领域。"① 一些较为成熟的生命科技项目在实践中也得到了普遍的适用，如人体器官移植技术、人类辅助生殖技术，等等。不容置疑的是，在现代生命科技的发展中，一个个曾经神秘的"生命之谜"正在被不断揭开。1997 年，随着年初 2 月份英国《自然》杂志报道了震惊世界的克隆羊"多莉"顺利诞生，该年各种克隆事件层出不穷，被称为"克隆年"。自 20 世纪中叶人类社会开创生物科学，短短 60 多年，生命科技的发展呈现突飞猛进之势，取得了举世瞩目的成绩。这体现的是人类认识自然、认识生命和改造生命的能力，其宗旨在于有效地控制生命活动，能动地改造生命活动，从而造福全人类。

但如同唯物辩证法认为，世界上的任何事物都是矛盾的统一体，是一分为二的。生命科学技术也不例外。科学技术的发展是一把双刃剑，其改善人民生活、造福社会的作用越大，对社会可能造成的危害也越大。从上述生命科技的发展历史来看，由生命科技发展而产生的问题主要是人类社会在现代化进程中形成的对不确定未知的担忧，而且这种问题主要表现为对未知事物潜在的风险。在某种意义上，现代社会是一个风险社会，一方面意味着社会发展前进的契机，但同时又可能造成严重的社会危害。因此，现代社会需要

---

① 刘红、汤世国、张保明：《2005 世界科技发展综述》，《国际技术经济研究》，2006 年第 1 期。

对生命科技发展的风险加以合理控制。

第一节　社会现实的论证

人类社会早期是人类的蒙昧时期，人类的所作所为被普遍要求顺应朴素的自然规律；及至古代社会，囿于有限的认识能力和科学技术的不发达，都不可能产生现代意义上的生命科技及其应用，自然也不存在规制生命科技的必要性与紧迫性。但是，随着20世纪上半叶以来的生命科学的重大发展和突破，各种各样的生命科技活动在现实社会中层出不穷。其中，以人体器官移植和人类辅助生殖技术为典型代表，它们二者就是在这一时期取得了重大突破而逐渐成为医学上治疗疾病的重要手段。应该说，这些生命科技的发展极大地提高了医学治病救人的能力，改善了人类的生活质量，但同时也导致了一些现实的社会问题，这些问题往往因为缺乏明确的法律规范，而在司法实践中陷入种种困境。所以，我们急需对相应的问题进行探讨，运用法律加以规范。这些现实的社会问题产生了对生命科技加以规范的社会必要性。而根据生命科技在实践应用中被滥用的性质及其可能对社会造成不同程度的危害，相应的生命科技危机问题可大致分为：生命科技犯罪、生命科技不当应用和生命科技带来的风险三大方面。

一、生命科技犯罪问题

随着现代社会生命科技的发展，人类社会在充分利用先进的生命科技以造福自身的同时，也存在着一些在生命科技运用中产生的违法犯罪问题。在现代社会中，由于种种原因，一些别有用心的人利用生命科技实施的违法犯罪行为是客观存在的，我们并不能忽视或等闲视之。因为如前所述，生命科技与人的生命诞生、发展和终结等问题密切相关，或直接关系到人的生与死，或表现为人的身体健康以及人格尊严等问题，这些内容都是重要的人身权利，侵犯这些重要的人身权利即可能构成违法犯罪。毕竟，生命健康和人格尊严（表现为身体的完整性）等，是现代社会世界各国法律中最为重要的权利。规范生命科技问题，首先就是因为现实社会中的严重生命科技违法犯罪行为需要国家立法加以明确和严厉的规制，而由于我国刑法并没有对人类辅助生殖技术应用及其 DNA、基因物质的具体犯罪规定，生命科技犯罪实际上主要表现为人体器官移植中的犯罪。下面就列举几起发生在司法实践中的典型事件加以分析，以供参考。

☞案例一

2006 年年底河北省的“行唐案件”

2006 年 11 月，河北省行唐县发生了因非法买卖人体器官，残忍杀死流浪乞丐而摘取其重要人体脏器的案件。或许是因为该案件涉及非法买卖人体器官与人体器官移植，在实践中极为罕见、之前也无先例报道，又发生在行唐县，该案一般被学者称为“行唐案件”。案件被媒体报道后，立即引发了社会各界的广泛关注与探讨，不仅表现在犯罪人因非法获利而产生预谋贩卖他人人体器官之心，产生犯意之后纠集多名同伙，精心选择一般不为人们所关注的流浪汉实施犯罪行为，因贩卖人体器官而杀死流浪汉，其犯罪行径本就耸人听闻，令人发指；而且，该案的定性处罚仍存在一些模糊而有待明确的地方。虽然现在该案的最终判决已经生效，但这并不影响我们由此案而引发思考。

该案中犯罪人为了谋取钱财而杀害他人，摘取其重要的人体器官进行非法买卖行为。基本案情是：犯罪人王某为了非法买卖他人人体器官，精心准备，出于担心被人发现，选择通常不为人们关心的一名当地流浪汉作为犯罪对象，摘取其人体器官。2006 年 11 月 9 日晚，王某伙同三名同案犯将被害人捆绑至行唐县郊区的一个废弃的房子里，加以非法拘禁。6 天之后即在犯罪人王某联系好人体器官的买家之后，残忍地将被害人勒死，并对来自外地的 5 名医生谎称被害人是被执行了死刑的罪犯，可以提供人体器官，医生遂摘取了被害人的两个肾脏以及肝脏、脾脏和胰腺五个器官，结束后，尸体被犯罪人王某抛弃在一废井中。① 对于此案，2007年7月3日，河北省石家庄市中级人民法院一审认定：王某的行为已经构成故意杀人罪，判处死刑，剥夺政治权利终身，并赔偿被害人的母亲丧葬费、抚养费等各种经济损失费共计60595元。随后，王某提起上诉。2007年11月14日下午，省高级人民法院在行唐县法院二审开庭审理了该案，并作出了维持原判的最终判决。

点评

在本案中，被告人王某、刘某等人使用四根带铁锁的铁链、钢丝绳、粗线绳，采取暴力捆绑、非法拘禁的方式限制被害人的人身自由，并先行将勒死，以压制被害人的反抗，后诱骗医生摘取了被害人的重要人体器官。这显然是一种性质极其恶劣的强行摘取他人人体器官的行为。在一定程度上，我们不能将这种行为简单地视为摘取尸体器官的行为，虽然犯罪人实施的摘取器官行为是在被害人被勒死之后，表面上是在摘取已变成尸体的器官，但是从案情来看，这种摘取器官的行为动机早在被害人被勒死之前就已经产生了，故应结合前因后果从整体上来看待这一摘取人体器官的行为。众所周知，人的任何行为都是一个连续发展的过程，由主观上的动机、目的，逐步外化为客观的行为。在刑法理论中，客观外化的犯罪行为又被分为犯罪预备、犯罪未遂（中止）和犯罪既遂。就本案而言，在被害人被勒死摘取器官之前，行为人就已经产生了相应的犯罪动机和目的，捆绑、非法拘禁、勒死等行为就已经形成了行为人犯罪的准备行为或实行行为。因此，将摘取器官的行为与之前发生的暴力行为结合起来加以分析，本案就属于典型的强行摘取他人人体器官的行为。从案情来看，犯罪嫌疑人王某为牟取贩卖人体器官的暴利，竟然伙同他人强行摘取了被害人的重要人体器官，事

① 王井堪、哈欣：《“器官买卖血案”里的手术刀》，《河北工人报》，http://www.hbgrb.net/epaper/html/2007-11/24/content_154806.htm。

实上造成了被害人的死亡。这种行为显然符合我国刑法故意杀人罪“非法剥夺他人生命”的刑法规范。依据人们一般的社会认识，对人体心脏、肝脏、肾脏等重要器官的摘取通常即意味着致他人死亡或重大健康损伤，因此，行为人明知摘取他人重要人体器官的行为会导致他人死亡结果的发生，仍然积极地实施，是一种直接故意的杀人犯罪。①

不仅上述有关刑法规范的适用可能产生偏差或问题，而且还产生了一个新的问题，即如何全面合理地评价所有涉案人员的法律责任？根据媒体的报道，最初策划杀人以摘取其器官的主犯，法院以“故意杀人罪”判处死刑，多名参与其中、帮助实施了捆绑拘禁的从犯同时受到了法律的严惩。这显示了我国法律对非法买卖人体器官、侵害他人生命健康行为的强烈制裁和否定评价，值得肯定。但一个不能回避的问题是，涉事医生的法律责任该如何认定和评价呢？从本案的最终处理结果来看，虽然人们对肇事医院及医生的卑劣行径感到无比愤慨，要求予以严厉谴责和查处，但出于种种原因，并没有进入到司法程序，对于牵涉其中实施了人体器官摘取手术的几名医生，没有任何承担法律责任的报道。这或许是因为医生纯属被欺骗而实施了摘取人体器官的手术，他们与被害人之间素未谋面也无冤无仇，在主观上没有实施相应犯罪的故意，依“不知者不为罪”，可以不予处理；但是反过来，本案件中医生是作为掌握人体器官移植技术的专业人士，也是这类犯罪行为得以实施的关键因素，因此是不是应该规定医生的事先认识义务，即具有摘取人体器官应事先认识摘取行为之合法性的义务，如果医生在违反这种明知义务时存在过错，就应当追究其刑事责任呢？抑或，相对于被摘取器官的人，掌握先进

① 虽然事实上对人体器官的摘取是在被害人被勒死之后进行的，而人被勒死后，其法律意义上的人不复存在，是对尸体器官的摘取，但是对这种行为不宜再定“毁坏、侮辱尸体罪”之类的犯罪，否则就有悖于“一事不再罚原则”。这些都是涉及如何准确适用现有刑法规范的问题。

医学科学技术的医生在人体器官移植活动中显然是较为强势的一方，是不是应该对他们的专业行为设定某种限制呢？从本案媒体报道引发的巨大反响和人们表达出的对涉事医生的愤慨之情来看，回答应当是肯定的。当然，理论与现实是有差距的，现实的情况纷繁复杂，是否还应当追究其他相应参与人员的法律责任呢？相应的合理性何在？这些都是值得我们深入探讨的问题。

☞案例二

2009年4月刘强胜等组织买卖人体器官案

该案发生于北京，其中主要的犯罪事实——在器官供体和受体之间居中介绍、组织和买卖人体器官的行为发生在2009年4月至5月间。因为当时我国刑法并没有规定“组织出卖人体器官罪”,① 与其中非法买卖人体器官获取暴利的行为最相当的，是“非法经营罪”，最终检察院以“非法经营罪”提起公诉，法院也以该罪加以定性。由此，该案被媒体广泛称为“北京首例非法经营人体器官”，也有人称“我国人体器官买卖第一案”。

基本案情是：犯罪人刘强胜，男，26岁，初中文化，农民；杨世海，男，25岁，初中文化，农民。为牟取巨额利益，二人伙同刘平、刘强非法办起了一家倒卖人体器官的公司。他们主要通过互联网、QQ群等方式，招募人体器官的供者和联系需要接受人体器官移植的患者，从而居中非法倒卖人体器官。在一起介绍器官供体杨某与患者谢某进行肝脏移植的手术中，收取谢某人民币15万元，给受害人杨某的身体健康造成

---

① “组织出卖人体器官罪”，是《刑法修正案（八）》所增设的一个新的犯罪，即修正案第37条第1款：在刑法第二百三十四条后增加一条，作为第二百三十四条之一：“组织他人出卖人体器官的，处五年以下有期徒刑，并处罚金；情节严重的，处五年以上有期徒刑，并处罚金或者没收财产。”在效力上，《刑法修正案（八）》由中华人民共和国第十一届全国人民代表大会常务委员会第十九次会议于2011年2月25日通过，自2011年5月1日起施行。

了严重的伤害。同时，办案人员经过调查还发现，其实主犯刘强胜自己也曾是人体器官买卖的受害者，2008年10月他也是通过网上联系，以4.5万元的价格卖掉了自己60%的肝脏。此案于2010年4月15日，由北京市海淀区检察院以非法经营罪提起公诉，北京市海淀区法院对该案进行了审理。法院认为：根据我国《人体器官移植条例》规定，活体器官的接受人限于捐献人的配偶、直系血亲或者三代以内旁系血亲，或者有抚养关系的养父母、继子女等有证据证明与捐献人存在亲情关系的人员。本案中的器官供体和患者并无上述关系，并且四名被告从中获利，因此其行为具有明显的违法性。最终法院以非法经营罪判处刘强胜、杨世海有期徒刑4年，罚金人民币10万元，判处被告人刘平、刘强有期徒刑2年，罚金人民币5万元。根据报道，同时宣判的还有与本案相似的另两起非法买卖人体器官案件，这两起案件中的被告人都同样被判以非法经营罪。①

点评

在该案中，四名罪犯通过互联网、QQ群等，一面积极招募有意出卖人体器官的供者，一面寻找需要接受人体器官移植的患者，居中介绍、组织人体器官供者与患者的买卖行为，旨在获取暴利，并给出卖人体器官的被害人造成了严重的身体伤害，其社会危害性极为严重。在此意义上，即使在当时刑法并没有规定组织出卖人体器官罪的情况下，司法实务部门也以“非法经营罪”追究了相关犯罪人的刑事责任。

诸如此类的案件，在司法实践中也时有发生。如2007年在中国法院网引发较大争议的“偷摘肾脏案”：陈某（女）用姿色引诱受害人到其出租房内，用迷药将受害人迷倒后，伙同刘某和徐某将受害人的两颗肾脏取走，后受害人被送往医院，只能靠生命维持系统维持生存，并在等待肾脏捐赠无果后死亡。后陈某、刘某和徐某

① 国内有很多新闻媒体都对该案作过报道，如《全国首例非法买卖人体器官案在争议声中落槌》，新华网，http：//news.xinhuanet.com/legal/2010-09/15/c_12572472.htm。

陆续归案。① 由于正是陈某、刘某和徐某实施的引诱、迷倒和偷摘肾脏的行为，直接导致了受害人的死亡，其行为已经构成了刑法中的犯罪。对此，学者们并不存在什么争议。然而，这种犯罪行为究竟构成我国刑法中的何种罪名，学者们各抒己见，存在着较大的分歧。概括起来，主要有构成“盗窃罪”、“抢劫罪”、“故意伤害罪”、“故意杀人罪或故意伤害罪”四种观点。② 实际上，论者们的主要分歧在于偷摘活人人体器官的行为是一种侵犯财产的犯罪，还是一种侵犯人身权利的犯罪？这涉及两个问题：一是对活人人体器官法律属性的准确界定，即活人的人体器官是不是法律中的“物”？二是如何评价行为人实施的引诱、迷倒和摘取肾脏行为与取走肾脏行为之间的关系？此外还有近年来，媒体时有报道的“卖肾车间”、地下贩卖人体器官、跨境贩卖人体器官犯罪，等等，无一不构成了相应的刑事犯罪。

伟大的思想家恩格斯曾说过，犯罪是藐视社会秩序最明显最极端的表现。犯罪是具有严重社会危害性的行为，被给予严厉的否定评价和谴责。生命科技在其适用中产生的现实犯罪行为，足以表现生命科技可能被一些别有用心的人所利用，实施严重危害社会的犯

---

① 围绕该案，几位学者在中国法院网上展开激烈的论争。2007 年 5 月 16 日，肖庆华、曾照旭发表论文《人体器官是否属于盗窃罪的对象》之后，引起了争议。5 月 17 日，丁吉生同志撰文《活人身上的器官不属于盗窃罪的对象》，认为陈某等人的行为构成故意伤害罪；5 月 23 日，肖、曾二人再次发表《再论肾脏被盗该如何处罚》，论证陈某等人的行为应以盗窃罪定罪的观点，同日，何庆、宋载云二位同志也撰文《驳〈人体器官是否构成盗窃罪的对象〉案件定性》，认为陈某等人的行为构成抢劫罪。此案一时备受人们的关注。详见肖庆华、曾照旭：《再谈肾脏被盗该如何处罚》，中国法院网，http：//www. chinacourt. org/public/detail. php？ id = 247780；丁吉生：《活人身上的器官不属于盗窃罪的对象——与肖庆华、曾照旭同志商榷》，中国法院网，http：//www. chinacourt. org/public/detail. php？ id = 246911；钟小汉：《也谈人体器官被盗窃案件的定性》，法律教育网，http：//www. chinalawedu. com/news/1900/21/2007/6/li29876294014670021690-0. htm。

② 钟小汉：《也谈人体器官被盗窃案件的定性》，法律教育网，http：//www. chinalawedu. com/news/1900/21/2007/6/li29876294014670021690-0. htm。

罪行为。如上述的假借“人体器官移植”之名行“谋财害命”之实，诸如此类的还有可能存在假借“脑死亡”之名行“杀人”之实，等等。这些犯罪虽然发生在现代社会生命科技的适用过程之中，但是实质上仍是传统法律和社会中的犯罪，只不过是传统犯罪的新的表现形式。然而同时，这些生命科技犯罪作为一种新的犯罪表现形式，也意味着它们并不是或不完全是原来立法者在立法当时所规定之犯罪的立法原意；即便是超前立法，也未必能够准确地预见现在正处于日新月异的生命科技可能潜伏的犯罪行为，将其一网打尽。因此，这就涉及对原来立法条文的重新解释与适用问题。现代社会刑法以罪刑法定原则为最基本的原则，“法无明文规定不为罪、法无明文规定不处罚”，如何对原来的立法进行合理的解释，以准确地评价这些新的生命科技中的犯罪行为，显然是一个值得深入思考的问题。在前述的第二个案例——“刘强胜等组织买卖人体器官案”中，因为刘某组织他人买卖人体器官，事实上对被害人的身体健康造成了严重损害，情节严重、性质恶劣，具有严重的社会危害性，其行为理应构成犯罪。如何对这种行为的犯罪定性，司法实务部门的看法一致，认为构成“非法经营罪”，检察机关以“非法经营罪”提起公诉，法院以同一罪名作出判决，当事人在法院宣判之后也没有什么异议，判决正常发生效力。但不容忽视的是，将组织他人买卖人体器官的行为定性为构成犯罪的“非法经营行为”是值得商榷的，学者不乏质疑之声。非法经营罪是我国刑法中一个有名的“口袋罪”,① “什么罪都往里装”，当司法机关

① 长期以来，我国刑法中的“口袋罪”一直是学者批判的对象。所谓“口袋罪”，是一种对某一行为是否触犯某一法条不明确，但与某一法条相似，而直接适用该法条定罪的情况，这种情况多次出现，就将此罪戏称为“口袋罪”。非法经营罪，由于很多司法解释都将一些行为规定适用此条，因此也被学者称之为口袋罪。当刑法对某些罪名规定的内容太庞杂或者很模糊，就使这些罪名成了一个“口袋”，因而有关的、不好定性的行为就按这些罪名处理了。“口袋罪”无疑是为了更好地维护国家社会和法律秩序，但存在着严重的人权保障危机，这是以损害和牺牲公民个人的尊严、权利和自由为代价的。参见“口袋罪”，百度百科，http：//baike. baidu. com/view/428739. htm。

面临着将“组织他人买卖人体器官行为”入罪的巨大压力时，自然而然就将这种行为装入了与之最为相似的非法经营罪“口袋”之中。但这种相似又何尝不是形式意义上的相似而已——将组织他人买卖人体器官行为，具体表现为收集有关人体器官移植供求的信息，并招募、组织器官供体，介绍给需要进行器官移植的患者并收取一定报酬的行为，作为非法经营活动。在实质上，我国刑法中的非法经营罪，尽管被学者称为“口袋罪”，但并非一个无所不包的“天大口袋”，非法经营罪在我国刑法中属于“破坏社会主义市场经济秩序罪”①，将“组织他人买卖人体器官行为”定性为破坏社会主义市场经济秩序的行为，则难免有些牵强了。而全国人大常委会通过的《中华人民共和国刑法修正案（八）》针对这种犯罪行为，增设了一个新的罪名——“组织出卖人体器官罪”。

生命科技发展及其适用的犯罪问题，除了可能带来上述法律适用上的难题之外，还有一个重要的问题是如何科学地立法。前者是司法问题，后者即立法问题。当我们面对某种行为，在司法认定上存在较大问题和分歧时，极有可能就是因为立法本身存在着不够明确和疏漏之处。在此意义上，司法问题也是立法问题，立法在规范生命科技发展及其适用中显然具有十分重要的地位。至于这里的刑事立法，一个核心的问题是应将哪些生命科技活动中表现出来的严重危害社会的行为规定为犯罪。刑法是保卫社会安全的最后一道防

① 非法经营罪在我国刑法中属于“破坏社会主义市场经济秩序罪”，侵害的是国家限制买卖物品和经营许可证的市场管理制度。根据刑法及其修正案、司法解释的规定，非法经营罪的行为方式主要表现为：（1）未经许可经营法律、行政法规规定的专营、专卖物品或者其他限制买卖的物品；（2）买卖进出口许可证、进出口原产地证明以及其他法律、法规规定的经营许可证或者批准证件；（3）未经国家有关主管部门批准，非法经营证券、期货或者保险业务，或者非法从事资金支付结算业务的；（4）其他严重扰乱市场经济秩序的非法经营行为。其中，根据司法实践中已有的判例，第四项其他非法经营行为，一般表现为非法经营出版物，非法经营电信业务，在生产、销售的饲料中添加盐酸克伦特罗等禁止在饲料和动物饮用水中使用的物品，非法经营互联网业务和非法经营彩票行为。

线，刑罚是最严厉的惩罚，这些都要求刑事立法必须有充足的正当性根据。并且，这些新的犯罪是原来刑事法律并没有明确规定的犯罪，如果已有规定，通过合理的法律解释就可以将相应行为纳入原来罪名的，自然就不应当重新立法。

二、生命科技的不当应用问题

生命科技是现代社会的全新事物，其科学研究与医学临床适用发展极为迅速，在我国医学实践中的运用越来越广泛；同时由于现代生命科技相对于传统医疗手段表现得卓有成效，医患双方对适用生命科技兴趣浓厚，甚至是热情如火。在此背景之下，虽然我国自生命科技诞生之日起就不乏要求合理规范其发展和医学运用的声音，也陆续制定了相关的法律法规，但由于这些立法往往都是部门规章或省级的地方性立法，尚缺乏国家的强有力立法，而且已有立法在内容上也存在不够明确的问题，以至于相对快速发展的现代生命科技，现有立法往往是"心有余而力不足"，在现代社会实践中生命科技的不当应用还比较严重。应该说，前述的生命科技的违法犯罪行为只是生命科技社会实践中的少数情况，而生命科技活动中的不当运用才是生命科技中的主要问题。下面同样以现实社会中的热点案件加以佐证。

案例一

1998年北京发生的"眼球丢失案"

1998年10月13日，在北京某出版社工作的张女士因癌症在原北京医科大学附属医院去世。10月13日下午，尸体被移至太平间。10月19日，在举行遗体告别仪式前，她的家属发现死者的眼球是假的，真的眼球被人换走了。死者的亲属、同事极为愤怒，遂报案。后经调查发现，死者的眼球是被该医院一位专攻角膜移植的医学博士高伟峰（本案第二被告）取走的。该医生为了医治病人，未经允许擅自摘取了死者的眼球，移植给另外两位患者。原来，该医生在为第二天就要实施的手术作准备工作时，发现储存在冰箱中的眼角膜已经坏死了，考虑到患者如果不及时手术就可能失明，就到医院停尸房摘取了刚去世不久的张女士的眼角膜。

这是在我国发生的第一起擅自摘取（或盗取）尸体眼球案。案发后，关于本案应如何定性和处理，原告与被告及社会各界产生了较大的分歧。原告在《起诉状》中认为："两被告未经死者生前书面许可，也未和三原告协商，擅自摘取他人器官、毁损尸体，严重侵害了三原告的合法权益和死者的人格权。"由此，原告即张女士的家属强烈要求追究医生的刑事责任，并向医院提出了高额经济赔偿的要求。公安机关对此案也一度以"盗窃、侮辱尸体罪"刑事立案，显示了对本案的格外重视。对于此案，高某认为"没有征得家属的同意，我觉得这种方式是不妥当的，但是要完全说是我彻彻底底的错误，那我还没有这种意识"。同时，由于医生摘取眼球是出于在紧急情况下挽救他人眼球的需要，带有一定程度的紧急避险色彩，社会舆论对医生更多表达了同情之心。1998 年 10 月 26 日，国内眼科界五名人大代表，致函北京市政法机关，认为对高某的行为以触犯刑事法律定罪判刑欠妥，希望量刑时予以考虑。在 1998 年 11 月 27 日的《中国青年报》作了专题报道《北京曝出死者眼球丢失案》，旋即引起了社会各界，包括法学界的广泛关注。有人认为那位医生是"勇闯禁区"的志士；有法律工作者据法分析，认为虽然该医生未经允许偷摘他人眼球的行为违背了"知情同意"的《纽伦堡公约》精神，但是其目的是救死扶伤，因此其行为有过错但并未犯罪。最终 1999 年 3 月，北京市西城区检察院综合案情，作出不予起诉决定，该案以民事纠纷处理。①

① 李郁：《"眼球丢失案"引出的话题——呼唤人体资源立法》，《政府法制》，1999 年第 12 期；《博士擅取角膜为人治病是否犯罪》，新浪网，http：//news. sina. com. cn/society/9905/050412. html；程刚：《全国首例死者眼球丢失案开庭》，人民网，http：//www. people. com. cn/GB/shehui/44/20010216/397006. html。

点评

对于本案的定性，笔者也认为医生的行为不构成刑法意义上的犯罪，而只是一种在人体器官移植中非法摘取尸体器官的不当行为。虽然本案中医生未经允许摘取尸体眼球的行为，是一种盗窃、侮辱尸体的行为，但在我国构成犯罪是行为定性因素和定量因素的有机统一，对那些情节显著轻微、危害不大的，就应当不以犯罪论处，本案中医生摘取死者的眼球完全是出于医学紧急情况下治病救人的需要，主观上不存在非法占有的盗窃之意和损害死者的尊严、伤害有关人员情感的侮辱之心，客观上也没有采取所谓的暴露、猥亵、损毁、涂画、践踏等方式实施犯罪，故不宜定盗窃、侮辱尸体罪。不过，本案中行为人未经允许擅自摘取死者的眼球，事实上严重伤害了死者亲属的感情，也有悖医学上高度重视“知情同意原则”之精神，实有不当之处。

案例二

2006 年沈阳发生的“窃取骨髓事件”

当患者在手术台上被全身麻醉之后，医生偷偷将病人的骨髓盗走，看似不可思议的事情，但因 2006 年年初，一名知情人士的举报而为世人知晓。该知情人士声称：在沈阳医学院奉天医院（即沈阳市第八人民医院、沈阳医学院附属中心医院）外科，曾收治一名因车祸腿伤严重的患者。手术中患者被全身麻醉后，一名其他科室的医生在其髂骨里抽取了一些骨髓，用于进行“骨髓干细胞体外培养”。手术后，患者出现下肢瘫痪症状，丧失了独立行走能力。举报者还指明其间的利害关系：(1) 这名医生在抽取骨髓前，没向患者及其家属打过招呼；(2) 患者当时迫于病情，需要把左胯部的髂骨移植到小腿，这名医生的盗取行为就选择在左侧髂骨，目的是这块髂骨移植后，遗留在上面的针眼将从此消失，进而达到查无实据的效果，因此，这实际上是一次有计划的“盗取”。

林虹是骨髓被窃取事件中的患者，即受害者。2004 年年初，她因车祸被送到当地一医院，该院给予的治疗方案是截肢。林虹及其家属拒绝这一救治方案，并慕名来到沈阳医学院奉天医院手外科。至2004年年底，林虹先后进行了数十次手术，其中全麻手术七次，但治疗到最后，医院却说治不好了……通过在全国范围内遍访名医，北京一著名专科医院的医生李某为林虹制定了具体的手术方案：从左胯部取下一块髂骨，然后将其移植到坏死的左小腿距骨上。2005年2月25日，李医生由北京来到八院，26日为林虹实施了手术。据李医生称手术很成功。但林虹没有想到的是：这次手术后，她竟然再也没有力气坐起来了。手术后一个月，有关“骨髓被盗”的说法陆续传到林虹耳朵里。直到2005年7月18日，该医院手外科研究所所长蔡林方告诉林虹的丈夫：“手术时没经你同意，在给你妻子麻醉后，从她身上抽取了一定量的骨髓……”据医院方称，共抽取了20毫升，用于搞科研。由于林虹一再要求医院给个说法，2005年8月30日，医院赔偿了林虹几万元。但让林虹无法接受的是，她的主治医生田某因事调离了沈阳医学院奉天医院，而且，林虹的主治医生竟换成了盗取她骨髓的医生刘伟。这令林虹十分气愤：“他没有因盗取我的骨髓而受到处罚，相反还由副主任升迁为主任。”①

点评

该案发生后引起了新闻媒体的广泛关注。而案件被曝光后，医生与患者即迅速达成了协议，最终没有走上司法程序，但由此显现出来的问题值得人深思。该案由不愿透露姓名的知情者举报而事发，假如无人举报，恐怕就会石沉大海，真相将永远不为人知。因为医生实施的诊疗行为存在着严重的信息不对称，试想本案中患者

① 《患者被医院盗取骨髓用于试验》，新浪网，http：//news.sina.com.cn/s/2006-02-24/01599185529.shtml；《沈阳一医院发生一起骇人听闻患者骨髓盗窃案》，金羊网，http：//www.ycwb.com/gb/content/2006-02/24/content_ 1075673.htm。

在身体被全麻的情况下，是无论如何也不可能知道自己的骨髓被人偷偷盗走的。这从另一个侧面也无形之中暗示，类似的医生盗取骨髓或者在手术过程中顺带进行相关的试验等还有很多，而这不会是第一次，只不过这一次由于患者出现了下肢瘫痪的严重后果及实属偶然的举报因素等，而成其问题。事实上，现代社会医生未经患者同意，偷偷窃取其骨髓进行医学试验是存在严重的伦理道德危机的。因为，知情同意原则是进行医学科学研究和实验的首要原则，这是人类社会反思二战时期纳粹德国以医学科学研究为名滥杀无辜和严重践踏人权等的伟大成就。1947 年国际社会对纳粹法西斯医学研究犯罪进行反思，制定了《纽伦堡公约》，其最重要的原则就是“受试者的自愿同意是绝对必须的”，即知情同意原则。这一原则现已成为世界各国进行医学研究及其临床应用的基本原则，是医学伦理中最重要的基本原则。而在我国，现行刑法对盗取人体骨髓的行为并没有明确规定诸如盗窃人体物质的犯罪，行为人窃取骨髓是出于科研的目的，又不是出于获取钱财的非法占有目的，故也不构成盗窃罪，其较为合理的判断是，属于一种不当的滥用生命科技的违法行为。

☞案例三

2011 年广州发生的富商“八胞胎”事件

“八胞胎”事件在 2011 年年底经媒体曝光后，受到了社会各界的广泛关注。这里的“八胞胎”并不是由一个人一次诞生下 8 个婴儿，而是由 3 个“母亲”在前后相近的不同时间里诞生下 8 个具有亲密血缘关系的婴儿。3 个母亲分别诞生了 2 个、3 个和 3 个婴儿，总共 8 个婴儿。在媒体的报道中，这个“八胞胎”事件还颇具戏剧性。一对广州富商夫妇早年为事业打拼一直没要孩子，结婚数年后想要孩子却一直未果，其间也曾尝试过多种现代医学技术包括试管婴儿在内，但都未能成功孕育。这对夫妇随即在长辈的建议下转做慈善事业，老人家的意思是希望好人有好报，上天赐子。妈妈在建议下加入了慈善组织广东狮子会明道服务队，该队一位负责人介绍，这位妈妈是实实在在为慈善出了钱也出了力；巧的是她参与慈善事业后约 1 年时间成功有了 8 胞胎。①

"上天赐子"之说，当然不足信。这对夫妇还是通过"试管婴儿"这一现代生命科学技术而生下惊人的八胞胎。试管婴儿技术包括体外受精和胚胎移植两个步骤，不同于人类自然的在特定的个体体内受精、孕育和分娩的生育过程，体外受精是把需要孕育的男方精子和女方卵子都取到体外，让它们在体外人工控制的环境（培养剂）中完成受精过程，形成受精卵细胞，并诱导和刺激受精卵细胞生长分裂形成早期人体胚胎；再进行胚胎移植，即把胚胎移植到适宜女性的子宫中，在子宫中孕育成为胎儿并分娩。在"八胞胎"事件中，这对夫妇在体外受精阶段形成了 8 个正常存活的胚胎。这对夫妇本来求子心切，商议后决定将 8 个孩子全部生下来。为此，妈妈本人怀 3 个，2 个代孕者各自怀 3 个、2 个，在代孕期间这两位代孕妈妈也接至她家内居住，雇人照料。当年 10 月间 8 个孩子陆续出生，妈妈自己怀的最早出生，最早与最晚相差不超过 1 个月，而且幸运的是 4 男 4 女。

俗话说"多子多福"，生儿育女、更多地繁衍子孙后代，往往被视为人成功的重要标志之一。因此，广州夫妇生下八胞胎，颇受一些人的羡慕，据报道说，广州的一家儿童摄影连锁店就曾以"八胞胎"代言广告，颇为吸引眼球，广告甚为高调地称之为"中国首例八胞胎"，而在被新闻媒体报道之初并不存在较大的批评和质疑之声。但是，随着社会炒作热情或"眼球效应"② 的退却，人们开始关注其中可能存在的法律问题，首当其冲就是八胞胎对国家计划生育政策的抵牾，一对夫妇通过医学技术生下 8 个小孩，显

① "八胞胎事件"，百度百科，http：//baike. baidu. com/view/7129691. htm。

② 它们关注的是事物的新、奇、特，旨在造成醒目或轰动的效果。

然是违反了我国“一对夫妇只生一胎”的基本计划生育政策。于是，很快也就有了《广州计生紧急核实8胞胎父母情况 将追究代孕机构责任》的报道见诸报端和互联网。① 最终该事件的结局是：2012年12月，广东省卫生监督所、广东省人口计生委公布八胞胎事件调查结果，认定广东富商代孕产8胎5个超生，并处以高额罚款。② 在笔者看来，这一调查处理的结局只是对“八胞胎”事件因其所生胎儿数量远超国家计划生育政策而言的，还没有深入“追问”其中存在的“代孕行为”的法律性质问题。这或许是由于是否存在代孕的现实调查取证较难，更或许是由于我国传统社会的“重生”文化，“天地之大德曰生”，中华民族炎黄子孙代代传承，生育是人类生存之本。而对于代孕行为，虽然我国相关法律法规都普遍规定了禁止任何形式的代孕，但是对于有人违反了禁止代孕规定的行为，却缺乏明确的法律责任规定，同时这些法律法规自身的效力层次较低，这就使得禁止代孕的规定难免流于形式，助长了地下非法代孕蔓延之风。即使在现代社会，毋庸置疑的是由于中国传统文化深层结构中隐藏和表现着强烈的生殖崇拜精神，而且，生育后代、繁衍生息是一代又一代炎黄子孙根深蒂固的人生责任理念，这种文化传统难免使得人们对诸如八胞胎及其类似事件，又爱又恨、忧喜交加。所爱、所喜的是代孕技术的成熟可靠，极大地解决了不能生育后代夫妇的“心头大事”；所恨、所忧的是这种技术本身存在着巨大的社会道德法律问题。

生命科技犯罪行为因其严重的社会危害性，而受到强烈的否定评价和社会的广泛关注，相比之下，生命科技适用中的不当行为，一般不为人们所重视或往往“大事化小，小事化了，不了了之”。上述早期的“眼球丢失案”和“窃取骨髓案”即是如此。虽然二者“未经允许的窃取行为”都是客观存在的，事实清楚、证据确

① 《广州计生紧急核实8胞胎父母情况 将追究代孕机构责任》，新华网，http：//news. xinhuanet. com/local/2011-12/20/c_ 122449106. htm。

② 《广东富商代孕产8胎5个被认定超生 面临高额罚款》，腾讯新闻，http：//news. qq. com/a/20121214/000567. htm。

凿充分，但是实施这些行为的当事人不完全认同自己的行为存在问题。如上所述，偷摘死者眼球的医生高某认为自己未经家属同意的偷摘行为只是方式不妥当，而非彻彻底底的错误，检察机关认可了这一说法，作出了不予起诉的决定；后者则是由医患双方私下达成协议，最终未进入司法程序，主治医生没有受到任何责任追究，相反还获得了职务升迁。“八胞胎”事件被报道之后，人们对其态度也曾是模棱两可的，初期不乏肯定的态度，如有相关行业以此为广告招徕生意，只是后来政府计生部门开始关注，并调查其中违反计划生育政策的问题。事实上，对于其中的非法代孕行为尚缺乏有力的法律规范。因为生命科技适用中不当行为的社会危害性并没有犯罪行为那样严重，并不是刑事法律的严厉打击对象，而且随着现代社会的飞速发展，社会的价值观念日益多元化，包容思想成为社会的主流价值观念，所以，现实社会中生命科技适用不当的行为，往往不为人们所重视，其当与不当行为的界限也变得模糊起来，不同的人基于不同的视角和立场就可能得出不同的判断。

本书探讨的是与人相关的生命科技，这里生命科技的适用主要涉及医方，即从事生命科技研究并加以具体适用的医疗机构及其医务人员；患方，即身患某种疾病而需要接受生命科技诊疗活动的患者；在特定的情况下，还存在与生命科技适用密切相关的第三方人员，主要是人体器官移植中提供可供移植人体器官的供体，人类辅助生殖过程中提供生殖细胞或代孕者。这里的第三方当然并不意味着其在生命科技适用中的地位无关紧要，相反在一定情况下，第三方的权利保障与义务规范情况才是生命科技适用是否得当的决定者，是生命科技现实适用应当考虑的重要内容。以这三种主体对待生命科技适用的态度来看，一般而言，医方是生命科技的创造者和其具体应用的提供者。生命科技的发展代表着现代医学科学技术的重大进步和成就，是否掌握先进的医学生命科学技术和拥有一流的技术设备等，往往是衡量一个医疗机构及其医务人员医疗水平高低的重要标志。这显然就使医方人员自然倾向于对生命科技的研究与适用持积极肯定的态度，而且，现代医学生命科技的临床运用往往给医疗机构带来可观的利润，因此成为一些医院竞相开展的医学诊疗项目。患方由于身患严重疾病，通过传统的医疗手段难以或不能有效治愈，而不得不依赖现代生命科学技术，生命科技可谓给他们带来健康的福音，因此他们自然也肯定生命科技的适用，当然，一些生命科技在给患者带来福音的同时，也可能产生一些副作用，甚至造成严重的身体伤害。如在人体器官移植中，移植手术本身就表现为一种身体伤害且存在较大的风险，即使移植手术取得圆满成功，由于植入器官的强烈排异反应，接受器官移植的患者还需要长时间服用抗器官免疫排斥反应的药物。但总体上，患方对于生命科技的适用是有担忧之心，却无否定之意。相对而言，人们对生命科技的不当适用较为关注的是生命科技适用中的第三人，这里的第三人往往是生命科技适用中的“完全受害人”，称其“完全受害”，是因为他们本来并不存在生命健康方面的问题，是因为某种利益因素而参与生命科技的适用之中，如自愿捐献行为、出于挽救亲人的生命健康行为甚或是出于获取经济利益的行为。我国现有生命科技立法普遍明确禁止在生命科技适用中的商业性买卖行为，因此，为获取经济利益而买卖人体器官、实施代孕等行为是违法行为，其非法利益不受法律保护。在此意义上，生命科技中的第三人往往付出了自己的身体健康或作出了某种较大的牺牲，但依法只能自愿“捐献”，而不能主张经济上的利益。循此逻辑，第三人应该说是对生命科技的适用持较大的警惕或否定的态度。笔者认为，对现代生命科技的适用是否不当的问题，较为关注的还有社会普通民众。生命科技的理论发展与实践应用与人的生命健康、自由发展以及人格尊严是紧密相连的，带有浓厚的社会伦理色彩。现代社会生命科技一方面极大地提高了人类社会与疾病、生老病死自然规律作斗争的能力，促进了人的自由发展，但另一方面无形之中使人体及其组成部分不断被异化，成为法律关系中的“物”，成为特殊的“商品”。尤其是人的异化、物化及商品化，这是对几千年形成的人类社会尊重人本身及其组成部分的传统思想观念的巨大颠覆。由此，生命科技的适用一旦存在着较大的伦理道德危机，就往往为社会普通民众难以接受。

事实上由于种种原因，生命科技中的不当运用问题还比较突出。这种不当运用，可谓“好心办坏事”，行为人往往是出于好心救治他人或科学研究等良好目的，不当地侵犯了无辜患者的合法权利、第三人的合法权利或者社会民众朴素善良的情感。从生命科技的产生和发展来看，某些生命科技的适用虽然具有“目的上的善”，但在表现形式上却可能被人为地异化而导致缺乏相应的“手段上的善”。生命科技适用中的不当行为，虽然往往“恶小”、“罪小”，因此可谴责性较小，但从行为整体上来看，也属于应加以规范或禁止的行为，而且，现代社会生命科技发展迅速，不断向其纵深推进，在此过程之中，原来不当行为的社会危害性也可能更加严重，性质趋于不断恶化。一方面，某些生命科技活动项目在其理论研究与技术适用上取得了重大发展和突破，在激动人心的同时也不断积蓄了对人类社会巨大的破坏力量，典型的如：现代基因技术已经实现了对人体 DNA 序列的解码和初步应用，就不乏先见之士的担忧——这种技术可能被别有用心的人利用以制造出针对特定种族或人群的“基因武器”。另一方面，由原来性质简单的基本生命科技不断发展和衍生出新的生命科技种类，这使得现代社会生命科技问题变得复杂：一是问题新，二是内容庞杂。在此背景之下，为了有效地调整和规范生命科技研究及其适用，更好地造福人类社会，应积极关注和探究生命科技适用中的不当问题。

三、生命科技带来的风险问题

如前所述，现代社会生命科技的研究及其适用代表着现代科学技术的伟大成就，旨在提高人类社会认识生命现象与本质，改造自身生命活动的能力，是为人类社会造福。但科学技术本身是一把双刃剑，在造福人类社会的同时，存在着一定的造成损害的不良反应。这些不良反应或副作用，除了前述的生命科技适用中的犯罪行为、不当或违法行为之外，有相当一部分并非现实可见的，而是表现为造成某种巨大损害的风险。

之所以强调对生命科技研究及其社会运用加以立法规范或控制，也是因为生命科技自身就蕴含着巨大的社会风险问题。风险即意味着危险，是遭受损失、伤害、不利或毁灭的现实可能性，生命科技中的风险一旦现实发生，将会造成难以估量的恶劣后果，甚至会严重影响到人类自身的生存和发展。这种风险往往表现为其适用可能会出现致使作为适用对象的当事人的权益、社会民众的善良情感或人类整体的利益等受到严重损害。风险不发生则已，如果发生就有可能是无法挽回的巨大损失。因为，现代社会生命科技的适用与人的生命健康等紧密相连，所得是为人的生命健康造福，而所失也必与人的生命健康损失息息相关。与生命科技相关的理论研究或社会实践，必将直接影响到人的生命健康或作为整体的人类种族的生存发展问题。概括而言，从生命科技的实践来看，我们可以将其风险主要归结为：生命科技适用效果上的风险、生命科技适用过程中的风险和生命科技适用人伦上的风险三个方面。

（一）生命科技适用效果上的风险

在现代社会，生命科技得以不断发展并被医疗机构所广泛地适用，就是因为医疗实践把生命科技当做一种极其有效的或唯一的疾病治疗手段，生命科技的适用具有良好的治病救人或改善人的生活质量等功效。医学上的疾病治疗效果就是使生命科技适用正当化的首要方面，毕竟医学技术再怎么好，最终都要落实和体现在具体的治疗效果上。

事实上，生命科技的适用在医学治疗效果上是存在较大风险的，下面以常见的人体器官移植为例加以说明。人体器官移植是现实社会医疗实践中较为成熟、被广泛使用的生命科技活动。人体器官移植技术自 20 世纪初取得突破性发展，进入医学临床应用，其在医疗领域中的应用发展迅速，在当今世界各国得到了普遍的承认和广泛的应用。我国人体器官移植的医学适用发展也极其迅速。根据 2009 年 9 月在北京举行的第七届亚洲移植免疫论坛（ATIF）的相关报道，1999 年以来我国的人体器官移植发展突飞猛进，“无论是肾移植、肝移植、心肺移植还是骨髓移植，无论是在数量上，技术上，都已接近甚至达到国际先进水平。中国目前已累计开展器官移植超过 10 万多例，成为仅次于美国的第二大器官移植大国。我国每年开展的器官移植手术已超过 1 万例次"①。在该次论坛上，国家卫生部副部长、中国器官移植领域著名专家黄洁夫提供的统计数据显示：目前人体器官移植开展最多的是肾移植，我国每年有 6000 例左右，累计（至 2009 年）已达 86800 例，肾移植患者十年存活率已经超过 60%，存活时间最长达 32 年。我国肝移植总数将近 16000 例，存活时间最长达 12 年。20 世纪 90 年代我国的肝脏移植患者一年生存率只有 40%左右，现在，肝移植后 3 年生存率已经从 37%升至 75%左右。据联合器官分配网络（United Network for Organ Sharing，UNOS）的资料，在美国，肝移植一年生存率为 82.2%，有的肝移植中心可达到 90%以上；5 年生存率为 70%～75%，最长生存时间达 30 年。我国肝移植水平与国际水平存在一定差距但在接近。在 2003—2007 年间，心脏移植手术有 700 多例，存活时间最长的接近 16 年；肺移植有 165 例，存活最长时间达 8 年。②

可见，与人体器官移植技术在医学实践中广泛应用、迅速发展相伴随的是，现代人体器官移植技术也并非治疗任何疾病的万全之策，人体器官移植对于疾病的治疗也不是一劳永逸的。上述统计数据对患者接受人体器官移植愈后生存率的关注及相应的数据，即说明了这一问题。从统计数据来看，近年来我国人体器官移植生存率取得了较大的提高，相对而言，肾移植技术开展较多也较为成熟可靠，而其他的肝脏、心脏和肺脏移植生存率仍有待提高。何况我们应当清醒地认识到，这里的诸如 60%、90%的生存率，实际上还只是一个统计学意义上的概念，是根据已进行人体器官移植的整体案例进行的概率计算，而对于每一个进行人体器官移植的单独个体而言，是要么生存要么死亡，并不会存在百分之多少的生存可能。对具体的接受人体器官移植的个体而言，这无疑是极为残酷的现实，

① 《中国成为第二大器官移植国家 每年移植手术超 1 万例》，中国知网，http：//www.chkd.cnki.net/yisheng/news.asp? id=7375。

② 《中国成为第二大器官移植大国 技术近国际水平》，搜狐健康，http：//health.sohu.com/20090927/n267023576.shtml。

而一旦人体器官移植出现失败或导致死亡，患者就不得不面临“人财两空”的悲惨局面。①

在此意义上，人体器官移植技术只是一种应急治疗人体器官病变或衰竭患者的有效手段，更像是一种紧急情况下迫不得已的选择，如果患者不进行人体器官移植，就极可能马上发生死亡；人体器官移植也只是能够延长患者的生命健康，而并不能使患者康复如初。虽然有的人把器官移植比喻成给人换个“零件”让生命继续，② 但是其显然不像给机器设备更换新的零件一样，更换新零件会使机器设备恢复如初甚至性能更好。因每个人体质的特异性等因素，人体器官移植治疗疾病的效果大不相同，可能存活好也可能存活不好。著名的电影演员傅彪因为肝癌曾先后两次进行了肝脏移植手术，最终还是不治而亡，此即治疗效果上的风险。人体器官移植作为现代社会生命科技适用较为成熟和较多开展的技术项目，在一定程度上就代表了整个生命科技适用的一般情况，即存在较大的在适用效果上的风险。这又如人类辅助生殖技术的适用或“试管婴儿”，由于人为的生殖辅助，对精卵结合过程或胎儿孕育的助力，就或多或少打破了在传统自然生殖模式中存在的人类生殖自然筛选与淘汰机制等，从而使得一些基因缺陷得以延续甚至触发某种基因问题，而导致一定的生命健康风险。尽管时至今日，全世界通过“试管婴儿”技术诞生的小孩不计其数，他们的身体健康情况一般良好，并且随着原来诞生于“试管婴儿”技术的婴儿长大成人并生育了下一代，对试管婴儿健康问题的回溯研究也初步形成了肯定和正面的结论，但近年来还是有学者指出该技术凸显健康风险，认

① 今天，人体器官移植被人们普遍认为是一种奢侈消费。据报道：“在美国，每例肾移植手术费用约 8 万美元，维持费用每年约 3.5 万美元；肝移植 1 例手术费用约 23 万美元，维持费用比肾移植更高。我国的肾移植手术费用约 10 万元人民币，维持费用每年 3 万多元人民币；肝移植手术约 20 多万元人民币，维持费用每年 3 万至 5 万元。”《人体器官移植：烧钱的技术》，网易，http：//news. 163. com/12/0325/08/7TE7M8R700014AED. html。

② 《器官移植：换个“零件”让生命继续》，《华西都市报》，http：//www. wccdaily. com. cn/epaper/hxdsb/html/2009-02/28/content_ 39753. htm。

为试管受精和其他辅助生育技术也可能是某些遗传性疾病的导火线之一，“通过生育治疗出生的婴儿更有可能患上自闭症、癌症、脑瘫、智障等疾病”①。

（二）生命科技适用过程中的风险

生命科技作为一种医学高新科学技术，其适用过程本身就充满着风险，更何况事实上在医学治疗实践中，囿于治疗技术条件、治疗方式或患者自身的特殊情况等原因，没有任何治疗风险本身就是不太可能的。前述的生命科技适用风险是从治疗效果而言的，其中就有可能是生命科技的适用过程本身是成功的，但是其效果欠佳，而这里是生命科技适用过程本身就存在问题，是作为治疗手段上的方法风险。对此，下面还是以医疗实践中常见的人体器官移植为例加以说明。

人体器官移植技术的适用撇开治疗效果上的风险，本身就存在着巨大的风险。众所周知，人体器官移植的适用，在医学临床中显然是一个牵涉广泛、操作复杂的一种大型外科手术，其手术内容包括原来病变器官的切除与新器官的接入、植入器官的生理功能恢复、伤口的愈合等等，需要由掌握较高医疗水平的医生进行，并且手术往往持续漫长时间。这就使人体器官移植手术本身存在着较大的不确定性风险。具体而言，一方面，这种风险表现为同样存在于一般医疗手术治疗中的诸多风险，即常见的手术治疗知情同意书上所载的各种风险，如出现麻醉意外、术中大出血、因输血感染某种疾病等可能长达一二十项。在一些重要人体脏器的器官移植中（如肾移植、肝移植、心脏移植和肺脏移植等），要么是手术成功，挽救了患者的生命健康；要么就是手术失败，导致患者死亡。另一方面，人体器官移植是将一个新的器官移植入原来的机体之中，自然存在不同来源的人的机体的重新组合和相融的过程，在此过程中

① 蔡如鹏、庄芳芳：《试管婴儿技术凸显健康风险》，新浪网，http：//baby. sina. com. cn/news/2007-03-07/083225649. shtml。

也存在着一定的风险，主要表现为器官免疫排斥风险和产生病毒感染的风险。当然这种风险的大小程度，因是同种器官移植还是异种器官移植而存在较大的差异，同种器官移植即器官供体与器官受体属于同一生物学种属，这里即人与人之间的人体器官移植；而不同种属之间的器官移植，就是异种移植，这里主要是将动物的器官移植给人体。显然，属于同种的人体器官移植比属于异种的动物人体之间的器官移植存在的治疗风险较小。

异种器官移植，我国有一个家喻户晓的神话“狗腿子”：济公为教训为虎作伥的地主家奴才，给他接上了一条狗腿，这就是“狗腿子”的来历。虽然在古代社会，异种器官移植只是虚构和想象，但是随着现代生命科技的飞速发展，同种器官移植已经在实践中取得较大发展，异种器官移植也得到了迅速发展，并在医学实践中投入应用。1905 年，法国的 Princeteau 进行了世界第一例异种器官移植手术，将兔子的肾脏移植入肾功能衰竭的儿童体内，手术很成功，但 16 天后由于排异反应，儿童死于肺部感染。之后，世界各地的研究者逐步加入到异种移植器官研究之中。① 1963 年新奥尔良杜兰大学医疗中心的瑞姆兹玛（Keith Reemtsma）带领的外科手术医师，把黑猩猩的肾脏移植到 6 个病人身上。手术后 6 个人都存活，有 1 个人甚至还回到工作岗位上，科学家们十分振奋，很快又进行了将狒狒的肾脏移植到其他 6 个病人体内的试验。这 12 个人中有 1 个活了 9 个月，但 12 个人在 1965 年以前就纷纷过世。据说这还导致大家对动物器官移植到人体内没有什么兴趣。② 此后，科学家又寻求将猪的器官移植给人的异种移植，科学家之所以对猪情有独钟，是因为猪在生理特征上与人类有许多相似之处，其体积大小、杂食性习惯、消化系统生理、肾结构和功能、呼吸频率及潮

① “异种器官移植”，百度百科，http://baike.baidu.com/view/4304966.htm。

② 黄丁全：《医疗法律与生命伦理》，法律出版社 2007 年版，第 299~300 页。

气量、冠状动脉分布、血流动力学参数、容易发胖、对疾病的易感性、相似的社会行为等都与人相近。① 并且，猪饲养容易，繁殖快速，摘取猪器官并不存在较大的伦理争议。问题是，无论同种器官移植还是异种器官移植都存在着排斥反应风险和病毒感染的风险。长期以来，器官排斥反应是阻碍人体器官移植的一个重要问题。现代人体器官移植取得较大发展，就是建立在科学家对免疫排斥反应的认识以及抗排斥反应取得重大突破的基础之上的。不过，尽管这里的排斥反应是肯定存在的，但大小程度、如何进行有效地应对等问题都要就具体的器官移植情况而定，可能较轻，也可能是致命的，表现为一种不确定的风险。病毒感染的风险，主要发生在异种器官移植中，如将猩猩、猪的器官移植给人类，就极有可能将本来是猩猩、猪身上的病毒带入人类。由于不同动物体内有不同的微生物群，对一种生物无害的病毒，在另一种生物身上可能造成严重危害。对于猪器官移植，科学家就担心，人类对猪体内的各种病毒还了解太少，将猪器官移植给人存在风险，甚至有可能引发新型大规模传染病，产生不堪设想的后果。②

（三）生命科技适用人伦上的风险

生命科技适用中的巨大风险，还表现在人类基因工程及人类辅助生殖方面的可能导致人的异化，或危及人类种族生存发展的社会风险。这种风险一旦发生，成为现实，就会对传统社会的伦理道德观念产生严重的冲击和破坏，有悖人类社会的基本价值观念和正常情感，无论如何是现代人类社会所难以接受和认可的。或许如美国2000年上映的由施瓦辛格主演的电影《第六日》中所讲述的克隆

① 张元方：《异种器官移植的研究现状》，见郭恒禄：《肾脏移植进展》，北京医科大学出版社2002年版，第124页。

② 黄丁全：《医疗法律与生命伦理》，法律出版社2007年版，第301页。

人故事，就会发生在我们身边。① 这是第一部反思人类自身克隆的影片，在电影中故事设定的年代，克隆实际上是一件很自然的事，是被普遍接受的，科学家可以利用克隆技术复制细菌、小动物等许多物种，然而，人的克隆将给人类带来怎样的灾难，却让人怎么也无法预料。影片对医学上的人类自身克隆提出了质疑：复制出来的施瓦辛格和原来的施瓦辛格会不会完全一样？从影片主人公被自己的克隆者驱逐、被追杀灭口和经历殊死搏斗等故事看，答案是否定的，似乎对克隆人持悲观主义的态度。

早在 20 世纪 80 年代末期，美国生命科技界在酝酿对人类基因组进行测序，建立美国的 DNA 序列数据库时，就曾遭受国际学术界的广泛质疑。其主要反对意见有：在政治上，有学者担心法西斯种族主义会死灰复燃，因为通过生物技术手段采集这些法西斯头目生前遗留下的毛发、尸骨等人体组成部分的 DNA，再借助基因克隆技术就可以复制出已经死去的法西斯头目。在科学研究上，有学者认为国家花这么多的经费资助人类基因组一个课题，势必会删减对生物学、医学其他研究课题的资助，这会影响生物学和医学的全面发展，等等。② 此后随着社会发展，又有不少学者明确指出：自 1989 年开始实施的《人类基因组的作图和测序》是生物学中迄今为止最庞大的计划，它和始于 1995 年的“人体阿波罗计划”即 DNA 重组计划一起，将共同承担起破译、解析人类 30 亿碱基对组成的 DNA 序列的伟大历史使命。……但可能引发的法律问题有：首先，缺乏严格法律规则约束的 DNA 重组研究或实验活动，将有可能因科研人员违规操作或其他各种原因导致科技对人类的毁灭。其次，对人类个体基因的检测与公开可能会引起一系列社会法律问

① 电影故事讲述了，在不远的将来，牛、鱼甚至宠物都可以任意克隆，但克隆人类是非法的。但是有一天当亚当·吉布森（施瓦辛格饰）回到家，却发现一个克隆人取代了自己。他被赶出了家门，更糟的是，阴谋的制造者为了掩盖真相，派出杀手追杀亚当灭口。为了逃生，同时也为了重新赢得自己的一切，亚当不得不同神秘的幕后策划者展开殊死的斗争。

② 赵寿元：《人类基因组计划研究现状》，《生物工程进展》，1991 年第 4 期。

题，这主要包括：公开一个人的基因组结构，是否涉及或侵犯个人的隐私权？被检测有携带异常基因，如遗传性疾病基因的个人在求职、求偶、投保医疗或人身保险、服兵役等情形下是否会受到社会和经济方面的歧视？等等。① 生命科技可能存在的风险还有：克隆技术的不成熟及其本身很可能存在着固有的致命缺陷，对包括人类在内的所有动物的健康生存和成长构成了严重的威胁；人工合成化学物质已经对人类健康产生了严重的危害；在人体器官移植中，除上述器官移植中的违法犯罪问题，也存在一些社会人伦上的风险问题，主要是接受人体器官移植的患者对自身身份的认同问题，以及社会民众对这种不同器官“组合人”的身份认同问题。试想，如果一个人全身都是接受的他人的人体器官，他还是原来的那个人吗？而在将动物器官移植于人体时，由于自己身体内存在着动物的器官，他还是一个地地道道的人类吗？这恐怕会产生对人自身身份的认同困难。

无性生殖“克隆人”技术、由基因技术而衍生出的“基因武器”、“生物武器”等同样如此，存在着较大的人伦风险。随着生命科技的发展，如果对其适用不明确规定相应的条件和加以有效的规范，就有可能导致其异化为危害人类自身生存和发展的怪物。在理论上，既然生命科技是现代社会中的高科技，自然也存在科学技术因其自身高速发展而相伴产生的风险悖论问题：科学技术的发展在造福人类社会的同时潜在巨大的风险，可谓现代社会科技发展的副作用。而且如上所述，生命科技与人的生命或健康等事项是息息相关的，与生命科技相关的理论研究或社会实践必将直接影响到人的生命健康或作为整体的人类种族的生存发展问题，其中蕴含着巨大的社会风险问题。现代生命科技发展过程中已有的研究及其实践适用，也表明这种社会风险问题并非人为臆测的，而是客观存在的现实情况。这些风险事关人的生命健康安全或人类自身的发展，理应成为生命科技立法应当重视的内容。

---

① 刘长秋、刘迎霜：《基因技术法研究》，法律出版社 2005 年版，第 6~9 页。

第二节　法哲学上的论证

现代社会生命科技的发展日新月异，代表着现代科学技术的伟大成就，其与医学紧密相连，也是医学科学技术在疾病诊疗上的重大进步。一般而言，社会民众对医学上生命科技的应用也多抱以肯定的态度，一些生命科技项目在医学疾病诊疗中被广泛地应用，也并不存在大的争议声音。但如前所述，现实社会中由于种种原因而致使生命科技被滥用、误用以至于侵害他人合法权益、危害人类自身生存发展的事件，时有报道，并不鲜见。在笔者看来，对此，我们并不能一概认为“这只是一种偶然的极端的个别现象”或仅仅停留在这一认识判断上。事实上，在问题背后隐藏着生命科技被滥用、误用的深层次的原因，这正构成了我们对生命科技适用加以规范的必要性根据。概括而言，主要是有关现代社会生命科技的科学辩证观念、生命科技的医学观念和现代社会风险社会理论。因为，在字面上，生命科技即“生命”与“科技”的有机结合，是关于生命的科学技术理论与实践。首先，生命科技表现为一种现代的科学技术，因此规范生命科技的适用涉及如何对待现代科学技术的问题；其次，生命科技事关人最为宝贵的生命，是现代医学领域中的医学发展与应用问题的具体化；最后，现代社会生命科技处在“现代社会”这一新的时代背景下，而现代社会是一个充满风险的“风险社会”，风险理论是规范生命科技适用不容回避的问题。

一、生命科技之科学辩证观念

这里生命科技是有关人的生命活动的科学技术，现代社会这种生命科学技术的发展及其日益广泛的应用，已经将其与生命健康这一人的基本权利保障问题紧密连接在一起了。以至于对于现代生命科技而言，推动其产生、不断发展和被广泛应用的最大动力是源于对患者的生命健康等的更好维护；同时，要求对其进行立法规制的一个重要原因也是生命健康权利等问题，只不过这主要是指无辜第三者的生命健康权利保障。① 生命科技在治疗疾病、改善生活质量的同时，也存在可能对他人合法权益的侵害，这是生命科技应用中应当注意的问题。

（一）生命科技之现代科技属性

如前所述，现代社会与人的生命活动相关的科学技术迅速发展，从人的生命产生、发展到终结三阶段来看，主要有人类辅助生殖技术、人体器官移植和脑死亡。人类辅助生殖技术，是采用医疗辅助手段使不能正常自然孕育的夫妇能够妊娠的技术，包括人工授精和体外受精——胚胎移植及其衍生技术两大类。为人们所耳熟能详的“试管婴儿”，就是现代人类辅助生殖技术中的体外受精——胚胎移植技术的应用：先体外受精，再胚胎移植。试管婴儿是在试管中完成受精过程，婴儿在母亲的子宫内长成。人体器官移植，是当患者的器官发生严重病变和功能衰竭，通过手术的方式将一个健康人的器官移植到患者体内，替代已经病变的器官，从而恢复患者生命健康。人体器官移植显然是临床医学中大型的、需要具有较高医学专业知识与技术水平的手术。脑死亡是指以脑干或脑干以上中枢神经系统永久性地丧失功能为参照系而宣布死亡的标准，即以大脑功能的不可逆转丧失作为人死亡的判断标准。脑死亡，虽然其本身只是一种关于人是否死亡的判断标准，但是，一方面，脑死亡判断标准的提出正是基于医学科学技术的发展，科学地认识到大脑之于人的生命具有重要的意义；另一方面，具体的脑死亡判断，需要由掌握较高医学知识和技术的专业人员借助专门的医学科学仪器作出。

可见，无论是人类辅助生殖，还是人体器官移植和脑死亡，现代社会的生命科技就是一种典型的科学技术。生命科技已经从人类社会早期的神话传说与梦想，走进了人们的现实社会生活中。因

① 从法律的视角看，还有人格尊严、社会善良风俗等法律权利客体。

此，生命科技是现代科技（或科学技术）的一种，二者之间表现为逻辑上的种属关系，生命科技是与生命现象相关的科技，是种概念；科技则是范围广泛的属概念。事实上，现代社会，科技（或科学技术）是一个具有无限广泛外延的复合概念。其中，科学是指对客观世界的认识，是反映客观事实和客观规律的知识体系及其相关的活动。科学可以分为自然科学、社会科学和思维科学，生命科学就属于其中的自然科学，现代社会生命科学主要是人们在自然科学方面取得成就的产物。在严格意义上，虽然人们常把“科学”与“技术”这两个词语合并使用，二者之间联系紧密，但是它们也存在着一定的区别：科学活动主要是一种认识活动或精神性活动，而技术活动主要是一种生产性或实践性活动，一般而言，技术有广义和狭义之分，广义的技术包括生产技术和非生产技术；狭义的技术是指生产技术，即人类改造自然、进行生产的方法与手段。应该说，现代社会人们普遍强调理论与实践的紧密结合，强调实用主义观念，突出科学研究转化为现实生产力的重要价值意义。这使得科学与技术的关系越来越密切，日益融为一体，因此这里并没有严格区分生命科学与技术。

总之，现代社会生命科技是科学技术的一种特殊形态，它自然天生具有现代科技的一般的规定性。二者之间的种属关系决定种概念具有一般的属概念特征，生命科技也不例外，它源于现代科技，其基本特征自然与之俱来。这就包括现代社会众所周知的“科学技术是一把双刃剑”思想。

（二）科学技术“双刃剑”思想

在近现代社会科学技术突飞猛进的发展过程中，有不少对科学技术发展始终充满冷静、坚持理性思考的科学家和有识之士等都表达出了某种担忧，科技理性主义观念或科技辩证法思想，日益为社会民众所广泛接受。

最具代表性的是科学家诺贝尔对其发明的炸药可能被用于战争的预见和担忧。诺贝尔被誉为“炸药之父”，他出于和平的目的发明了炸药，大大提高了工业生产的能力和效率，但不幸的是他发明的炸药也被普遍用于战争之中，致使许多人丧失了宝贵的生命。对此，他感到困惑和痛心，在其设立的“诺贝尔奖”中专门提出了和平奖以奖励那些为了实现和平的理想而作出伟大贡献的人。① 著名的诺贝尔物理学奖获得者居里夫人被誉为“镭的母亲”，她费尽千辛万苦发现并提炼放射物质“镭”，在论及发现“镭”的社会意义时，居里夫人留下一段具有警示意义的文字：如果镭落在恶人的手中，它就会变成非常危险的东西，如同诺贝尔发明的烈性炸药，可以使人们创造奇迹，然而它被广泛用于战争之中，成为战争罪魁们手中的可怕的破坏性武器。生在战争年代的居里夫人，并没有陶醉在自己的发现之中，而是不无担忧可能重蹈诺贝尔发明炸药的覆辙。除了上述较为直观的科学发明创造可能被用于战争目的而危害人类自身之外，不少思想家、哲人都对科技发展问题作了深入思考，其对现代科技发展的理性、辩证思想具有很大的启示意义，详述如下：

一是现代科技发展对自然的破坏问题。科学技术的异化导致人与自然的矛盾重重，科技理性的张扬造就了人与自然主客体之间的二元对立，人类为了夺取曾经失去的“自由”，报复奴役自己的自然界，变本加厉地对自然进行巧取豪夺。人类社会，科学技术的不断发展和进步显示了人们认识和改造自然的能力，在造福人类的同

① 对此，诺贝尔曾有感言：“我抱着和平的梦想，几次发明火药。可是，它却成了互相厮杀的武器。发明威力强大的武器用以消除战争，我这种见解究竟对不对?”后来，他结识了《放下武器吧!》这本小说的作者兹特娜夫人，在她的这部小说中，充分表现出她那祈求和平的心愿。1892 年 8 月，在瑞士伯尔尼召开的世界和平会议上，兹特娜夫人在会上大声疾呼：“消灭战争，保卫世界和平!”会后，诺贝尔意味深长地说：“看来，我的想法错了。对防止战争起作用的不是威力强大的武器，而是像你那样，向人们诉说战争的可怕，引导他们不发动战争，这样，才能有利于和平。”从这时起，他就想到诺贝尔奖金的事情了。他给兹特娜夫人写了这样的信：“我想拿出一部分财产，设立一项奖金。这项奖金，在欧洲，授予那些为了实现和平的理想而作出最大贡献的人。”1895 年，62 岁的阿尔弗雷德·诺贝尔留下一份有益于人类幸福与和平的遗嘱，后来人们遵照他的遗嘱设立了著名的诺贝尔奖。

时也引发了诸多社会问题。如核武器的试用以及核电站装置的泄漏会给自然环境造成极大的破坏；基因重组工程有可能制造出没有天敌的新生物，从而破坏自然界的生物平衡系统；宇航事业的发展制造出大量的太空垃圾给太空环境带来极大的危害。人类无视自然界的承载能力和调节能力，随心所欲地支配自然，与自然界对抗最突出的表现就是生态环境问题。

二是现代科技发展对人的控制问题。现代科学技术的日新月异，提高了人类认识、改造和利用自然规律的能力，同时也使得人们对自身生命活动的现象与本质有了更加深入的科学认识，能够主动地控制和调整人自身的生命活动。这在无形之中就使科学技术演变成为一种主体性存在，获得了控制人的活动的力量。现代社会人类发展科学技术，崇尚科学技术的理性，其初衷是追求人的解放和自由发展，以摆脱自然界的束缚和奴役。但不容忽视的是，正是由于科学技术的理性使其在发展中难免存在着一些非人性化的因素，如果对这种非人性化的趋势缺乏正确的引导和规范，就会走向科学技术的异化。科学技术对人的控制，使人们沉溺于物质的欲望，忽视了对高尚道德情操的追求，也就失去了生命理性的意义。同时，以基因治疗、基因设计和克隆技术等为代表的优生技术，在基因层次上干预了人的自然繁殖规律，势必会破坏人类的自然进化过程。甚至导致人类自身基因的破坏，危及人类这一物种乃至整个地球生态系统的平衡。

科学技术是一把名符其实的“双刃剑”。与人相关的医学生命科技同样具有“双刃剑”的特性，医学领域对生命科技的应用也存在可能被滥用的问题。马克思曾经这样描述过资本主义条件下科学技术异化的现象：“在我们这个时代，每一种事物好像都包含有自己的反面……技术的胜利似乎是以道德的败坏为代价换来的。随着人类日益控制自然，个人却似乎日益成为别人的奴隶或自身的卑劣行为的奴隶。”① 这一段话形象地说明了“科学技术是一把双刃剑”，我们不能希望通过科学技术的发展来解决所有的人类文明问题，相反，科学技术的发展还可能带来一些严重的伦理道德和社会

① 《马克思恩格斯选集》第1卷，人民出版社1995年版，第775页。

上的副作用。这种思想对于生命科技的发展及应用，同样是一种真理性的认识。人类社会基于维护生命健康，改善生命质量，造福人类的美好愿望，提出和发展了现代生命科技，但是其中也可能蕴含着一些严重的社会问题，因此需要进行有效的应对。

二、现代医学的反思观念

人类社会医学发展历史悠久，有人的生老病死就有医学科学及其实践。长期以来，人们对医学、医疗活动和医生等的评价甚高，给予了医学毫不吝啬的褒奖，从医就是“治病救人，救死扶伤”，我国古代社会称之为“悬壶济世”，把治愈疾病称为“妙手回春”，现代社会医生被称为“白衣天使”，等等。这些都显示了医学具有的重大社会价值与意义。医学科学技术极大地提高了人类社会诊治疾病的能力，因此一般为人们所积极肯定。但如马克思主义唯物辩证法认为的：世界上的任何事物都是矛盾的统一体，是一分为二的。医学也不例外，现代社会，随着人们对医学及其发展的深入认识，反思医学发展思潮起伏，引起了思想家们的注意。当然，这种反思和批评之声并不是全盘否定医学本身，更似一种爱之深则责之切的鞭策之情，其实，这又主要是对传统医学模式重视从生物学意义上治愈病人的疾患而忽视了病人本人和社会民众的情感意愿而言的，并由此推动了现代社会医学治疗模式的转变。

（一）传统医学反思概述

人们在肯定医学具有“治病救人、救死扶伤”重大作用的同时，也存在一些对医学进行反思的事例。下面从发生在美国的一件著名的安乐死案件说起，2005 年春天，人们的焦点都聚集到了美国人特丽·夏沃的身上，她的生死引起了社会各界对医学伦理问题的广泛讨论，不仅引发了成千上万普通民众的广泛关注，还惊动了白宫、参众两院和最高法院。① 特丽是一名长期卧病在床的女植物

① 《美国植物人特丽·夏沃之死引发伦理思考》，网易，http：//news.163.com/05/0403/14/1GDVNTIH0001121S.html；刘天昭：《特丽·夏沃 15 年植物人之死》，《南方人物周刊》，2006 年第 3 期。

人，早在 1990 年她因为心脏病发就成为了植物人，直到 2005 年她被实施了“安乐死”，这一植物人状态一直持续了长达 15 年之久。在 1998 年，特丽成为植物人的 8 年之后，她的丈夫向法院申请拔去装在特丽身上的生命之管，让她自然死去。而特丽的父母坚决反对，他们认为女儿有维持生命的权利。于是在接下来的七年当中，特丽的进食管拔了又插、插了又拔。支持父母的强烈民意与支持丈夫的司法判决，导致冲突不断升级，激烈的举动也时有发生。甚至在民意压力之下，白宫和参众两院都罕见地介入此事，倾向于让特丽活下去。但最终，最高法院在巨大压力之下，甚至不惜以拘捕多名冲入医院的支持者为代价，最终仍然判决拔掉特丽的生命之管。而法院终审的最重要依据之一，就是丈夫、医生和一些朋友证明，特丽在生前清醒之时，有过“尊严死”的愿望，这是关于“尊严死”最著名的事件。“尊严死”，又称“安乐死”，医务人员的天职是“救死扶伤”，但在特定情况下，患者及其家属强烈要求安乐死，医务人员能否对之实施安乐死手术呢？这似乎与医生“救死”的传统背道而驰。医学要“救死”，而患者及其家属却可能“毫不领情”，执意选择了其对立面——尊严死或安乐死。这在某种意义上，即是对医学本身的否定，是反传统医学观念的异动。

无独有偶，面对现代社会医学科学技术日益发达，对人的生老病死自然过程干预能力的不断增强，国内外就有声音主张让人的生命回归自然，脱离医学的盲目干涉。例如：对于为人们所熟知的心肺复苏术，虽然它是抢救濒死患者的有效且重要的医学手段，基于一般的人们对死亡的恐惧和不情愿，心肺复苏术在医学临床中应用广泛，但是与之相对的却事实上还存在着一种“拒绝心肺复苏术”的医学观念。拒绝心肺复苏术（Do Not Resuscitate，DNR），又译为放弃心肺复苏术、放弃急救同意书，也称为拒绝紧急救治（No Code），即面对死亡，患者可以自由选择是否接受心肺复苏术。一般而言，拒绝心肺复苏术的法律文书，由病人在平常身体健康时或在初到医院时预先签署确认，表明当他们在面临心跳停止或呼吸停止的状况时，不愿意接受心肺复苏术或更高级别的心脏救命术（advanced cardiac life support）来延长生命。在台湾地区法律中，分为由当事人所签署的“预立不施行心肺复苏术意愿书”和“不施行心肺复苏术意愿书”，以及由家属所代签的“不施行心肺复苏术同意书”等三种。如果当事人在生前就已签署，或加注在医疗健保卡中，当救治无效时，医生可以直接撤除维生装置。但是，如果是在病危时由其家属代签，在代签前已经加装的维生装置则不能撤除，不过医生并不会再加装其他的类似装置或采取急救措施。

2013 年 3 月中央电视台《看见》档目的一期节目同样是有关医学反思的话题，就是柴静对“罗瑞卿之女罗点点呼吁让无望患者尊严死去”的采访报道。大将罗瑞卿之女罗点点、陈毅元帅的儿子陈小鲁创建和发起了一家网站，叫做“选择与尊严”，他们希望人在清醒的时候，能够去做一个选择，去选择临终前要不要接受心肺复苏、气管切开，要不要接受人工的呼吸、人工的心率、人工地活着。早在 7 年前，做过二十多年医生的罗点点就联合一些医学专家和官员，成立了国内首家倡导“尊严死”的公益网站。这里的尊严死是一种自然死亡，是在治疗无望的情况下，放弃人工维持生命的手段，让患者自然而有尊严地离开人世，最大限度地减少痛苦。① 同期，在 2013 年 3 月全国“两会”上，全国政协委员、首都医科大学宣武医院神经外科主任凌锋，就建议制定“自然死亡法案”，将“生前预嘱”纳入医疗卫生体制改革议事日程。她指出：有调查表明，目前在我国，人的一生中 70% 以上的医疗费用都用在了生命走到尽头时延续生命的药物和设施上。如果将这些高额医疗费用用于抢救和治疗最需要和有可能救治成功的病人，会更有意义。全国政协委员、北大医院心内科教授霍勇也赞成“自然死亡”，他认为有些抢救，对患者的生命延续非但没有帮助，有时还会对其造成更大痛苦；此外，对医疗资源也是浪费。②

与之类似的还有，2010 年 12 月国内学者邹纪平所著的《反思

① 《罗瑞卿之女呼吁让挽救无望者尊严死去》，新浪新闻中心，http：//news. sina. com. cn/c/sd/2013-03-25/102326632378. shtml。

② 《全国政协委员呼吁制定‘自然死亡法案’》，长沙新闻网，http：//news. changsha. cn/h/413/20130407/1235743. html。

西方医学》一书对现代西方社会中的医学进行了无情的批判，该书大胆地指出：西方医学“临床—病灶—利益”是资本主义医学的一条主线，现代西方医学是背离人类健康的资本主义医学，是掩盖病因、玩弄病灶的医学，是不善良的医学……该书还揭露了美国医学杀人事件，指出了全世界医疗改革的重大误区，疾呼人类社会尽快正视并改正科学错误和医学错误。①

这些都反映了现代社会人们对医学发展与医学临床适用的反思。在一定意义上，要求医学尊重自然规律，不能肆意破坏基本的自然规律。虽然在现实社会中，长久以来人们从正面肯定医学发展的，仍是主流声音，但不容忽视现代社会出现了对医学的反思，这具有特别重要的启示意义。

（二）现代“生物心理社会”医学模式观念

支撑人们反思现代医学的背后，就是现代医学观念的重大转变。即医学已经由传统社会延续千百年的“生物医学模式”转变为“生物心理社会医学模式”。所谓医学模式，是在医学科学发展和医学实践活动过程中逐渐形成的观察和处理医学领域中有关问题的基本思想和主要方法。医学模式也称为医学观，决定着人们对医学诊疗及其效果的期望与评价。自人类诞生形成社会，为解决人的生老病死等问题，就产生了医学及专门的医生。千百年来有关医学的实践日益发展壮大、不断走向丰富，在此之中，完整意义上医学发展经历了原始医学、经验医学、近代医学和目前的现代医学等不同阶段，与之相对应，医学模式也依次为：“巫医”模式（神灵主义医学模式）、“自然哲学”模式（朴素整体医学模式）、近代“生物”模式和现代“生物心理社会”模式（现代医学模式）。②

医学模式作为医学领域中的基本思想和主要方法，被视为是人

---

① 《反思西方医学》，http：//baike. baidu. com/view/5061949. htm。

② 张桂芝、董兆举：《医学模式演进与哲学思维》，《西北医学教育》，2006 年第 5 期。

类对人体观、健康观、疾病观等重要医学观念的总体概括。① 现代社会医学模式的转变，必将影响到人们对疾病诊断与治疗的认识观念转变，从过去的重视医学科学主义向医学科学主义与人文主义并重的方向发展，也是从把人当做生物学意义上的人而强调单纯的生物学治疗，转向把人作为社会意义上的人而注重整体的治疗。事实上有不少调查统计的结果表明，现代社会人的健康与多种社会因素有关，维护健康并不能过分依赖传统的医学手段。如我国 1981 年的一份对 6478 份死亡病例的回顾性调查显示，主要死于：生活方式的占 44. 7%，环境因素的占 18. 2%，生物因素的占 27. 8%，保健服务制度占 9. 3%。② 还有学者称，有统计资料显示，在美国每年约有 200 万人由于用药不当而住院，其中有 10 万人死亡。而 1999 年仅在我国因药物不良反应而致死的人数就高达 19 万之多；2001 年我国用药不合理比例高达 26%；2003 年仅我国因药物不良反应住院病人比例约为 20%，其中 1/4 是抗生素所致，不合理用药与药害，不仅严重影响患者的健康，而且造成重大的经济损失，我国每年由于滥用抗生素引起耐药菌感染一项造成的经济损失就高达百亿元以上；药源性与医源性疾病造成的死亡人数是全世界传染病造成的死亡人数的 10～15 倍；全世界死亡病例有 1/3 与用药不当有关。③ 在此意义上，本来是用以治疗疾病的药物因为不合理地使用，反而变成了导致疾病的因素，这是医学药物治疗的异化，值得我们警惕。同理，随着现代社会生命科学技术在医疗诊治疾病中发挥着越来越重要的作用，滥用医学生命科技学的情形恐怕也在所难免。

不可否认，生物医学模式是近现代社会医学科学技术发展的产物。随着科学技术的进步，人们对人体自身生命活动及疾病的研究

---

① 冀中、高德馨、张洪涛等：《医学模式》，北京医科大学中国协和医科大学联合出版社 1990 年版，第 3 页。

② 杜治政：《生物—心理—社会医学模式的实践与医学整合》，《医学与哲学》（人文社会医学版），2009 年第 9 期。

③ 魏慧强：《未来医学模式——新世纪医学模式的思考与探索》，《未来与发展》，2009 年第 10 期。

已经进入了分子水平，一些在从前不为人知的生命密码被不断揭示出来，这就使人们逐渐产生了一种观念，即认为人体只不过是一部精密的机器，疾病则是某一身体部件出现故障和失灵，医生的工作就是修补和完善。加上外科手术方面消毒和麻醉技术的出现，又给将人作为“人体机器”的观点注入了新的注解。生物医学模式重视疾病的生物学因素，并用该理论来解释、诊断、治疗和预防疾病以及制定健康保健制度。这一生物医学模式主导下的医学实践，无疑对现代西方医学的发展和人类健康事业产生过巨大的推动作用，特别是在针对急慢性传染病和寄生虫病的防治方面，使其发病率、病死率大幅度下降；在临床医学方面，借助细胞病理学手段对一些器质性疾病做出定性诊断，无菌操作、麻醉剂和抗菌药物的联合应用，减轻了手术痛苦，有效地防止了伤口感染，提高了治愈率。但其最大的缺陷是忽视了病人的心理、行为及其社会性，认为任何疾病（包括精神病）都能用生物机制的紊乱来解释，都可以在器官、组织和生物大分子上找到形态、结构和生物指标的特定变化，这又是不够准确和全面的。在此基础之上，20 世纪 70 年代医学界提出了现代的“生物心理社会”医学模式①，从生物学、心理学和社会学多方面来理解疾病、合理治疗疾病。在这种新的医学模式中，人的健康概念发生了变化，即健康不但是没有身体的疾病和缺陷，还要有完整的生理、心理状态和社会适应能力。要维持和促进健康，治疗疾病，除了注重生物因素外，决不可忽视心理因素和社会因素。

科学技术的进步极大地推动了人类社会医学的科学化进程，使医学摆脱了早期的神灵主义和朴素自然主义。医学与科学技术的结合，使现代医学疾病诊治的能力大为提高，对疾病产生的原因及其

---

① 一般认为，现代“生物心理社会”医学模式在 1977 年由美国罗彻斯特大学精神病和内科学教授恩格尔（Engel）首先提出，应该用生物—心理—社会医学模式取代生物医学模式。他指出：“为了理解疾病的决定因素，以及达到合理的治疗和卫生保健模式，医学模式必须考虑到病人、病人生活在其中的环境以及由社会设计来对付疾病的破坏作用的补充系统，即医生的作用和卫生保健制度。”

表现形式的理解更加科学准确，对疾病的治疗更加有效。人类医学进入到科学时代，强调采用现代科学知识及其技术来诊治疾病，因此越是具有较高科学技术含量的医学诊疗项目或医疗活动，就越是成功的，越受到人们的肯定。但是应当注意，这种以医学科学技术为基础建立起来的是一种生物医学模式，把人体视为一台机器，把疾病看做人体机器的某一部件发生了故障问题，治疗疾病就是针对故障问题的“对症下药”，由此就难免出现“头痛医头，脚痛医脚”的医学诊疗模式。这就人为地割裂了人作为一个整体的存在。事实上，现代社会人并非简单的生物学意义上的自然人，人们越来越意识到人的社会存在价值和意义。相比之下，生物—心理—社会医学模式是从生物、心理和社会多方面来看待人的医学需要。依据这种医学模式观念，现代社会人的健康是生物、心理和社会的整体意义上的健康，并不能单纯以生物学标准来判断人的健康。换言之，因为生物学健康之于人的健康的不完整性，我们不能过分迷信于生物学健康，对人体疾病的诊治不能一味追求生物学（即科学技术）上的完美状态，而应考虑生物、心理和社会的整体健康。在此意义上，我们应当为现代医学诊治疾病设定合理的限度，以避免医学科学技术的滥用。

三、风险社会观念

现代社会科学技术的发展，极大提高了人类认识自然和改造自然的能力，人类活动对自然界的影响也越来越深远。这一方面推动了现代社会的发展，改善了人们的生活质量；而另一方面也使得现代社会生活的不确定性风险大为增加，例如：现代社会高速公路和高速交通工具的出现，在方便人们出行的同时，也使得各种交通事故更多地发生和造成更大的损失；对环境资源大规模的开采利用，在促进经济社会发展的同时，因其滥采滥用也可能带来环境污染事件或各种造成巨大损失的矿难事故等；食品工业生产及转基因技术在食品中应用带来安全风险、人为制造的重大事故，等等。各种发展中的风险无时不在，无处不在，这使现代社会成为“风险社会”。如学者所称：“风险社会已经到来，这已经是一个不争的事实，社会意识则是应对风险的关键。……在风险社会中，人们需要树立风险意识，只有这样，才能提高对风险的警惕性，理性地认识风险、应对风险，减小风险对社会的威胁。”并且，“现代社会中的风险是内生的，是各种现代社会制度催生的，具体表现是科学技术发展的结果、是人类政策的结果”①。医学生命科技及其适用作为人的活动，作为科学技术现代化的产物，也不例外，其中可能潜藏着巨大的风险。现代社会应对这种风险进行合理的调控。

（一）风险社会概述

风险社会是现代社会的基本特征，它本来是社会学中的一个概念，现在已经被广泛应用于与之相关的诸多学科之中。一般认为，“风险社会”概念即“现代社会是一个风险社会”这一判断，最早是在1986年由德国社会学家乌尔里希·贝克（Ulrich Beck）提出。② 他认为：“我们所经历的风险无处不在……”“因为风险的积聚——生态、金融、军事、恐怖分子、生化和信息等方面的各种风险——在我们当今的世界里以一种压倒性的方式存在着。”③风险社会理论认为，现代社会的现代性特征的另一个表现就是风险，即因为社会本身的现代性而蕴含着各种巨大的社会风险。这就包括人类在科学技术上取得了一个又一个的重大突破，这些科技成果又陆续被投入到社会生产之中，而大规模的复杂的生产技术被广泛地运用，本身就潜存着巨大的风险。随着人类活动频率的增多、活动范

① 李香民：《风险社会与我国法律观念的变革》，吉林大学2012年博士学位论文，第3页。

② 早在20世纪90年代初，贝克和著名社会学家安东尼·吉登斯教授（Anthony Giddens）等人，就一起提出了有关“风险社会”（risk society）的概念和理论。对风险社会理论的专注，让贝克出版了多部有关风险社会理论的著作，有：《风险社会：迈向一种新的现代性》（*Risk Society：Towards A NewModernity*）、《风险时代的生态政治》（*Ecological Politics in An Age of Risk*），等等。参见贝克、邓正来、沈国麟：《风险社会与中国——与德国社会学家乌尔里希·贝克的对话》，《社会学研究》，2010年第5期。

③ 贝克、邓正来、沈国麟：《风险社会与中国——与德国社会学家乌尔里希·贝克的对话》，《社会学研究》，2010年第5期。

围的扩大，其决策和行动对自然和人类社会本身的影响力也大大增强，这使得现代社会在科技造福人类、科技改善人类生活的同时，导致了巨大的社会风险的存在。对于现代社会的科学技术而言，同样是收益与风险同在。

随着科学技术的进步与社会的不断发展，现代社会是一个风险社会及“风险社会”概念的提出，引发了社会各界的广泛共鸣。现实社会生活的复杂性，使越来越多的人清醒地意识到现代社会并不是一个太平的社会，我们生活的现代社会正处在快速发展变化之中，而正是因为快速现代化使我们还未来得及对各种发展作出应有的评估和有效应对，以至于存在各种风险，其中就不乏造成重大损失的灾难事件。比如苏联时期发生的“切尔诺贝利核电站事故”，它是科技发展给人类社会造成极大现实危害的典例。① 还有 1979 年 3 月 28 日发生在美国的“三英里岛核事故”和 2011 年 3 月 11 日日本的“福岛核泄漏事故”等。美国的三英里岛核事故导致电站周围 80 千米范围内生态环境受到污染，这是人类社会发展核电之后首次引起世人瞩目的核电站事故。日本“福岛核泄漏事故”更是引发了国际社会对核电及原子能利用的广泛担忧。日本福岛核电站在地震中遭受到严重的破坏，核反应堆所在的建筑物发生了剧烈爆炸，引发了核燃料的泄漏。据报道，事故发生之初，就有 21 万人正紧急疏散到安全地带，事故方圆 20 公里以内已不再适合人类居住。同时，该核泄漏事故还造成了难以估量的巨大经济损失。2011 年 4 月 12 日，日本原子能安全保安院人士决定将福岛第一核电站事故定为 7 级。这意味着福岛核电站核泄漏规模达到和切尔诺

① 切尔诺贝利核电站曾被认为是世界上最安全、最可靠的核电站。但 1986 年 4 月 26 日，核电站的第 4 号核反应堆发生爆炸。据估算，放射污染相当于日本广岛原子弹爆炸产生的放射污染的 100 倍，致使俄罗斯、白俄罗斯和乌克兰许多地区遭到核辐射的污染，成为核电时代以来最大的事故。3 个月内有 31 人死亡，之后 15 年内有 6 万~8 万人死亡，13.4 万人遭受各种程度的辐射疾病折磨，方圆 30 公里地区的 11.5 万多民众被迫疏散。在事实上造成了无数无人居住的“死城”。而且，事故中产生的核辐射危害是长久性的，难以有效地根除。《切尔诺贝利事故》，百度百科，http：//baike.baidu.com/view/48444.htm？fromId=381723。

贝利核电站同样等级，属于最高级。① 同年，日本大地震引发核泄漏危机被入选为“2011 年全球十大科学新闻”，其入选理由是核电安全引起全球高度关注。在此意义上，现代社会依靠高科技建立起来的核电站，虽然在高效提供电力能源、改善人们生活方面具有重大的意义，但是其本身不啻一个充满风险的超级炸弹。而事实上触发这枚炸弹爆炸的，除了上述的偶然事故和自然灾害之外，我们并不能排除人为破坏、故意犯罪和恐怖袭击，等等。

上述风险主要是工业化生产中的风险，与工业文明密切相关，而风险社会理论中的“风险”，还包括各种社会文化制度上的风险。工业化生产中的风险是现代科学技术本身的产物，因此被称为“技术性风险”，文化制度上的风险是指与科学技术关系不大的人为的风险。尽管科学技术在社会工业化生产中客观存在着一定的风险，但在很多情况下，风险是由人为因素造成的，主要是由于有关责任人员的不当操作和不善管理等原因而引发的。

（二）现代社会“制造的风险”

风险社会理论在对人类社会现代性的分析中引入了时空特性，认为把现代性与前现代性区别开来的明显特质，就是现代性意味着社会变迁步伐的加快、范围的扩大和空前的深刻性，各种风险也在此之中孕育和产生，使得现代社会是一个机遇与风险并存的社会。在吉登斯看来，现代社会的风险主要是一种由人为不确定性因素带来的风险，即所谓“制造的风险”，是人类自身“制造”出的风险，这是一种具有不可计算性的风险，在很多情况下，只有等事情发生了，才知道有这种风险。②

风险不仅表现为技术性风险（诸如上述事故所带来的人身和财产损失），还包括一些社会性的制度灾难，此即吉登斯提出的“制度性风险”概念。不仅技术性风险是一种人为制造的风险，制

① 《日本将福岛第一核电站核泄漏事故等级提高至 7 级》，新华网，http：//news. xinhuanet. com/world/2011-04/12/c_ 121292230. htm。

② 曾怀德：《“制造的风险”——吉登斯现代性条件下的风险观》，《绥化学院学报》，2005 年第 2 期。

度性风险也是一种人为制造的风险。在他看来，这种制度性风险实际上就是充满风险的制度环境的产物，它与其他风险的区别就在于整个制度化的系统都是通过风险来建立，而不是偶然性的某些风险。① 吉登斯认为，人类社会不断发展进入现代社会，其制度选择及建设本身就形成了一个充满风险的制度环境，远远超过前现代社会中的制度风险，并且，现代社会人们对未来社会发展的“拓殖”和前景勾勒等，又仿佛打开了产生新风险的“潘多拉盒子”。现代社会中的风险有相当一部分就由这种制度性组织体系所导致并形成了制度化的风险环境。② 关于现代社会制度性风险，吉登斯还认为人们在专业知识上的局限性存在着一种不可避免的风险。他所谓的专业知识上的局限性，主要包括专业知识领域存在着未知领域和专家对已知专业知识缺乏认识这两个方面，前者正所谓“一个人知道得越多越感觉到无知”，今天恐怕还没有谁敢声称自己的专业知识领域没有未知部分；后者是由于现代社会各种专业知识的发展日新月异，犹如“知识大爆炸”，人们事实上不可能掌握所有的知识，即使是专家，也不能保证每一个专家都对本专业的最新知识发展了如指掌。即在现代社会，这种专业知识上的局限是一种客观存在，其后果是严重的：一是事实上并没有所谓的全能专家，认识到这一点，就会使社会非专业人士不再完全相信专家，而相对来说，绝大多数情况下专家的意见是更加科学合理的，这种非专业人士对专家信任程度的降低就增加了引发风险的可能性。二是当某一专家确实由于存在专业知识上的局限而不能准确作出风险判断时，本不应该由这一专家来作判断，但在这种情况下，经常有“外行”专家出于种种原因高谈阔论，有可能对外界歪曲风险的真实性或干脆隐瞒风险，从而扩大了风险的发生及其可能造成的灾难性后果程度。③

---

① Anthony Giddens. *Modernity and self-identity*: *self and society in the late modern age*. Cambridge: Polity Press, 1991, pp. 117-118.

② 曾怀德:《现代性与风险——吉登斯风险社会理论探索》，苏州大学2005年硕士学位论文，第44页。

③ 曾怀德:《现代性与风险——吉登斯风险社会理论探索》，苏州大学2005年硕士学位论文，第46页。

现代社会中的风险主要可归结为三点：一是现代性风险的不确定性，源于人们对社会和自然进行干预的结果，而这种干预的结果可能存在的风险在干预的当时并不可能明确地认识到；二是现代社会风险的发生及影响更加难以预测，无法用传统的旧的方法进行准确的预测；三是现代社会的风险往往是全球性的风险，甚至会影响到人类的整体。根据风险社会理论，现代化特征使现代社会成为一个风险社会，现代社会以先进科学技术的不断发明创造及其推动的社会工业化大生产为主要代表的现代化进程，一方面因科学技术的发展，在工业生产中的大规模应用，本身就潜藏着巨大的风险。这是由科学技术的本性使然，科学技术是对未知的全新知识世界的探索，科学往往需要献身精神，本身就具有一定的技术性风险。另一方面，现代社会风险并不仅仅停留在技术领域，而是扩散到社会生活的诸多方面，包括经济、政治、文化等领域，形成了制度性风险。在这样的现代风险社会里，新的需要越来越多，而随之新的问题不断涌现，人类社会满足需要的方法引出新的需要，而解决问题的方法引出更多的问题。在这样的风险社会中，怀疑与信任、安全与风险无法达成长期平衡，二者永远处于一种紧张状态，需要通过持续不断的反思加以合理的调适。

事实上，风险意识是现代社会生命科技理论研究与实践应用中广泛存在的问题意识，失败或造成较大的不可挽回的损失在生命科技领域是难以避免的。一些生命科技的应用本身就具有较高的失败风险，如人体器官移植就是一个充满高度风险的大型临床手术，其风险程度之高难以想象，从临床实践一般性手术的手术通知单上描述的各种各样的风险即可见出。这种风险有手术失败的风险，也有出现手术并发症的风险；有致命的风险，也有较轻的损害健康的风险；有较为明确的风险，更有一些不确定的风险。而且，不确定的风险更让人担忧，因为等待结果的过程往往比知道结果本身更加痛苦、令人煎熬。由生命科技发展而产生的问题，主要就是人类社会在现代化进程中形成的对不确定未知的担忧，而且这一问题主要表现为对未知事物潜在的风险。1975 年举办的国际会议“阿西洛马会议”，就是源于有识之士对生命科技的“重组 DNA 技术”引发生物安全风险的担忧。会议上，一些有良知的科学家们针对刚开始出现的基因工程实验可能带来的安全风险发出了明确的警告，指出除非我们能够充分保证重组技术的安全，否则不得从事相关技术的研究和应用。①

在现代社会，各种不确定的风险难以避免，我们不能忽视现代社会生命科技活动蕴含着巨大的风险。而且由生命科技活动引发的风险，同样包括“技术性风险”和“制度性风险”两种。生命科技的技术性风险是生命科技本身存在的风险，这里生命科技与人的生命活动相关，无论是人类辅助生殖技术，还是人体器官移植等，在治病救人的同时本身都存在着较大的风险，在医学临床上有一个能否采用手术方式进行治疗的手术指征或手术适应症判断，以及手术本身的成功率问题，等等。生命科技的制度性风险，则是人类社会在应用生命科技上的风险，现代社会对生命科技理论研究应持何种态度？究竟应如何合理地应用生命科技，应当允许哪些生命科技活动或严禁哪些生命科技活动呢？虽然对于现代生命科技研究与应用，在一些基本原则如尊重保障人权、人道主义等方面取得了一定的共识，但是就一些具体的制度，世界各国的做法不尽相同，理论界也并没有形成统一的观点。笔者认为，最主要的原因是生命科技具有巨大医学、社会和经济价值，这也是与风险的巨大收益相类似的，即众所周知的风险也并非一无是处，经济学上风险与收益紧密相关：风险越大收益越大，风险越小收益越小。生命科技的理论研究与适用同样遵循这一规律，因此理性的做法是合理地规范现代社会的生命科技而并不是一味地简单处理：或因为生命科技巨大的医学、社会和经济价值而放任自由，任其发展，或因为生命科技存在风险而严加禁绝，这两种极端的做法都存在问题。生命科技的理论

① 1975 年的国际“阿西洛马会议”，有十几个国家的一百多名生物技术科学家、政府官员和法律专家参加了会议。与会专家学者经过充分讨论，达成《阿西洛马会议建议书》，确立关于重组 DNA 技术的基本策略，即一方面肯定它对于现代生命科学的重大意义，另一方面要正视其潜在的生物安全风险，应在充分保证安全的前提下鼓励其研究和应用。参见刘谦、朱鑫泉主编：《生物安全》，科学出版社 2002 年版，第 21~26 页；李建军、唐冠男：《阿希洛马会议：以预警性思考应对重组 DNA 技术潜在风险》，《科学与社会》，2013 年第 2 期。

研究和实践应用，显然不应是简单地严禁或放任，应当坚持足够审慎的态度，建立起规范的制度保障机制。

第三节　伦理学上的论证

在现代社会，人们普遍主张对生命科技活动加以立法规范，严禁一些诸如人脸（或头部）的人体器官移植，严禁出于任何目的的“克隆人”或非法的人体基因技术应用，而且这种严厉禁止不仅表现在对这些生命科技的实践应用上，还包括与之相关的理论研究与科学试验。究其原因，一个重要的因素是基于维护社会伦理道德意义上的考虑，因为现代社会生命科技的发展突飞猛进，各种意想不到的新型生命科技应用层出不穷，而千百年来人类社会早已形成了比较稳定的传统伦理道德秩序，由此，生命科技的发展就对传统社会伦理道德秩序构成了严重的冲击和挑战。合理地应对这种冲击和挑战，就构成了规范生命科技的伦理学必要性根据。其中生命科技导致的伦理难题主要有：

一、人体器官移植是否合理

人体器官移植是现代社会开展最广泛也最成熟的生命科技活动，各大中型医院都在广泛开展各种人体器官移植手术，但这在事实上并不能掩盖其自身存在的合理性存疑问题。主要问题表现为：一是为什么人体器官移植可以摘取他人的器官移植给患者？二是即使允许人体器官移植，哪些人体器官可以进行移植呢？是不是只要技术允许，可以摘取所有种类的人体器官进行移植呢？前者是能不能进行器官移植的问题，后者是如何进行器官移植的问题。

人体器官移植的进行，首先要摘取可供移植的人体器官，并且这一人体器官必须是本身功能正常和具有生理活性的器官，唯有如此才能被用以替代患者已经发生病变或功能衰竭的器官。由此在人体器官移植实践中，通常的做法就是活体器官移植，即摘取正常健康人体的器官来进行器官移植。这样，对于被摘取器官的人而言，这无疑是一种“伤害行为”，并且，如果摘取的是诸如大脑、心脏等重要脏器，就无异于“故意杀人”。且不论这种以伤害一个正常健康人的代价去拯救另一个患者的努力本身是存在较大风险和并非绝对能够取得成功的，其中存在的种种伦理道德或法律问题，恐怕也是人们难以叙说清楚的。犹如曾是中国活体器官移植最早推动者陈忠华教授的反思：“活体器官移植是以鲜血、痛苦、健康甚至死亡为代价的，是天使与魔鬼的共同体。这种方式无论是在过去、现在，抑或将来，无论在国内还是国外，都不会成为移植手术的主流，只能作为无可奈何时的一种替代品。”①

现代社会的人体器官移植，摘取一个人的器官将之移植入另一个人体内的正当性何在呢？值得思考。因为，现代社会人们在生命面前是平等的，如同西方法谚所道：高贵的皇帝和穷困的乞丐是平等的。这样，一面是进行人体器官移植的客观现实需要，另一面是人人平等、人权保障的基本原则，如何平衡协调二者的冲突？通常的观点认为，人体器官移植摘取他人人体器官，不得严重伤害被摘取器官的人的生命健康。换言之，不得以“杀一个人的方式救一个人”。实践中只有在为了进行人体器官移植的情况下，才能摘取他人正常活性的器官，并且摘取行为的方式方法应强调对他人生命健康权利的尊重和保护。但现实社会总是会存在一些冲突或难以调和的情况，值得谨慎思考。

同时，这还会涉及另一个重要的问题，即哪些人体器官可以用来进行器官移植呢？在人体器官移植实践中常见的是肝脏、肾脏和心脏等人体重要脏器或一些具有再生能力的组织细胞移植等，而在人体器官移植法律规范或生命伦理道德中，它们也仅仅是从原则上要求摘取人体器官不得侵害他人的生命健康权利，没有明确规定出可移植人体器官的范围。可以移植的人体器官似乎主要是一个医学生命科技的发展水平与掌握人体器官移植的技术能力问题，也取决于生命科技的发展水平和技术能力。笔者认为，这种取决于人体器官移植技术发展水平和技术能力标准的做法，在人体器官移植技术早期或发展初期是可以的，对人体的生命健康越是重要的器官，往往也越是复杂和难以进行移植的器官。早期人体器官移植囿于科学

① 《陈忠华：活体器官移植在用鲜血甚至死亡做代价》，搜狐网，http：//health. sohu. com/20081125/n260822912. shtml。

技术的有限性，并不存在对重要器官的移植问题；但随着现代社会生命科技向更高更新的技术水平发展，医学上能够进行成功移植的人体器官必将越来越多，在不久的将来，最为复杂的人的大脑也可能成为移植的对象。而如果进行人脑移植，就可以说等于直接宣判了“捐献”大脑的人的死刑，同时接受大脑移植的人也会存在着一个关于其自身的身份认同问题，接受人脑移植的人，到底是原来的患者还是那个“捐献”大脑的人呢？又如近年来被社会各界所关注的“换脸”问题。目前，“换脸”即头面部的手术移植虽然在操作技术层面不存在较大的问题，但是在手术后则可能遭遇一系列伦理道德和法律难题。“换脸”对表情要求的精确度十分高，容不得丝毫差错，否则就可能换脸不成而毁容；即使成功换脸，而脸或面部往往是一个人身份识别的重要标志，换脸之后的人还可以说是原来的那一个人吗？值得思考。例如，一项针对“换脸”的社会调查表明：“64%的受访者认为患者需要治疗，应该让他们重新回归社会，而18%的人则出于社会安全的考虑，对‘换脸’手术的实施表示反对，另有18%的人担心风险太大，不支持也不反对。”①

二、人伦关系的混乱问题

人伦关系，即人类社会在长期历史发展中形成的人与人之间的伦理关系。亲子关系和人与人之间身份识别关系，是人伦关系中的重要内容。它们也是在现代社会生命科技高速发展中遭到严重冲击的对象。

亲子关系或称父母子女关系，在法律上即规定父母和所生子女之间的权利和义务关系。亲是指父母，子是指子女。亲子关系是家庭关系的核心内容，也是最为重要的社会关系。基于子女出生这一自然事实而发生的父母子女关系，是自然血亲的父母子女关系。根据我国婚姻法的规定，还有一种法律拟制的父母子女关系——养父

① 《解密中国“换脸”方案：手术之后还像自己》，http：//society.dbw.cn/system/2005/12/20/050216206.shtml。

母子女关系和形成扶养关系的继父母子女关系。由此形成的两种亲子关系标准，是我国实践中判断亲子关系存在与否及其内容的唯一根据。其中，具有自然血亲关系（即相同的遗传基因）是判断存在父母子女关系的首要标准，也是一条不可轻易否定的标准。事实上长期以来，上述亲子关系判断标准并不存在什么争议。但是伴随着现代生命科技人类辅助生殖技术的出现，以往一清二楚的亲子关系变得日益模糊和充满各种各样的争议。

问题发生在人类辅助生殖技术对孕育新生命的生殖细胞的操作活动上。如有学者指出，随着医学人类辅助生殖技术的发达，主要是代孕行为的产生，使得传统自然生殖所具有的血缘与怀胎之间的紧密相连性不再是理所当然的，不孕夫妻可以借用来自捐献者的精子或卵子孕育自己的子女，也可以委托代孕母代为孕育自己的子女，这样就使得父母与所生子女的法律关系显得异常复杂，对法律制度提出了诸多挑战，人类辅助生殖子女之父母身份认定问题尤为突出。① 在人工授精技术的应用（包括各种体内受精和体外受精）中，如果手术使用的精子和卵子都来源于手术委托夫妻的双方，所生子女与委托夫妻双方具有血缘关系，与传统自然生殖的亲子关系并不存在差别。然而，除此之外的人类辅助生殖技术的应用都或多或少存在着所生子女与委托夫妻双方的亲子关系认定问题，其生物学上的血缘关系与社会学上的亲子关系并不完全吻合。主要有：（1）用丈夫之外第三人（即捐精者）的精子受精的；（2）用妻子之外第三人（损卵者）的卵子与丈夫的精子结合发育成胚胎后，再植入妻子子宫着床孕育的；（3）各种代孕的情况，既包括精子和卵子都是夫妻双方的，也包括精卵捐献者的或者代孕母本人的；（4）无性生殖即克隆技术。所导致的问题是生物学即血缘（基因）上的父母子女，与事实上或法律上的父母子女不尽相同，具有血缘关系的并不一定是亲子关系，反之亦然。对此，如何判断亲子关系？如果捐精者在通过某种途径得知所生子女之后，

① 张燕玲：《人工生殖法律问题研究》，山东大学2006年博士学位论文，第2页。

以血统主义主张亲子关系，要求认领该子女，应如何处理呢？值得思考。一些西方国家的人类辅助生殖技术的开展较早，实践中亲子关系问题出现也早，因此已有明确的相关立法。一般来说，精卵捐献者是自愿捐献自己的精子或卵子给接受手术的夫妻，虽然与所生子女具有血缘关系，但并非所生子女的父母。即认为那些生殖细胞捐献者（如捐精者）与所生子女没有任何法律意义上的亲子关系。①此外，对于在代孕技术应用和无性生殖中产生的亲子关系，更是存在诸多不甚明确之处。传统的母子关系认定，遵循“生者为母，所生者为子”的经验判断，父子关系则由婚姻关系来推定，并辅之以婚生子女之否认作为补充。这是一种千百年间传承下的经验判断，一般情况下，这种判断是不存在什么问题的。但现代生命科技的发展，代孕行为的出现，显然打破了这一传统的父母子女关系的判断标准。如在代孕母仅单纯“出租”子宫代孕的情形（在体外发育形成胚胎并植入代孕母子宫内的是来源于委托夫妻双方、一方或其他精卵细胞捐献者），生者就并非为母，所生者也并非为子。对此种亲子关系，有的国家对“代孕母”持消极不鼓励的态度，原则上否定“代孕母”与所生子女的亲子关系；有的国家完全禁止代孕技术的应用，自然没有“代孕母”与所生子女亲子关系的规定。对无性生殖克隆技术，一般都加以严厉禁止，也没有相应亲子关系的规定，但事实上，不可能因为没有法律规定，就不发生什么问题。人与其克隆体是父（母）子（女）关系，还是兄弟、姐妹关系抑或其他主体与替身的关系呢？这将造成社会人伦关系的混乱。

现代生命科技的发展还可能导致人的身份识别的难题。这主要是如前述的“换脸”手术、人脑等与人的身份特征紧密相关的器官的移植。在日常生活中，人脸是一个人身份识别的重要特征，人们往往就是通过脸部特征的不同，即不同“画像”来区别这一个人与那一个人。通过“换脸”手术，就会使这个人完全变成另外一个人，问题是“换脸”后的这个人还是原来的那个人吗？由人

① 刘得宽：《就试管婴儿探讨人工授精之法律问题》，《民法诸问题与新展望》，中国政法大学出版社2002年版，第244页。

脑器官的移植引发的身份问题更为复杂。众所周知，人的大脑是人的神经中枢，人的思想意识都源于大脑的生理活动。由大脑的生理活动产生每个人独特的自我意识、性格品质，等等。这些都是一个人区别于另一个人的重要标准。人脑的移植则可能出现“复合人”的身份识别问题，明明是这个人的身体却有另一个的想法。如果在不同年龄、不同性别的人之间进行大脑的移植，就可能发生严重的身份错位。一些常被人提到的问题是：当一个患者被移植了肾脏、心脏、肢体或者生殖器官，甚至是大脑，那么这个接受了别人人体器官植入的人还是原来的那个人吗？他的身份是否需要重新确认呢？同样值得思考。①

三、人为创造新物种的问题

通常人们总是对各种新鲜事物表现出深厚的兴趣和丰富的想象力。具有人和动物外观的“半人半兽”是神话传说、魔幻小说中的重要角色。古希腊神话传说中有一种半人半马的怪物，被称作“半人马”，它们上半身是人的躯干，包括手和头；下半身则是马身，包括躯干和腿。这种怪物一般被描写为粗野、狂暴和不讲道理，是野蛮的代表。诸如这种“半人半兽”形象的，还有蛇发美女“美杜莎”及半人半羊或羊男“格洛弗”，等等。

在现代社会，生命科技的高速发展和日益广泛的应用，使得原

① 现实社会中的一些报道显然使问题变得扑朔迷离：一名喜欢写诗、作曲、弹奏乐器的 18 岁男孩保罗在车祸中车毁人亡。他的心脏被移植到一名 18 岁名叫丹尼尔的女孩身上。这名女孩能够完整地唱出保罗生前写的歌。美国的桑尼·葛汉在成功“换心”12 年后，无预警地朝自己开枪结束生命，与当初心脏捐赠者泰瑞·卡托的自杀方式一模一样。葛汉与卡托的巧合之处还不仅仅是以相同手法走上绝路，更耐人寻味的是，葛汉在 1995 年接受心脏移植手术后不久，透过书信往来认识了卡托的遗孀，他们很快结了婚。另外，器官移植引起的这种效果也不只限于心脏，肾脏似乎也带着原来主人的某些人格特点。英国的琳达捐出一颗肾脏给她 51 岁的丈夫伊恩。手术后，伊恩具备了他妻子的某些人格特质，比如喜欢烘焙、逛街和园艺，他还养了狗。移植前，他极度厌恶这些家务，而且是公认爱猫而讨厌狗的人。参见李雪霜：《人体器官移植的伦理思考》，武汉理工大学 2011 年硕士学位论文，第 25 页。

来种种生命奥秘不断展现在人类面前，人类自觉认识生命规律和利用生命规律改造生命活动及其表现形式的能力也越来越强。无形之中，这使得人的生命科技应用显得唯理化、趋于工具化。如今，基因技术的发展使得人类已经开始真正具备了按照自己的心意随意定制自己子女长相、性别乃至性格的能力，可以依照自己的心愿修改自己的身体状况，甚至也可能实现长久健康甚或永生。① 在此之中，人为创造新物种日益成为一个现实的问题。生命科技的高速发展，使得现代社会的人们可以人为地改造组合物种的遗传基因而创造出新的物种。虽然其不乏良好初衷，是为了改善人的生活品质或造福人类等，但是也可能产生一系列问题，诸如：新产生的是什么物种？它会具有一些什么样的特性？会不会破坏现有的生态平衡？会不会对人类造成危害？等等。

或许因为害怕未知事物是人的本性，生命科技人为创造的新物种往往被描述为某种可怕的怪物，隐藏着巨大的危机。如 2009 年 9 月上映的由文森佐·纳塔利导演的美国大片《半人半兽》（又被译作《人兽杂交》），两名年轻的野心勃勃的科学家，将人类的 DNA 和不同动物的 DNA 结合创造出一种新的生物，但这种生物发生了可怕的变异，具有了可以摧毁生命甚至整个人类的能量……而 2011 年 7 月 23 日，英国《每日邮报》曝光有关英国多家实验室正在进行人兽杂交胚胎干细胞实验的新闻，并且已经制造了 150 多个同时包含人类和动物基因的杂交胚胎。银幕中的想象真实地发生在现实的社会中，这在世界各国政界和学术界引起强烈质疑之声。

很多学者都从社会伦理上探讨了生命科技的规范，“生命伦理学”就是生命科技中的重要内容。伦理即人与人以及人与自然的关系和处理这些关系的规则。人类社会历经几千年的发展演变，已经形成了非常厚重的历史伦理积淀，传统的社会伦理观念成为人们心目中认可的社会行为规范。而现代生命科技发展的突飞猛进，犹如“洪水决堤”、“猛兽出笼”，对社会传统伦理观念造成了极大的

① 刘长秋、刘迎霜：《基因技术法研究》，法律出版社 2005 年版，第 121 页。

冲击和挑战。现代社会的伦理学、社会学和法学应当如何去面对呢？有学者称之为：科学的进步使社会科学手忙脚乱，使社会科学与自然科学作了跛行的异速赛跑。① 面对生命科技的发展及其应用带来的问题，一个国家的法律理应积极应对合理规制，明确生命科技在应用中的合法与非法行为的界限。如学者所言："或许，伦理学、社会学尚可以'坐而论道'，法律却不得不尽快做出规定，否则会带来无法预料的严重后果。而任何规定，均需要提供符合法理的理由，这就是法学家的任务了。"②

---

① 李鸿禧：《保障人权思想之本质与变异的研究分析》，载《宪法与人权》，台湾 1995 年自版，第 260~261 页。

② 张英敏：《对器官移植与捐赠的法律思考》，华东政法学院 2006 年硕士学位论文，第 1~2 页。

第三章　生命科技问题的立法理论基础

第一节　前提性思考

现代生命科技的发展旨在提高人类战胜疾病的能力，改善生活品质以及其他良好的目的。但如上所述，生命科技是一把“双刃剑”，如果不对生命科技理论研究和实践应用进行立法规范并加以严格监控，则可能对相关人员及人类整体的生存和发展造成严重伤害。这显示了现代社会生命科技在其价值层面上的矛盾，在现代生命科技的发展中，我们应当注意其正负价值的冲突与协调。

一般而言，价值即客体对主体的有用性，具有有用性即有价值，否则即无价值或负价值。从法律上来看，立法本身就是一个隐含着社会价值判断的过程，法律作为调节人们行为的规范，其主要价值就在于维护社会秩序和执行社会公共事务。当然除此之外，法律上的价值还包括价值判断的标准问题。对生命科技进行立法规范，一个重要前提就是明确其中的价值问题，既包括应当考虑哪些价值判断问题，也包括如何进行合理地价值判断问题。其中，明确第一个问题也即暗含着第二问题的判断，二者可谓一个问题的两个方面。论及现代社会对生命科技的立法规范，问题是哪些生命科技活动应当为立法所允许，而哪些生命科技活动应当被立法所禁止，其立法理由何如？这涉及生命科技立法规范的不同价值及其协调。其首要前提是明确规范生命科技应当考虑的立法价值有哪些？学界已有的研究显然是我们作进一步探讨的前提。

事实上自历史上生命科技诞生起，对每一次生命科技发展的重大发现或突破，都不乏学者呼吁冷静理性对待生命科技发展的声音。在人体器官移植上，一般学者提出了人体器官捐献原则，摘取人体器官应获得被摘取人的同意原则和人体器官不得非法买卖原则等。在人类辅助生殖技术方面，基于生育对婚姻、家庭乃至社会的重要性所在，世界上多数国家通过立法保障和规范人类辅助生殖技术的实践应用，以确保人类辅助生殖当事人的权益。如英国有《代孕安排法》《人工授精和胚胎法》，美国有《统一亲子法》《人类辅助生殖子女法律地位统一法》，德国有《收养中介法》《胚胎保护法》，瑞典有《人工授精法》《体外受精法》。当然，对于人类辅助生殖技术引发的法律问题，由于世界各国各自不同的传统观念、经济文化和政治宗教等因素而采取不同的态度，使得不同国家对相关问题的处理方法也不尽相同。综观各国立法，普遍允许实施人工体内受精和人工体外受精，但在是否允许“代孕母”及其许可条件方面，则存在较大不同：英美法系国家有限度开放“代孕母”，并通过法院听证与行政许可相结合的方式对“代孕母”实施有效管制；而大陆法系国家多明确禁止“代孕母”行为，将代孕行为以及居间介绍代孕行为规定为犯罪行为。即英美法系国家较大陆法系国家对生命科技的立法进程快，对于“代孕母”持较为宽容的态度。在人的死亡判断标准方面，现代社会自“脑死亡”概念的提出，即引起了医学界、伦理学界和法学界的广泛关注，虽然人们对“脑死亡”观念也存在一些质疑之声，但是随着社会发展，越来越多的观点是倾向于接受和认可脑死亡判断标准的科学合理性，而转而寻求如何合理地规范“脑死亡”的具体判断标准。一般认为，在合理地规范了“脑死亡”的判断标准并严格遵守的情况，脑死亡判断标准具有更大的社会价值。这种判断标准既有利于为人体器官移植提供更多的可供移植的人体器官，也有利于准确地判断死亡，避免将有限的医疗资源投入到无意义的治疗之中，以节约医疗资源。

现代社会在生命科技的理论研究及其实践应用上，无论是人类辅助生殖、人体器官移植，还是脑死亡等，都或多或少存在着争议；虽然有争议，但是几乎都肯定其在一定条件下运用的正当性，而并非“一刀切式”的完全允许或禁止模式。在笔者看来，这反映的是有关生命科技发展中蕴含的不同价值观念以及这些不同价值观念相冲突与调和的结果。具体而言，一方面，各种生命科技由于其本身在科学和社会意义上的不容忽视巨大价值，现代社会生命科技尽管面临诸多责难却能够在不断的争议之声中始终高速发展，呈现“高歌猛进”之势；现实社会人们的需要和科学技术的进步不断推动着生命科技一路向前飞奔。而另一方面，一些生命科技发展中的让人难以承受的“不良反应”也不断显现出来，导致了人类社会现有重大价值的冲突，引起了社会各界的广泛担忧和警惕。

至于哪些重要价值是我们应当加以关注和考虑的，生命科技立法规范在逻辑上涉及立法（法律）和生命科技（科学）两大方面，而这两大方面分别属于不同的学科领域，各自有着不同的理论与实践内容，各具特色而价值标准不一，将二者进行有机地融合自然是探讨生命科技立法规范必须加以认真考虑的。从立法的角度来看，法，自古以来被视为社会公平正义的化身，社会正义是法最为古老也是首要的价值。近现代社会受经济思维方法和资源有限性的认识，功利主义日益成为衡量法律正当性的重要价值标准；同时随着第二次世界大战后人们对战争的反思及现代社会人权保障、人道主义精神的兴起，二者也成为现代法律不得违背的重要价值原则。从生命科技来看，值得注意的有三点：一是生命科技极易被人为地滥用而导致严重的危机。生命科技是现代社会科学技术发展的伟大成就，其科技进步性毋庸置疑，但因其具有非常强的技术性或专业性要求，而普通社会民众对这些先进技术或专业知识存在着严重的“信息不对称”，极易被少数生命科技相关人员所掌握和控制。如果生命科技被人为地滥用，就可能严重侵害到相关人员的生命安全，也可能有违社会公平正义观念，等等。二是生命科技的适用导致人的客体化，使本来作为社会关系的主体沦为客体。生命科技的发展大大提高了现代医学对人类自身生命活动本质或规律的认识，使人类能够主动控制和改选自己的生命活动，如借助人类辅助生殖技术、人体器官移植等。在此过程之中，生命科技的适用必将引起人体及其组成部分的客体化，即成为同商品一样的“有用之物”，变成地下“黑市买卖”的对象。这种人体及其组成部分的客体化，就使人成为社会交易活动中的“物”，而不再具有神圣的不能买卖的人格尊严。这势必导致人们在人格尊严上的丧失和人道主义危机，也可能因为非法买卖而产生人权保障的风险问题。三是生命科技的适用往往事关重大，关系到人的生命健康或整体人类的生存发展。这就要求我们全面和审慎地衡量生命科技的社会价值。在此意义上，这里主要从社会正义、功利主义、人权保障、人道主义四个方面探讨生命科技立法的价值及其协调问题。

第二节 社会正义价值观

社会正义即社会生活中的公平正义，自古被视为人类社会的重要价值。古希腊时期，思想家柏拉图在《理想国》中就提出了公平正义的问题，强调社会公平、正义是个人和国家的“善德”。现代社会，公平正义更是社会文明和法治的应有之义，无论是何种制度建设，还是什么社会实践活动，都应当追求社会公平，维护社会正义，从而推动社会的进步。而纵观人类社会的发展，公平正义是人类追求美好社会生活的一个永恒主题，正是人类对公平正义的不断追求，推动了社会的不断发展与进步；同时，人类对理想社会的期待和设计，也始终贯穿着对社会公平正义的向往与追求。社会公平正义意味着社会各方面的利益关系得到妥善的尊重与协调。一个国家的法律就是实现这种社会公平正义的重要工具，而无论在中国还是在西方国家，“法”在其产生时就含有“公平正义”之义。生命科技作为现代社会的产物，理应契合社会公平正义的价值观念；规范生命科技适用的立法应以实现社会公平正义为基本价值目标。围绕生命科技的社会关系中，社会公平正义就是要求生命科技活动涉及的各方面的利益关系得到妥善的尊重与协调。

一、社会正义概述

正义对于社会生活意义重大，正义是人类社会自古以来一个古老而弥新的话题，有关正义的探讨可以追溯到古希腊、古罗马时期的思想家和哲学家的论述，其中不乏至今仍然具有重大意义的真知卓见。在此之中，正义曾被思想家们广泛解释为“公平、公正、正直、合理”等之意，人们往往在不同的场合选择适用不同的合适的词语表述。从字面上看，“正义”一词即指具有公正性、合理性的观点、行为以至事业、关系、制度，等等。然而，如同当今社会著名的美国学者博登海默曾这样说过：“正义有着一张普洛透斯似的脸（a Protean face），变化无常、随时可呈现不同形状并具有极不相同的面貌。当我们仔细查看这张脸并试图解开隐藏在其表面背后的秘密时，我们往往会深感困惑。”人们对公平正义的理解，可以说是仁者见仁、智者见智，莫衷一是。① 基于不同的立场和视角，处于不同的政治、经济和历史文化中，人们往往会形成不同的正义观念或正义标准，由此形成了丰富和博大精深的正义理论学说，正义由此成为一个拥有丰富内涵的概念，蕴含着社会公平、公正、正义、正当、不偏不倚等内容。其中，“正义”、“公正”与“公平”都是同义或近义词，人们常在普遍用语中等同使用。在哲学研究中，伦理学家和政治哲学家们也常常将它们当做同义词交替使用，而并不仔细区分它们的意义差别。②

从历史演变来看，“正义”一词源于古希腊古罗马时期的神话传说。在古希腊的神话里，实现正义是人们美好的愿望，由此形成

---

① 德国法哲学家拉德布鲁赫（Gusty Radbruch，1878—1949）说：“正义是一个相当模糊和不确定的概念。”美籍奥地利法学家凯尔森（Hans Kelsen，1881—1973）则指出：“自古以来，什么是正义这一问题是永远存在的。为了正义的问题，不知有多少人流了宝贵的鲜血与痛苦的眼泪，不知有多少杰出的思想家，从柏拉图到康德，绞尽脑汁；可是现在和过去一样，问题依然未解决。”在我国，学者经常将“正义”与“公正”互换。但是不管使用何种概念，与西方一样，“在我们的生活中，正义概念的含义是不确定的”。参见胡启忠：《法律正义与法律价值之关系辩正》，《河北法学》，2010年第3期。

② 徐大建：《西方公平正义思想的演变及启示》，《上海财经大学学报》，2012年第3期。

了正义女神的形象。① 古希腊神话的一位正义女神是掌管整个宇宙正义和秩序的女神忒弥斯（Themis），她铁面无私，执法如山，以自己的智慧使天神作出各种无可争议的决定；另一位正义女神是阿斯特赖亚（Astraea），她在地上主持正义，监视人间的生活。她经常手持利剑追逐罪犯，刺杀亵渎神灵者。在神话传说中，正义与邪恶等非正义事物是泾渭分明的，实现正义则充满了理想主义的色彩。然而在人类社会，正义的内容却是极其复杂的，有时还让人难以捉摸。由此，古代社会的人们，一面抽象地将正义解释为社会的公平正义或良好的秩序状态等，另一方面根据不同的情况（语境）将正义区分为不同类型的具体正义，并在具体的情境中分析正义及其实现。古希腊思想家亚里士多德就将“正义”分为“分配正义”和“矫正正义”（又称交换正义）。在分配正义中，一方面有平等正义观，正义是某种事物的平等观念，另一方面又有公平正义观。要求按照比例平等原则把这个世界上的事物公平地分配给社会成员，给予相同的人以相同的对待，给予不同的人以不同的对待。矫正正义，则是主张以等值公平交换为正义。② 在人类社会早期，正义观念较为朴素、自然，人们主要是从“公平、公正、不偏不倚”等概念来理解正义。这是从“正义”一词中自然衍生而出的概念，

① 在古希腊神话传说中，正义女神地位崇高、职责神圣，人们对其形象的描述也意蕴深远，极具象征意义。在神话传说中，正义女神是一个蒙眼的女性，身穿白袍，头戴金冠，左手提一秤，置膝上，右手举一宝剑、一束棒，束棒上缠绕着一条蛇，脚下坐着一条狗，案头放着一支权杖、若干书籍及一个骷髅。对此形象描述，其中，白袍，象征道德无瑕，刚正不阿；蒙眼，因为司法纯靠理智，不靠误人的感官印象；王冠，因为正义尊贵无比，荣耀第一；秤比喻裁量公平，在正义面前人人皆得其所值，不多不少；剑，表示制裁严厉，绝不姑息；插着斧子的束棒，是古罗马一切刑罚的化身。蛇与狗，分别代表仇恨与友情，两者都不许影响裁判。权杖申威，书籍载法，骷髅指人的生命脆弱，跟正义恰好相反：正义属于永恒。参见《正义女神》，好搜百科，http：//baike. haosou. com/doc/63474436561068. htmlq；忒弥斯，好搜百科，http：//baike. haosou. com/doc/1455022-1538271. html，等。

② ［美］博登海默：《法理学：法律哲学与法律方法》，邓正来译，中国政法大学出版社 2004 年版，第 267 页。

是人们对正义观念的传统认识。但相关正义分类的产生及主要停留在抽象意义上的叙述，也显示出现实人类社会正义问题的复杂性。

近代社会，资产阶级革命运动成为时代的主旋律，代表人类进步思想的资产阶级思想家们提出了“天赋人权”、“人人生而平等”等口号，使人们对自由权利的认识和要求日益高涨。在此之中，正义的概念也在不断发展演变，被赋予了新的时代内涵，即自由。①著名的德国哲学家康德将“正义”的内涵扩展到“自由”，基于自由是每个人与生俱有的原始、自然的权利，社会正义应维护和增进自由。此后的德国思想家黑格尔也将“正义”界定为“自由”，认为正义的真正概念就是我们所谓主观意义的自由，法就是作为理念的自由，而能给予个人最大限度的自由的法律即合乎正义。美国学者博登海默也指出：整个法律和正义的哲学就是以自由观念为核心而建构起来的。②

随着社会的历史前进，“自由主义”资本主义社会在不断发展中也产生了许多难以克服的严重危机，特别是自由主义经济制度带来的生产过剩、经济危机和日益扩大的贫富差距，这些危机甚至严重威胁到资本主义社会存在的安全。对此，一些资本主义国家改弦易辙，在某些领域推行国家干预主义，对自由经济进行调控。由此，学者认识到“自由”存在一定的片面性，应将自由与平等价值相结合。苏格兰哲学家威廉·索利就指出，自由和平等很容易对立，自由的扩大并不一定会增进人与人之间的平等。他认为，如果不为平等和自由在社会组织规划中安置一个位子，就不可能提出一

① 近代社会，资本主义处于上升时期，启蒙思想家们对野蛮、落后的中世纪封建社会制度进行了无情的批判，掀起了一股“人自由解放”的思想启蒙运动，将“自由”视为社会的基本价值。自由思想影响深远，被称为“自由主义”。资产阶级在掌握政权、建立资本主义国家后的相当长时期，就广泛实行经济自由主义。自由主义，也往往被人们看作是资本主义的代名词。

② 转引自胡启忠：《法律正义与法律价值之关系辨正》，《河北法学》，2010年第3期。

项令人满意的正义原则。① 现代社会罗尔斯的“正义论”，是正义观念中不得不提的重要内容，他把“正义”解释为“作为公平的正义”，回归正义的公平正义观念。社会正义首要的是公平，只有公正的社会制度，人们才会从中获得利益并自愿遵守。罗尔斯在坚持自由价值的基础上，强调了平等和公平价值，是将自由、平等和公平三种价值结合起来分析正义问题。这种观点在现代法学界引起了强烈反响。

二、生命科技与社会正义

生命科技的适用往往事关人的生命健康问题，而生命健康的社会意义重大，俗话说“人命大于天”，在法律上，人的生命权利也被视为一个人所拥有的全部权利的基础。因此，在生命科技的现实运用中应特别强调维护社会的公平正义，首要的是不得有悖于社会的公平正义观念，应当避免因现实种种原因而造成生命科技被人为地滥用而致使社会正义缺失和陷入严重的社会危机；同时，作为事关人的生命的科学技术，其适用理应尽可能地促进和发展社会公平正义，使社会大众能够公平正义地分享社会资源。简而言之，关涉人至为重要的生命健康权利保障问题，生命科技的适用与社会正义之间存在着紧密的联系，探讨生命科技适用的法律规制离不开对社会正义的考量。

从生命科技的适用来看社会公平正义，首先应当关注的问题是现代社会生命科技自身的正当性问题。生命科技是现代社会科学技术高速发展的产物，对现代社会来说，显然是一种新生事物，因此就有一个自身正当性的问题。而这种正当性，主要是作为现代医学和科学技术产物的生命科技，在社会伦理道德以及法律规范中的合理性和合法性问题，是追求“真”的科学技术与社会“善”的有机融合。一般而言，科学技术在于“求真”，以探求自然世界中客观物质的运动、发展和变化等的规律性。丹皮尔在《科学史》的

① ［美］博登海默：《法理学：法律哲学与法律方法》，邓正来译，中国政法大学出版社 2004 年版，第 265 页。

"绪论"中指出："科学可以说是关于自然现象的有条理的知识，可以说是对于表达自然现象的各种概念之间的关系的理性研究。"①科学是我们以客观感受到的东西或事物为基础，通过不断地观察和实验获得的规律性认识，这种科学研究具有可重复性的原则。科学知识是客观可靠的知识，是能够在客观上被重复证明的知识，现代社会的生命科技即是如此。但问题在于科学技术的"真"还必须与社会的"善"紧密相统一，否则就可能产生严重的道德风险。在此之中所构成的是现代社会强调科学技术的人文价值目标性，科学技术是一种社会生产力量，是一种通过了解自然而造福于人类的手段，唯此才能奠定现代社会科学技术的正当性基础。

就生命科技而言，是有关人的生命的科学技术，包括人类辅助生殖技术、人体器官移植技术及脑死亡等方面，都是借助现代科学技术的手段来实现对人的生命活动的认识、掌握和调整。生命科技代表着现代社会科学技术的发展与进步，闪耀着科技理性之光，意味着人们对各种生命活动现象及其本质规律的深入认识。由此，生命科技天然就具有科学技术上的正当性，成为医学和科学技术界炙手可热的先进"发明创造"。生命科技与医学紧密相连，大大提高了医学临床上救治病人、恢复健康的能力。生命科技旨在改善人的生活、造福人类，其社会正当性显而易见。但是，我们不能忽视的是在司法实践中并不乏利用生命科技实施违法犯罪的情况，并且，一些严重的生命科技违法犯罪事件时有发生，引起了现实社会广泛的恐慌。在笔者看来，这主要涉及生命科技的科学性与社会人文目标价值的冲突与协调。

在充分肯定了一般意义上生命科技正当性的同时，应当注意不同的生命科技活动所涉及的具体社会正当性问题。这是由各种具体的生命科技活动的特殊性所决定的具体社会正义问题。具体而言：

一是生命诞生上的社会正义问题。从现代医学实践来看，在生命诞生上借助人类辅助生殖技术已经较为常见和被人们广泛接受，

① ［英］W. C. 丹皮尔：《科学史》，李珩译，中国人民大学出版社 2010 年版，绪言。

成为医学上解决不孕不育夫妇生育问题的重要的有效手段。但是问题在于，人类辅助生殖技术是一种对传统自然生殖模式具有完全颠覆性的科学技术，它打破了人类社会自古以来在生育子孙繁衍后代方面业已形成的，包括风俗习惯、伦理道德和法律的社会规范。而这些已有的社会规范历经几千年的社会洗礼，天然就具有良好的社会正义性。去旧迎新，打破了这种过去社会中的公平正义观念，现代社会又应如何保障人类在生殖上形成新的社会公平正义呢？值得思考。

繁衍后代是每一个人所享有的“自然权利”，而这种自然权利在多大程度上能够借助现代生命科技的人工辅助技术来加以实现呢？又该如何具体实现人工辅助呢？在过去，生育子女长期以来是个体的自然选择或自然进程，我国古代就有“麒麟送子”、“送子观音”的神话传说，强调遵从自然法则生儿育女，“命中带有终须有、命中不带莫强求”，有限的科学技术条件不允许人们对生育进行干涉。在现代社会，发达的科学技术却改变了这一传统现象，由于种种原因不能自然生育的人完全可以通过人类辅助生殖技术实现其生儿育女的愿望，也可以在生育中进行人为的选择以实现优生优育，当然同时存在着对过去人类生育中的自然淘汰机制的颠覆而使一些本应该被自然淘汰的婴儿通过人工辅助得以存活、降生，等等。打破这种传统的自然规律，其社会公平正义该如何保障是一个问题，如何实现人们（尤其是能自然生育者与不能自然生育者）在生儿育女上的公平、自由和平等呢？而且，自然法则奉行“优生劣汰”、“适者生存”，保证了人类种族不断淘汰与进化，人类辅助生殖技术则打破了这一自然进化规律，让本来自然淘汰的得以生存，势必会扰乱人类种族自身的发展。

二是在生命发展上的社会正义问题。由于种种原因，人在其生命发展过程中难免出现一些危及生命健康的情况，需要借助现代生命科技来挽救生命、恢复健康。这主要涉及如何公正合理地利用器官移植技术，最大限度地造福人类。如前所述，典型的完整意义的人体器官移植过程表现为：首先摘取一个可供移植的健康人体器官，即有可靠的人体器官来源，再把这个健康的器官移植给需要器官移植的患者，最后是接受器官移植之后的康复治疗与保健。其中容易产生社会正义问题的主要有两个方面：人体器官移植的正当性和人体器官来源公平问题。人体器官移植，摘取一个健康人的器官，再移植到他人，实质上是牺牲一个人的健康去挽救另一个人的生命或健康。① 这无异于宣称一些人的生命健康高于其他人，社会正义问题就由此产生。因为在现代社会，平等观念深入人心，“人人平等，生而自由”，每个个体的人在生命健康上并不存在优劣之分或高下之别，人体器官移植何以摘取一个人的器官去挽救另一个人的生命健康呢？又如何实现人体器官移植中的公平正义呢？现代医疗强调人人享有基本的医疗卫生服务。2009 年 3 月 17 日中共中央国务院发布的《关于深化医药卫生体制改革的意见》，在“深化医药卫生体制改革的指导思想、基本原则和总体目标”中就强调改革要“坚持以人为本，把维护人民健康权益放在第一位。坚持医药卫生事业为人民健康服务的宗旨，以保障人民健康为中心，以人人享有基本医疗卫生服务为根本出发点和落脚点……努力实现全体人民病有所医”。即人人在基本医疗卫生服务中的平等享有，并不存在什么差别。而今天人体器官移植被普遍认可和广泛开展，其中离不开的，一是人体器官供者的知情同意——基于对摘取自己人体器官及其后果的充分认识的基础上，自愿同意捐献出这一人体器官；二是不得严重伤害器官供者的生命健康，因为现代社会，即使有器官供者的知情同意，一般也认为对严重伤害自己生命健康的承诺是无效的，否则就是有悖人道主义和人格尊严的。

同时，人体器官来源上的公平性也是困扰人体器官移植的一个重要问题。随着我国人体器官移植手术在各大中型医院临床中的广泛开展，一个突出的现实难题是可供移植的人体器官来源严重短缺，人体器官供求矛盾巨大。如有统计显示：“中国每年大约有 150 万人因末期器官功能衰竭需要器官移植，但每年能够使用的器

① 人体器官移植并不允许摘取一个活体的生命器官（如心脏）进行移植，因为牺牲一个人的生命去挽救另一个人的生命，显然是难以想象的。

官数量不到1万，供求比例达到1∶150。”① 这意味着很多具备接受人体器官移植适应症的患者在“苦等”可供移植的人体器官或者在等待中离开人世，其中难免会产生公平分配人体器官移植资源的问题，普通民众与具有一定社会地位、拥有特定能力的人在接受人体器官移植上的不平等或不公平。如媒体报道某电影演员分别于2004年9月在北京一家医院接受了肝移植手术，后来效果不甚理想，2005年6月他又在天津一家医院进行了第二次换肝手术，报道还称他自确诊到开始接受肝移植手术间隔仅1个月，而且两次肝脏移植前先仅间隔只有9个月，这对于一般普通老百姓来说，显然是难以想象的。故媒体报道后，引起了社会舆论对人体器官分配公平性的强烈争议。②

三是生命终结上的社会正义问题。人的生死问题至关重要，判断人死亡的标准历来为人类社会所重点关注。传统的观点奉行“呼吸心跳停止说”。这一标准是人类千百年来形成的基本死亡观念，人们一般将死亡称为“断气”，把心脏停止跳动、脉搏消失作为人死亡的标准。现代医学科学则提出“脑死亡标准”，把“大脑功能不可逆的丧失”作为人死亡的判断标准。而依据脑死亡标准，实践中就可能会出现，虽然有心跳和呼吸活动但因大脑死亡而被视

① 以上观点转引自吴越:《1∶150 中国人体器官移植现状调查》,网址见 http://www.dzwww.com/huati/qgmm_1_1/qgmmzl/201110/t20111025_6724416.htm。

② 公正原则是世界上公认的人体器官移植立法的基本原则。这一原则要求：为保障人体器官移植的公正实施，人体器官移植应按照患者在医疗单位登记的顺序来进行，禁止某些患者凭借较高的社会地位或较好的经济状况而享受差别待遇。这一原则也为我国的《人体器官捐献与移植法》所明确加以规定。其中《深圳经济特区人体器官捐献移植条例》还作出了具体规定：患者享有平等获得人体器官移植的权利；患者接受移植的顺序由市红十字会按照申请登记的时间先后确定；只有当前一名患者不适合接受该人体器官移植时，方可选择后一顺序的备选患者；而擅自更改患者排序位次的，由卫生主管部门责令改正，对直接责任人给予行政处分，并处以三万元罚款。在人体器官供求矛盾巨大的背景下，数以万计的患者因得不到合适的器官移植而离开人世，因此难免有人质疑其中器官分配的公平公正性。

为人已经死亡的情况，即所谓的“活死人”。对此，现在我们能把这种“活死人”当做尸体看待吗？这涉及一般民众的伦理道德和情感认同问题，同时，由于脑死亡标准事实上与人体器官移植技术是紧密联系在一起的，较为普遍的观点就认为脑死亡标准的提出是为了方便获取可供移植的人体器官的需要，因此难免使人担忧脑死亡标准判断中的道德风险问题。

根据大多数西方哲学家的用法，社会正义的基本内含是“每个人都得到其应得的”或“不侵害任何人的正当权益”。① 前者是积极意义上的实现和促进正义，后者是消极意义上的保障正义。“公平正义自古以来便是西方社会的首要核心价值。”② 社会公平正义，不仅被看做判断一个人的伦理道德品质高低的重要根据，还是衡量一个社会制度，维护社会稳定秩序的根本伦理道德规范，也被视为政治法律制度的伦理基础。即亚里士多德所说的“法治就是良法之治”思想。对于现代生命科技而言，是围绕着生命科技活动对过去社会传统伦理道德观念和法律制度的冲击与调和，以及如何在这些活动中实现和贯彻社会正义的问题。尤其是如前所述，生命科技是现代社会发展中的新情况新问题，而且因为具有较高的专业性和技术性等，事实上在专家和普通民众之间存在一定程度的“信息不对称”，普通民众在对生命科技的适用本身以及其可能存在的问题、潜在的社会风险等的认识是不够完全充分的，也影响到他们作出合理的判断。

笔者认为，从思想家关于社会正义的有关理论原则出发，生命科技中的社会正义应注意以下几点：一是应当注意树立生命科技在理论研究及实践运用中的正当性意识。这是今天我们应否“发明创造”或者开展进行某一种生命科技项目的问题，有关人的生命科技活动，由于其与人至为重要的生命健康息息相关，理应充分意

① 徐大建：《西方公平正义思想的演变及启示》，《上海财经大学学报》，2012 年第 3 期。

② 徐大建：《西方公平正义思想的演变及启示》，《上海财经大学学报》，2012 年第 3 期。

识到各种生命科技活动的社会风险，并谨慎进行相应的“发明创造”或实践活动。如前述人体器官移植，实质上是牺牲一个人的身体健康乃至生命来换取另一个人的生命健康，就应当考虑到现代社会的公平正义性。在进行人体器官移植时，就应当明确在什么条件下和怎样才能摘取一个人的人体器官以进行人体器官移植。在人类辅助生殖技术中，由于其打破了传统社会人类自然生殖的规律而备受争议，虽然诸多学者将人类辅助生殖的正当性归结于它是个体实现生育权的重要途径，因生育有利于维护家庭和社会的稳定、促进人类自身的发展，但也有其正当性问题。如其中的有关人的基因杂交（如人兽杂交）、克隆技术等，都因为可能存在严重的社会伦理以及人类发展安全风险问题被各国禁止。人类辅助生殖技术的衍生物——胎儿性别鉴定与性别预先选择、代孕“借腹生子”等，也往往为社会公平正义观念所不容。如对于胎儿性别鉴定，我国一贯禁止非医学需要的胎儿性别鉴定，将非出于医学治疗目的需要的胎儿性别鉴定视为非法行为。① 2002 年 11 月 29 日，当时的国家计划生育委员会、卫生部和国家药品监督管理局联合发布了《关于禁止非医学需要的胎儿性别鉴定和选择性别的人工终止妊娠的规定》，第 19 条明确规定：“计划生育、卫生和药品监督管理等行政部门及其工作人员，违反本规定，玩忽职守、滥用职权、徇私舞弊、不履行职责的，对直接负责的主管人员和其他直接责任人员，依法给予行政处分；构成犯罪的，依法追究其刑事责任。”随着司法实践中非法胎儿性别鉴定和非法人工终止妊娠的情况变化，2014 年 9 月 3 日，国家卫计委会、公安部、工商总局和食品药品监督管理总局又联合发布《禁止非医学需要的胎儿性别鉴定和选择性人工终止妊娠的规定（征求意见稿）》，将介绍和组织实施“两非”行为也纳入打击的范围。

二是应当注意生命科技在理论研究及实践应用中的合理性问题。前述生命科技在理论上的“发明创造”或实践适用时，应树

① 司法实践一般将非医学需要的胎儿性别鉴定和与其紧密相连的选择性别的人工终止妊娠行为，统称为“两非”。

立起生命科技的正当性意识，这主要是从生命科技的发展构想而言，即主要是人类在从事任何一种生命科技的发明创造时，都应当谨慎而为之、考虑其对传统社会正义观念的影响。在这种生命科技的发明创造之后，很有可能其被广泛投入社会实践之中，而如果某一种生命科技本身存在着一定的道德风险或有助纣为虐之可能，就可能导致严重的社会问题。典型的如人们对人体器官移植的批判，认为人体器官移植实质上就是穷人为了金钱和生活而出卖身体器官，是一种变相的富人对穷人的剥削，等等。这里强调生命科技在理论研究及实践应用中的合理性问题，即在将某种生命科技活动付诸实践时，也应当进一步结合社会的历史和现实情况等具体思考生命科技如何进行的问题，并就其中可能存在的各种问题了然于心并作出合理的应对；而且，每一种生命科技活动因其自身的特殊性，往往在实践应用中表现出各自不同的问题。

如前所述，现代社会的生命科技也是一把双刃剑，有利又有弊。在此意义上，为了有效地发挥生命科技的“利”和尽可能地削减其“弊”，任何生命科技的实践应用都应当是具备一定条件的，通过严格的条件限制或引导以达到趋利避害的效果。这种限制条件的严宽紧松就是生命科技的合理性问题。如有关人的基因技术的应用则涉及个人的隐私与平等问题，因为现在科学研究发现基因决定着一个人的生老病死等情况，是一个人自身最具有特质性的东西。所以，一方面，一个人身上所携带的基因信息事关重大，显然是这个人最为重要的隐私内容，应当受到法律的有效保护；另一方面，由于事实上每个人的基因不可能完全相同，存在着一定的差异性，而这种差异性就决定了人与人之间不同的素质高低或能力强弱等。由此，如果从事基因技术的医疗机构、科研单位或者通过某种手段获得他人基因信息的机关单位（如政府机关、用人单位或特定的机构、个人等），就很有可能根据基因信息的情况对这个人作出这样或那样的判断，从而影响到社会的公平判断，典型的是雇主就可能凭借基因信息的优劣判断是否雇用某个人，保险公司也可能针对具有特定疾病基因的人不予保险或提高保险费用，等等。这在事实上会形成新的基因歧视，从而引发严重的社会公平正义问题。

为此，在人类辅助生殖应用基因技术时，其合理性条件就要求妥善保管和运用在正常业务中所获取的个人基因信息，避免导致出现基因歧视的现象。同理，在现代社会，人类辅助生殖试管婴儿技术和人体器官移植技术等得到了社会的广泛认可，医疗实践中的应用方兴未艾。这也离不开其中的合理性条件，不仅这些生命科技的实践应用有着严格的医学上适应症和禁忌症——旨在保证医学技术上的稳定可靠，而且还必须具备医学伦理学上的合理性，往往需要经过所在医疗机构的医学伦理委员会的审查和批准——旨在避免产生伦理道德上的危机。

三是应当注意构建生命科技中社会正义的保障制度。公平正义无疑是现实社会中的“易碎品”，需要有相应的强有力的配套保障制度。生命科技社会正义的实现也离不开完善的保障制度。事实上，随着现代生命科技的发展，其在实践运用中出现了一些滥用生命科技不当行为、利用生命科技实施违法犯罪行为。由此引发了诸多社会争议问题，其社会正义性饱受质疑。为此，理论和社会实践中都不乏严格限制和规范生命科技活动的声音，一些法治发达国家普遍都有相应的立法。如在人体器官移植方面，随着 20 世纪 50 年代人体器官移植技术的发展成熟及在医疗实践中的应用，为规范人体器官移植技术的应用，一些发达国家纷纷制定了相应的法律文件。主要有：1961 年英国的《人体组织法》，规定了利用死者器官进行器官移植的问题。1989 年英国的《人体器官移植法案》，对器官移植的合法条件作了明确的规定。美国于 1968 年制定了《统一尸体提供法》。在此时的英美国家，合法的器官移植主要是摘取尸体器官进行器官移植。日本于 1958 年制定了《角膜移植法》，主要用以规范医疗实践中的角膜移植，后来随着肾脏移植的出现，1979 年又将其修改为《角膜肾脏移植法》。在此基础上，1997 年日本又加以修订出台了《人体器官移植法》，该法适用于所有人体器官的移植，在移植条件上严禁商业化的人体器官移植，并将商业化的人体器官移植规定为刑事犯罪。法国于 1976 年制定了《器官摘取法》，后来 2004 年的《公共卫生法典》，也对人体器官移植的合法条件和程序作了明确的规定，如禁止摘取未成年人活体器官，摘取成年人活体器官须以具备医学上的必要性为前提并且必须获得捐献人之自愿同意、人体器官移植必须在得到法定机构批准的基础上进行等，如果医生违反这些规定，都将会被追究刑事责任。① 丹麦于1967年制定了《人体组织摘取法》；挪威于1973年制定了《器官移植法》；新加坡于1987年通过了《人体器官移植法案》，等等。这些器官移植法的内容涉及尸体器官捐献、供体的死亡标准立法以及活体器官移植等，它们对供体和受体的合法权益均给予了充分保护。其中，严禁商业化的人体器官移植，是目前各个国家和地区在规范人体器官移植方面的基本立场。这些都是实现生命科技社会正义的重要保障。

有人主张"科学研究无禁区"，对科学研究设置禁区会严重阻碍科学技术的发展，"从现实来看，这些科研禁区的设置使许多亟待解决而且科学有能力解决的问题悬而未决，百害而无一利"②。诚然，对科学研究设置禁区，自然就会使科学研究受到种种条条框框的限制，这与科学研究高度重视打破常规和创新等是格格不入的，势必严重扼杀科研创新的灵感。但科学技术是复杂的，本身充满了多种在现实适用中的可能性且利弊相交。对上述"科学研究无禁区"，学者也只是从将"科学"严格区别于"技术"而言的，即"科学"或"科学研究"（科研）仅是指科学家对客观事物的本质规律的认识和掌握，其旨在求真求实，科学以认识客观自然界为目的，科学成果并不直接引起现实物质世界的变化，不会对人类生存产生直接的不利影响，故科学研究无禁区。③ 可见，学者主张的"科学研究无禁区"是非常狭隘的概念，在此意义上，这是有一定道理的。但问题是，一方面，在今天科学研究强调"理论与实践相结合"或"理论来源于实践"等的时代背景下，科学和技

---

① 罗结珍译：《法国新刑法典》，中国法制出版社2003年版，第187页。

② 郭芸、袁芬：《科学研究终将无禁区》，《武汉科技大学学报（社会科学版）》，2007年第4期。

③ 郭芸、袁芬：《科学研究终将无禁区》，《武汉科技大学学报（社会科学版）》，2007年第4期。

术、或科学研究与技术应用之间的界限本来就已经模糊不清，该如何区分又能否区分呢？另一方面，生命科技至为重要，事关人的生命健康这一最为重要的内容，显然更应当审慎为之。在20世纪末以“克隆”技术为代表的人类基因技术取得了重大突破性发展，对此就不乏深切的担忧之音。我国就有学者反思：“严格地说是工具理性或技术理性及其力量的崇拜，进一步强化原本已经存在着的工具理性僭越价值理性之倾向，加剧人类工具理性滥觞、价值理性式微、形而上学的无家可归状态。”同时，基因技术会导致“原本属于纯粹技术性问题的工具理性，很可能嬗变为一种民族沙文主义工具”。① 因此，对生命科技的理论研究与实践应用应高度重视其可能存在的各种社会问题，根据情况对生命科技研究与应用有所取舍或者作出应有的限制，以未雨绸缪、有备无患，做好应有的准备。

第三节　功利主义价值观

功利主义是一种在西方影响巨大的伦理学说，其原则是“为了最大多数人的最大幸福”，以行为的实际功效或利益作为判断该行为是否正当的标准。功利主义思想提倡追求“最大幸福”，能增加最大快乐值的即是善；反之即为恶。现代社会生命科技的适用就带有明显的功利主义色彩：生命科技的适用是以一定的痛苦和代价来实现治病救人、改善生活或造福人类的收益。这其中必然涉及功利主义上的合理性问题。

一、功利主义概述

在人类社会中，功利主义思想源远流长。趋利避害、追求快乐、逃避痛苦，可谓人的天生本性。不论怎样，在决定是否实施某种行为前，一般人乐于计算和比较该行为可能带来的乐与苦、得与

① 高兆明：《克隆人技术应用的“能做”与“应做”》，《东南大学学报（哲学社会科学版）》，2002年第1期。

失，当所带来的快乐大于痛苦，得大于失时，行为往往得到实施。人类社会很多早期的思想家、哲学家已经认识到这一点，纷纷提出如何促进最大快乐或避免痛苦的思想。及至 18 世纪末 19 世纪初期，英国思想家边沁和密尔则将“功利主义”思想发扬光大，正式形成了系列功利主义哲学思想，认为人的行为由快乐和痛苦所主宰。人的行为的唯一目的就是追求快乐幸福，逃避痛苦和不利的恶害，并以此作为社会制度好坏的判断法则。

功利主义自诞生起，其思想影响广泛而深远。社会的经济、政治和法律方面更是功利主义思想的显著“辐射领域”。在这一方面，边沁的思想丰富而深刻，他被誉为“功利主义大师”。以人性“利己主义”的认识为基础，边沁在其《道德和立法原理导论》(1789) 中将功利主义思想发扬光大，将其从经济领域扩展到社会学意义上，功利主义也是法学、政治学以及伦理学中的价值判断标准。在他看来，功利主义有两大原理：一是功利原理或最大幸福原理。所谓功利原理，即一切社会政策和制度都是“为了最大多数人的最大幸福”，增进幸福抑或减少幸福的倾向是衡量人们一切行为的准则。二是自利选择原理。所谓自利选择原理，即每个人的快乐、痛苦并不是完全相同的，各人有各人的快乐与痛苦，每个人都是自由幸福痛苦的最好判断者，因此每个人都具有理性选择自己快乐幸福、逃避痛苦的权利。这是人性的使然。

功利主义与近代社会人是“理性人”、“经济人”的假设在思想上是一脉相承的。趋利避害、求乐避苦，是人与生俱来的自然本性，功利主义充分肯定了人的这一本性，因此人类社会的一切都是为了实现最大多数人的最大幸福。同时，指出幸福快乐或痛苦也是理性个人的自利选择，因为人的理性存在，每个人有每个人自己的幸福快乐或痛苦的感受，最清楚自己的幸福快乐或痛苦。

二、生命科技与功利主义

功利主义遵循“利己主义”是决定人采取行为的基本准则，趋利避害是人类行为的基本规律。因此，凡是能促进人的幸福快乐的，都是善的、正当的；反之则是恶的，不具有正当性。可以说，这就成为生命科技理论发展及其实践运用的功利主义正当性理由。因为，生命科技的产生旨在治病救人、提高人们的生活品质等，在医疗实践中，生命科技的运用通常在治病救人等方面起到了非常大的作用。如器官移植往往是治疗某些器官病变或功能衰竭的唯一有效的方法；人类辅助生殖技术则是解决多种原因“不孕不育症”最有效的办法，等等。在某种意义上，生命科技的产生和发展正是人类社会现实需要的产物，是人类社会发展功利主义的体现。

从生命科技的产生发展来看，功利主义赋予了生命科技正当性根据。现代医学通过生命科技的广泛运用，极大提升了人类社会战胜各种疾病的能力。对罹患严重疾病的个人而言，这显然有利于其重获健康和改善生活品质，增进幸福和快乐。现代生命科技，给那些身患严重疾病而传统医疗手段束手无策的患者带来了福音，也带来了希望。因此，尽管理论界尚存在争议，但某些生命科技活动，如人体器官移植、人类辅助生殖技术等，在医学实践中应用非常广泛。对一些相应生命科技开展较为成熟的大型医疗机构，人们往往趋之若鹜。在我国，一些生命科技活动的临床运用已十分普遍。“无论是肾移植、肝移植、心肺移植还是骨髓移植，无论是在数量上，技术上，都已接近甚至达到国际先进水平。……成为仅次于美国的第二大器官移植大国。”① 基于生命科技功利主义的正当性，生命科技发展对疾病诊疗能力的提升，使其一直以来受到人们的充分肯定。我国学者曾作出总结：“总之，器官移植是20世纪以来医学领域的一项具有划时代意义的新技术。该技术改变了传统医学仅依靠药物救治病人的救治方法，使许多本来已难以恢复健康甚至濒临死亡的病人重新获得了健康乃至生命，为人类医学救死扶伤带来了革命性的变化。”② 而且，功利主义哲学强调趋利避害，一切追求“最大多数人的幸福”，往往就会忽视对一个人行为的动机与手段的考虑，即不必考虑行为在社会伦理道德规范上的性质，即使

① 《中国成为第二大器官移植国家 每年移植手术超1万例》，中国知网，http：//www. chkd. cnki. net/yisheng/news. asp? id=7375。

② 刘长秋：《器官移植法研究》，法律出版社2005年版，第4页。

一种行为有违传统社会的伦理道德规范，也具有功利主义的正当性。可见，生命科技活动显然具备功利主义上的正当性。同时由于生命科技在社会伦理道德上的危机——对传统社会伦理道德的严重冲击与挑战，使一些生命科技理论研究与实践运用一直备受质疑。

另一方面，功利主义也是规范生命科技实践应用的重要标准。从功利主义的立场来看，其正当性在于合理的痛苦与快乐的计算结果。因为功利主义实际上是一个理性计算的过程，功利主义的最大幸福快乐意味着：一是在某种行为对人们有益而能够带来幸福和快乐时，应尽可能获取最大程度的幸福和快乐；二是在某种行为对人们有害而会给人们造成某种痛苦时，应尽可能避免造成较大的痛苦和损失，避免或减少造成痛苦和损失的严重程度也是一种有益的功利主义做法。实现功利主义包括追求快乐和避免痛苦；不仅如此，而且是最大限度地追求幸福的实现和避免痛苦的发生，即计算和比较付出成本与取得收益的关系，以尽可能少的成本付出取得尽可能大的收益，才可实现幸福的最大量化和最大限度化，也可避免痛苦的最小化。如前所述，现代社会生命科技的实践应用是一门专业性、技术性极强，需要多学科系统合作的实践活动。这显然会涉及诸多的复杂领域，无疑是既有快乐的成分又有痛苦的成分，还应当追求在实现程度上的最优化。如何实现其功利主义正当性，这自然应从生命科技的“产出”（对患者及社会的正面积极价值）和“投入”（包括人力物力投入及副作用等）两个方面加以思考。

生命科技的产出，即生命科技在实践应用中具有的对患者和社会的重大贡献、意义和价值。① 生命科技作为现代科学技术的伟大成就，其重大的社会“产出”意义不言而喻，而且，随着科学技

① 有关生命科技的理论研究同样具有重大的社会意义和价值，有利于推动现代社会科学技术的发展，也有利于人类深入了解和认识各种生命活动规律，从而利用这些规律造福人类。但是，由于理论研究的特殊性——多是个别的探索性尝试，其结果往往无果而终、无功而终，甚至产生不良的后果，它并不适宜于用功利主义的标准加以评价。因为即使是失败的理论研究，也不能否定其重大的研究价值，否则就不可能有那些耗费巨大而前景不明的科学研究。

术的发展和新的生命科技的不断诞生，必将更加促进生命科技在治病救人和改善人类生活品质上的重要意义。对此，国务院发展研究中心国际技术经济研究所的专家在“2005 年世界科技发展综述”中就曾指出：我国现在的 21 世纪是生物技术和生物经济的世纪，生物科学技术的发展与革新是现代社会的新科技革命，与此相关的生物经济已经成为新的经济增长点，同时，随着生物科学家对人类自身基因组图谱认识的不断深入、精确，人类改造和利用自身基因，治疗各种疾病的能力也将大大提升，这将成为人类的新救星。① 如有学者曾言：“……这其中有克隆的人类胚胎、临床应用的基因制药、移植的人体器官以及用于检测的 DNA 技术……这些人类智慧的结晶，为人类所带来的诸多利益，的确让人激动不已。”② 现代社会生命科技的实践应用，显然应当尽可能地挖掘其价值实现领域和追求最大化的社会价值产出。

相对而言，较为复杂的是生命科技的投入因素。投入因素是功利主义中必要的痛苦成分，因此，应尽可能地节约投入成本。尽管某种行为具有重大的社会意义，但如果该种行为的成本投入过于昂贵、耗费巨大，也难免为人所不取。如前所述，目前人们对生命科技的质疑之声，主要表现为：一是生命科技的发展具有高度的危险性，可能导致严重的后果。如人类 DNA 基因重组技术的滥用，可能制造出危害人类的病毒、细菌和动植物，也可能制造出半人半兽的怪物；无性生殖克隆技术的滥用，可能引发一系列严重的社会恶果；一些别有用心的人可能利用生命科学技术来发明和制造基因武器、生物武器；还有一些生命科技的应用可能诱发各种新型的犯罪，等等。二是生命科技发展对传统社会伦理观念的冲击。现代社会生命科技的发展，无形之中使得人及其身体组成部分被“客体化”，成为可以用金钱等利益买卖的商品，由此产生了一系列的社

---

① 刘红、汤世国、张保明：《2005 年世界科技发展综述》，《国际技术经济研究》，2006 年第 1 期。

② 熊永明：《现代生命科技犯罪及其刑法规制》，法律出版社 2012 年版，第 1 页。

会问题。因为，随着生命科学技术的发展，人在无形之中被生命科技客体化了，各种生命科技的应用使科学意义上的“人工安排”逐渐取代了传统社会的“自然安排”……人类基因技术的滥用后果是极其严重的，可能导致人类社会的一切自然法则将受到破坏甚至毁灭，这使得人类社会传统伦理和法律规范变得苍白无力甚至不复存在。① 这两个方面是生命科技在实践应用中重要的成本因素，生命科技立法应研究和制定相应的伦理法律对策，以防患于未然。具体而言，其中有的是生命科技自身存在的问题，有的则不是或不全是生命科技的问题，而主要是掌握和利用生命科技的人的问题。前者表现为生命科技在实践应用中潜伏的危害社会风险和对伦理观念的冲击，对此，应综合权衡风险和利益，尽可能地将风险和伦理冲突限定在合理的范围；后者则表现为人类对生命科技的误用、滥用，甚至是恶意地使用。对此，应通过立法明确加以规范或禁止。此外，笔者认为，投入因素还应包括为进行生命科技活动必要的人力、物力和财力投入。这甚至是生命科技在实践应用中不得不考虑的现实问题。因为现代社会人们越来越意识到资源的有限性，这自然要求合理配置资源，提高资源利用效率。事实上，现代社会生命科技的实践运用是一种耗费巨大的医疗诊治手段。常见的人体器官移植即是如此，人体器官移植手术费用数额惊人，而且在手术之后还需要花费相当数额的后期治疗费用。或许因此，一些生命科技活动还仅仅为特殊人群所独享，也影响到其社会公正性问题。

第四节 人权保障价值观

人权保障是当今世界最引人关注的话题。强调人权保障的观念，现代社会是人权保障的社会。在现代社会，人权保障思想为国际社会普遍认可和接受，保障人权是世界各国首要的任务和立国之本，是民主政治的基本价值观及其制度安排。因此，人权保障是探

---

① 李建明:《基因技术的应用与医学伦理的冲突》,《科技进步与对策》,2005 年第 11 期。

讨现代生命科技立法不容回避的一个重要价值视角。

一、人权保障概述

目前，旨在保障人权的《世界人权宣言》已经成为国际习惯法的重要内容，为世界各国所必须尊重和遵守；国际人权“两公约”① 也已经分别得到140多个国家批准加入和签署。这充分反映了人权保障在世界范围内深入人心，各国人民强调人权保障的共同愿望。

在内容上，人权是一个历史发展的概念。不同历史时期人权保障的侧重点不同，但总体上人权内容呈现出不断发展和充实的趋势。人权在其诞生之初，主要指与一个人的生命健康安全密切相关的权利。在资产阶级革命时期，1789年法国《人权宣言》提出公民在“自由、财产、安全与反对压迫”等方面享有不可剥夺的自然权利。1776年美国《独立宣言》则提出了下面这些无需证明的“绝对真理”：人人生而自由平等；上天赋予人们一些不可剥夺的权利，包括生命权、自由权和追求幸福的权利。这一时期的资产阶级革命旨在推翻中世纪愚昧、残酷黑暗的统治，把人们从专制残酷的宗教统治中解放出来，因此所提出和争取的人权主要是人身人格权利、政治权利与自由。此后，资本主义社会进入垄断帝国主义时期，随着社会主义运动和革命风起云涌，经济、社会和文化方面的人权逐渐产生，并日益成为人权中的重要内容。人类社会经历“两次世界大战”的洗礼，战后人们反思战争所带来的践踏人权的惨痛教训，人权保障运动风起云涌，取得了长足的发展，表现在人权保障由一国国内保障进入国际社会保障，其内容进一步扩展，一些新的权利如发展权、环境权、人道主义援助权等被纳入人权保障的范围。

人权是人生存、发展的基本要求和主体资格，尊重人权和保障

---

① 国际人权“两公约”，即《经济、社会及文化权利国际公约》和《公民权利和政治权利国际公约》。

人权是人类文明进步的发展趋势。① 现代社会是高扬人权保障思想的社会，这是现代社会文明的最为重要的标志。并且随着社会的发展，人权的具体内容不断丰富和发展，权利内容由少到多，由理论走向现实。

二、生命科技与人权保障

生命科技与人的生命健康紧密相连，其发展与现代医学的进步形影相伴，初衷就是治病救人和改善人的生命质量。在此意义上，现代生命科技产生的初衷是为了更好地保障人权、实现人权。生命科技与医学有机结合，呈现出一派欣欣向荣、蓬勃发展之势，一直受到社会各界尤其是科学和医学界的广泛肯定。而且，与生命科技应用直接相连的是人最基本的人权内容——生命和健康，生命权被视为个人权利的存在基础。这是探讨生命科技中人权保障问题不能忽视的，也是重要的基本前提。但值得注意的是，这里人权保障的"人"显然是指那些身患某种严重疾病、急需依靠先进生命科技的力量予以诊治的人，而非所有的人。因此，生命科技的适用不能忽视可能存在侵害他人人权的问题。具体而言：

一是在生命诞生上的人权保障危机。现代社会由于种种原因导致育龄夫妇不能正常孕育的情况有所增加，严重影响到家庭的完整和稳定，也带来了一些诸如拐卖儿童等严重社会问题。现代生命科技中的基因技术、试管婴儿技术、人类辅助生殖技术等的发展就成为医学解决"不孕不育症"患者的福音，而且基因技术、DNA 图谱技术也使医学诊断和治疗疾病的手段提高到基因水平，有助于预防和治疗疾病，保障人的生命健康。人类辅助生殖技术本来是保障生育权的重要甚至是唯一的手段，但人类辅助生殖技术的适用也可能导致严重的问题，主要是人类辅助生殖技术改变了传统社会两性结合而孕育后代的自然方式，如果被一些别有用心的人利用，也可能产生一些侵犯他人生育权的问题。例如，一方当事人未经另一方

---

① 徐显明：《世界人权的发展与中国人权的进步——关于人权法律史的理论思考》，《中共中央党校学报》，2008 年第 2 期。

当事人的允许私自采用人类辅助生殖技术孕育后代，而另一方当事人拒不认同的情形；基因技术、DNA 图谱技术在诊疗疾病中重要作用也可能被滥用，产生所谓的基因歧视，使一些生命健康状况良好而仅带有不良基因的人受到不公正的待遇。这无形之中异化了现代生命科技的人权保障价值和意义。

二是关于生命发展上的人权保障危机。在人的生命诞生之后，就是新生个体持续一定时间的成长发育的过程。作为个体的人在生长发育过程中，虽然一般诸如感冒发烧的常见小病与现代生命科技关系不大，但是一些患者因其重要器官发生了严重病变或功能衰竭，就不得不依赖现代的医学生命科技。在这种情况下，只能通过人体器官移植技术用健康的器官替代原来已经发生病变的器官，才能延续其生命健康，其重要前提是摘取适合的可供移植的人体器官，这就难免涉及“伤害”被摘取器官的人的生命健康问题。牺牲一个人的生命健康去挽救另一个人的生命健康，生命科技中的权利侵害实际上是一种不可避免的权利侵害，具有一定的客观现实性。因为，现代生命科技的发展“却使同样处于生物圈的人类自身不断客体化，乃至物化成为科学的研究对象，这将对人权的根基造成前所未有的动摇和破坏”①。但是，理想的生命科技立法显然不应该放任这种看似合法的伤害，而应该作出合理的限制。人体器官移植进行器官移植必须事先摘取可供移植的健康器官，而摘取健康的器官必然涉及对器官供者生命健康的伤害。由此，如何保障被摘取器官的人的合法权利，无疑是值得思考的问题。

三是在人的生命终结上的人权保障危机。在生命终结上，现代生命科技的重大发现如脑科学的深入发展及“脑死亡”概念的提出，在很大程度上颠覆了传统社会的死亡观念。虽然从科学意义上看，医学科技的发展有力揭示了大脑对于人生命的重要意义，将“脑死亡”作为死亡的判断标准比传统的“以心脏和呼吸功能丧失”为死亡判断标准更具科学性，但脑死亡判断标准仍存在诸多

---

① 齐延平：《生物科技对人权的新挑战》，中国法学网，http：//www. iolaw. org. cn/showNews. asp? id=32659。

问题：一是具体的脑死亡判断标准尚难统一；二是脑死亡观念尚为社会普通民众难以接受和认可，等等。并且，脑死亡判断标准中的重要依据是脑电图（脑电波活动），需要由专业医务人员借助专业的医学仪器才能作出准确的判断，即不同于传统的心肺死亡标准，脑死亡标准的判断是一种专业性的医学判断。这些原因使人们对“脑死亡”判断标准普遍存在不信任感，担忧死亡判断易发生道德危机，甚至一些人假借“脑死亡”之名行“杀人”之实。

因此，需要立法进行调节，以避免生命科技在保障人权的同时又产生严重侵害人权的事实。当然，在一些生命科技活动中难免会产生对个人权利的侵害，生命科技立法首先应确立生命科技人权保障观念，即对现代社会生命科技的立法规范离不开人权保障方面的考量，生命科技因其与人的生命健康密切相连，更应强调人权保障理念，并在生命科技尊重人权保障理念之下，考虑现实生命科技活动的特殊性，构建全面系统的人权保障制度。具体而言，应从如下两个方面展开：

（一）确立生命科技人权保障观念

现代生命科技具有高度复杂性和专业性，医疗实践进行生命科技活动往往涉及患者、医务人员和第三人的多方当事人的行为。生命科技中的人权问题异常复杂，还是因为生命科技是现代社会的新生事物，且仍处在不断地发展变化之中。对此，我国已有生命科技立法十分重视生命科技适用原则的规定，以保障人权。例如：2001年施行的《人类辅助生殖技术管理办法》第3条第1款规定：“人类辅助生殖技术的应用应当在医疗机构中进行，以医疗为目的，并符合国家计划生育政策、伦理原则和有关法律规定。”2007年施行的《人体器官移植条例》第7条第1款规定：“人体器官捐献应当遵循自愿、无偿的原则。”这些原则规定用语简洁、态度鲜明、内容明确，有助于在纷繁复杂的生命科技实践活动中确立和实现人权保障观念。我们应当注意：

1. 生命健康权是生命科技应保障的基本人权

生命权是个人一切权利的基础，是最基本的人权。没有了人的生命，任何的社会活动都是不存在的；没有人的生命也不会有社会关系。健康权利同样至关重要，不仅因为人们通常将“生命权”与“健康权”合并使用而称为“生命健康权”，还是由于身体健康与否与生命状况紧密相连，二者实为同一事物（即人的生命状况）的“量变”与“质变”形式，严重的身体健康问题会直接危及人的生命安全；而且，人所拥有的很多其他权利还需要有一个健康的身体去付诸实践。由此，生命健康权是其他一切权利的基础和源泉。

2. 生命科技中的人权也是一个不断发展的历史概念

现代社会，人权并不仅仅停留在生命权和健康权这两个方面，而蕴含着极其丰富的权利内容。人权的本质特征和要求是自由和平等，实质内容和目标是人的生存和发展。实现生命健康以及人格尊严等种种人权的保障，离不开对人的尊重——每个人都是自由和平等的；没有自由和平等，人就难以作为人来生存和发展，就难以在现实社会中真正做到保障人权。现代社会生命科技的发展，离不开对人的尊重，应当充分保障人的自由平等权利，实现人的自由生存和发展。

（二）明确生命科技人权保障机制

如何建构现代生命科技立法的人权保障呢？有的学者提出了“生命法”的概念，并提出生命法原则：“社会效益第一原则、意愿自由原则、权利平等与义务必行原则、隐私保密原则、生命安全原则。”① 应该说，这些原则对于生命科技人体保障意义重大，显然也是生命科技适用应当遵循的原则；但不免宽泛，因为生命科技实践中最值得注意的事项，莫如当事人是否知情同意，是否会严重侵害当事人的生命健康两个问题。② 在此意义上，笔者主要强调从

① 倪正茂：《生命法学探析》，法律出版社 2005 年版，第 143 页。

② 众所周知，在一些具有较大风险的医学诊疗活动中，医患双方往往通过签订同意书的形式明确双方的权利义务。其中双方较为关注的：一是患者是否对存在的风险有明确的认识，并在明确认识的基础上自愿接受诊疗活动；二是诊疗活动对患者生命健康可能造成的影响。

下列两个方面以明确生命科技人权保障机制。

一是生命科技的适用应建立在当事人知情同意的基础之上。法国有谚，“得承诺的行为不违法”，知情同意往往被作为阻却行为违法的重要理由。常见的医疗手术就是通过医生告知手术风险、患者签手术同意书的方式阻却医疗行为的伤害性。在人体器官移植中，生命科技的适用作为一种医学诊治行为，对接受者（患者）而言，是治疗疾病的有效手段，因而是一种治疗行为，阻却行为的违法性；对于器官供者（被摘取器官者）而言，学者通常将摘取器官的正当化理由解释为被摘取人的“知情同意”。① 法律上的权利是一种自由，拥有权利的主体可以主张拥有权利的内容，也可以放弃权利的内容，侵害他人权利的行为因得到权利人的承诺，就相当于权利人对自己权利的自由处分行为，并不存在权利侵害的问题。现代生命科技的适用，显然理应建立在当事人知情同意的基础之上，以充分保障当事人的权利。

二是生命科技的适用应明确不伤害原则。生命面前人人平等，生命科技活动显然不能以“杀人”的方式“救人”。如器官移植理应以不伤害原则去摘取他人的器官，这也是缘于器官移植的现实情况的考虑。目前在社会引起广泛关注的所谓器官移植大案要案，都是那些因为非法摘取人体重要器官造成了严重人身伤害的违法犯罪行为。至于一般性的人身伤害行为，往往不会存在较大的争议。

人权因其在人的权利谱系中享有极其崇高的地位，人们又称之为“基本人权”或“自然权利”。因为这种权利是基本的、自然的，现代社会生命科技的发展和临床适用，无疑也应当重视和实现人权保障；而且，生命科技顾名思义，是与人的生命健康权利息息相关，更是属于最基本的“基本人权”的内容，要求每个人都应该受到合乎人权的对待。人权保障是生命科技立法的一个重要原则。法律的重要目的就是保障人权，没有对人的基本权利的保障就无所谓法律。

---

① 刘长秋：《刑法视野下的器官移植》，《现代法学》，2008年第6期。

第五节　人道主义价值观

一、人道主义概述

现代社会是人道主义的社会，人道主义被奉为“人道主义信仰”，有关人道主义的运动在国际社会正如火如荼地展开着。国际“红十字会”就是人道主义救助性质的组织，宗旨是保护人的生命和健康，竭尽所能使陷入困难的人们过上安全、有尊严的生活，最大限度地实现人道主义精神。为纪念献身人道主义事业的人士和弘扬人道主义精神，2008 年 12 月联合国大会还通过决议将每年的 8 月 19 日定为“世界人道主义日”。

现代社会，人道主义成为一种为人们所普遍接受的价值观念，与欧洲文艺复兴启蒙运动是紧密相连的。启蒙运动提倡了关怀人、爱护人、尊重人等人道主义思想，影响深远。人道主义即以人为本、以人为中心的世界观。其最初形式是人文主义，肯定人性和人的价值，注重强调维护人性尊严。认为每个人在他或她自己的身上都是有价值的，每个人都具有作为人的尊严，这种尊严构成了其他一切权利和价值的基础。在资产阶级革命的过程中，人道主义反对封建教会专制，要求充分发展人的个性。经历“二战”中惨痛的人道主义危机后，现代社会人道主义显得弥足珍贵。现代社会，人道主义提倡人的尊严，确认人是最高的价值和社会发展的最终目的；人道主义应尊重个人的平等和自由权利，承认人的价值和尊严，把人当做人看待，而不把人看做工具。

二、生命科技与人道主义

人道主义宗旨是关心人类幸福，人的高贵和尊严是人道主义的核心价值。而现代社会生命科技发展所带来的最大问题就是人的高贵和尊严困境。从培根提出“知识就是力量”到现代社会妇孺皆知的“科学技术就是生产力”，科学技术的发展一直为人们所热捧，但科学技术的发展也引发了现代社会的人道主义危机。诺贝尔就曾为发明的炸药被用于战争而在良心上感到极大的不安；爱因斯坦因参加了原子弹的研制工作，也常常受到良心的责备，他说：“今天参加研制这种历史上最可怕、最危险的武器的物理学家，不说是犯罪，也是被同样的责任感所烦恼。”① 这是现代科学技术社会价值的异化，在一定条件下，科学技术的发展也可能危害自然、社会和人自身，给人类带来无穷的精神烦恼、价值迷茫和信仰危机。作为事关人的生命健康的生命科技活动，更应注意其人道主义危机及其防范和阻止。

其一，进行生命科技活动不得有损人的尊严。现代社会强调人格尊严，尊严是对人的身份、地位等的认同，是人人共有的平等的权利，应该受到尊重。现代民主国家，每个人得以维护其主体地位、实现其平等的内在价值，其生命构成不受任何权力的恣意对待。生命科技的理论研究和实践运用自然应强调维护人的尊严，不得借生命科技活动之名损害人的尊严。之所以强调这一点，是因为随着现代生命科技的发展及其在社会中越来越广泛地运用后，所触发的人的尊严问题日益突出。如人体器官移植技术和抗免疫排斥技术的成熟，使人体及其组成部分，包括器官、组织和细胞，日益成为一种价值不菲的“有用之物”。同时受到现代社会经济交换法则的影响，长期以来，被奉为神圣的人的身体及其组成部分逐渐异化为一种有价值的“商品”。有较为激进的观点曾指出：器官移植技术的发展，使器官具有利用价值，接踵而来的是器官的商品化。器官的利用是整个人体利用的开始，而无疑人体将会在更广泛的范围内被利用。对人体的利用，意味着人体的资源化。客观地说来，人体正处在商品化的进程中，人类一直致力于将自然商品化，接下来是劳动力的商品化，最终是人体的商品化。人体的商品化，将人类所具有的独特性、神秘性彻底打破，人类对自身生命的敬畏将被毁灭殆尽。由此，“人类已经搭上生命功利主义的列车，这班车的起

① 汪明进、李耀平：《科学技术活动的社会伦理责任浅析》，《黑龙江史志》，2008 年第 16 期。

点是器官移植，脑死尸体的各种利用是中转站，终点将是人吃人”①。人体被利用是由人的物质性决定的，随着科学技术的发展和人类文明的进步，人的物质性和人的主体性是人类社会需要面对的一对矛盾。对此，生命科技活动应强调人作为主体性的尊严的存在，不得损害人的尊严。尊严即权利被尊重，尊严是作为人应拥有的权利被其他人尊重的情状。在此意义上，尊严也意味着主体的自我决定权。自我决定权的理论根据是自由主义，自我决定就是行为人基于对自由的普遍承认和尊重而通过行为来决定和实现自己的自由，对自我决定权的尊重就是对人的尊严的尊重。

二是进行生命科技活动应遵循“目的善”与“手段善”的有机统一。人道主义以人为本、以人为中心，提倡关怀人、爱护人、尊重人。生命科技因其与人的生命健康紧密相连，离不开“目的善”与“手段善”的有机统一。在现实生活中，目的和手段是人们经常提到的一对相关联的概念，人们也一般从目的和手段两个方面来评判一个行为或事物是否具有正当性。所谓目的，是主体依据外界情况和主观需要而提出的行动目标，即事先存在于主体头脑中实践之后的结果；所谓手段，是为达到某种目的而采取的方法和措施。目的和手段，反映的是人们在认识世界和改造世界的过程中所形成的主观与客观的关系。在目的和手段上，同时具有“目的善”和“手段善”是现代社会正当性价值评判的重要标准。现代生命科技的发展即是如此，活动生命科技的发展是“以人为本、以人为中心”的发展，其发展是为了治病救人、改善人的生活品质，发展最终是为了增进人类的幸福，造福人类。没有人类的幸福，生命科技的发展就会失去价值、偏离方向。此即生命科技的“目的善”，另一方面是生命科技发展的“手段善”，即进行生命科技活动应采取为现代社会观念所接受的方式、方法或手段。再好再善的目的，都不能为手段的正当性提供担保。

---

① ［日］粟屋刚：《出卖器官》，董炯明译，平安文化有限公司2002年版，第191页。

第四章 人类辅助生殖的法律规制

人类辅助生殖技术是现代生命科技的重要内容，在医学临床被广泛应用于各种“不孕不育”疾病的治疗活动。在人类社会，人的繁衍生息是一个古老永恒的话题。生殖是生命从无到有、诞生新生命的活动，是产生子孙后代、繁衍种族的过程，具有无比重要的社会意义。因此，几千年的传统社会形成了对人类自身的繁衍生息极其重视和鼓励的态度，视生育后代、繁衍子孙为传宗接代的头等大事。在现代社会，当由于种种疾病的原因，育龄夫妇不能正常自然地孕育后代时，就可以借助人类辅助生殖技术的力量实现繁衍后代的梦想。人类辅助生殖技术自然是医学生命科技的首要课题，而人类辅助生殖技术关于人的生命诞生，因其人的生命相关，一直受到人们的广泛关注，也是一种“人命大于天”的大事。但这种人类辅助生殖技术因其“人工辅助”这一人为操作，极有可能被滥用而造成严重的社会问题。事实上，为了规范人类辅助生殖技术的应用，开展人类辅助生殖的国家都制定了相应的法律法规以实现对人类辅助生殖技术应用的规范。

第一节 人类辅助生殖及其立法概述

从历史发展来看，人类辅助生殖技术的发展与其应用的立法紧密相连。人类辅助生殖的早期技术是体内受精技术，即人工授精。人工授精在医学上主要用于男性不育症，是将男性精液用人工方法注入女性子宫颈或宫腔内，以协助受孕的方法。对于这种技术的应用，人们一般不存在什么问题。

20 世纪五六十年代，科学家解决了精子的保存与激活难题，发展了体外受精技术，结合胚胎移植技术，形成了“试管婴儿”技术。1978 年 7 月 25 日，世界上第一个试管婴儿（取名“路易丝·布朗”）在英国诞生，一切正常。此后，试管婴儿技术在医学实践中得到广泛的应用。对于试管婴儿技术的应用，如果将体外受精形成的受精卵或胚胎植入原来母亲体内孕育，就并不存在什么问题；但如果将体外受精形成的受精卵或胚胎植入其他女性体内，由她们代为孕育，即通常所说的“代孕”，就存在一些争议之声。在试管婴儿技术产生较早较发达的英国，1982 年政府和有些有识之士成立一个特别调查委员会，来调查研究人工生殖技术引发的各种医学的、伦理问题。特别调查委员会成员包括来自法律、医学、社会和伦理学界的人士，特别调查委员会于 1984 年提出《瓦诺克报告书》（*The Warnock Report*），标题为“有关生命的问题”（*A Question of Life*），该报告对代孕持否定的态度，即禁止任何形式的代孕。① 紧随其后，1985 年英国发生了代孕母（Mrs. Cotton）一案②，英国妇女可腾太太起初出于金钱报酬愿意为美国夫妇代孕，在子女出生之后又反悔，不愿将所生子女以收养方式交给美国夫妇，引发了复杂的法律纠纷。在此案之后，1985 年 7 月英国颁布了《代孕安排法》，明确禁止商业代孕，但并不禁止非商业性代孕。1990 年英国又颁布实施了《人类受精与胚胎学法案》，对胚胎的保护、从事胚胎研究的机构的许可及标准、经由人类辅助生殖出

---

① Mary Warnock. *A Question of Life—The Warnock Report on Human Fertilisation &Embryology*, Oxford, u. k. Basil Blackwell, 1985.

② 这是英国首例跨国商业借腹生子案。1985 年年初，英国妇女可腾太太（Mrs. Cotton）经中介介绍，与一对美国夫妇缔结商业代孕契约，由美国夫妇提供精子植入可腾太太体内使其受孕，并约定所生子女归美国夫妇所有，报酬为 1300 英镑。子女出生后，按计划应由美国夫妇以收养方式将其带回美国。但该子女出生后，可腾太太反悔，美国夫妇于是向法院起诉。根据英国 1975 年颁布的《未成年法》的规定，收养不可有任何代价，而本案则带有商业交易的性质，故引起社会及法院的重视。最终，法院裁定美国夫妇为该子女的监护人，并准予带出国境。参见张燕玲：《人工生殖法律问题研究》，法律出版社 2006 年版，第 53~54 页。

生子女与父母的法律关系等内容进行了规定。这一“限制开放代孕”的立法对后来其他国家的代孕立法产生了较大影响，现在世界上多数国家禁止商业代孕，但并不禁止非商业性代孕。一些国家和地区因为不同代孕技术应用情况、不同的历史文化传统，对代孕的态度有所不同。一般来说在代孕问题上大陆法系国家立法多采取了禁止的态度，英美法系国家立法多采取了肯定的态度。① 据学者考察，印度、俄罗斯、美国的一些州以及东欧一些国家，法律对代孕持完全开放的态度。印度是完全开放代孕的典型国家，印度自2002年起，商业性代孕就已经属于合法行为，2008年还专门出台了一项规范代孕市场的法律，在印度政府政策推动下，目前印度的代孕产业年收入接近3亿英镑，极为可观。在法国、瑞士，法律对代孕持完全禁止的态度；英国、澳大利亚及中国等对代孕持限制开放的态度。②

与人类辅助生殖技术发展密切相关的还有分子或基因水平的生命科技。一个新生命的孕育和诞生与遗传物质（基因DNA）密不可分，人类辅助生殖技术的发展也是建立在现代科学技术对遗传物质研究突破的基础之上的。1953年4月，美国生物学家沃森和英国物理学家克里克在*Nature*杂志上发表了共同研究的成果——DNA分子的双螺旋结构模型，此模型的建立是分子生物学诞生的标志，打开了“生命之谜”的大门，改变了生物学在整个科学中的地位，同时还给技术科学和社会科学带来了巨大的影响和冲击，因此被称为“生物学的革命”。自此，生命科技发展日新月异，技术突破层出不穷。从60年代成功人工合成“牛胰岛素”到70年代DNA分子杂交技术建立，开辟基因重组技术、基因工程新领域，到90年代至今基因克隆技术方兴未艾。1997年，由于各种克隆事件层出不穷，因而这一年被称为“克隆年”。克隆技术的运用，单

① 刘婧琪：《浅谈代孕情况下亲子身份的认定及代孕立法》，《法制与经济》（中旬刊），2010年第4期。

② 何文魁：《关于“代孕”法律问题的探究》，光明网（2013年8月19日），http://court.gmw.cn/html/article/201308/19/135310.shtml。

纯细胞复制的无性生殖，其产生的是与原个体具有相同基因的新个体；而且，克隆过程中来源于不同种类动物的基因混杂，尤其是动物与人的基因混杂问题，引发的社会伦理问题自克隆技术提出之日便不绝于耳。① 在此意义上，遗传物质及其载体（精子细胞、卵子细胞、胚胎等）是人类辅助生殖立法的重要调整对象，绝大多数国家的人类辅助生殖立法就是以基因或基因技术及其运用为主题。同时，因为生殖的复杂性，有关对人类辅助生殖新生子女与父母关系的规范也是人类辅助生殖立法的重要内容。

自20世纪50年代“生物学的革命”以来，短短60多年，生命科技的发展呈现突飞猛进之势，取得了举世瞩目的成绩。这极大地提升了人类社会认识和改造生命的能力。从DNA分子的双螺旋结构模型到克隆技术、基因遗传诊疗等，现代生命科技与医学科学发展紧密相连，生命科技为临床医学治病救人开辟了新的视角，大大提高了医学治病救人的能力。人们对科学家们在生命科学中取得每一个重大进步而欢呼雀跃，生命科技也被誉为当今时代最伟大的成就，生命科技的发展对于人类社会的积极推动意义是不言而喻的。但是，伴随着生命科技一次又一次的重大突破和进步的，同样是一次又一次对原有传统社会伦理道德观念的重大突破，由此引发了人们对生命科技发展的激烈争论。当克隆技术问世，首只克隆羊“多莉”高调出生，立即被许多国家誉为20世纪最重大的科技进步，美国《大众科学》评出100项科技成就中，多莉名列榜首。但正是克隆羊“多莉”的诞生，一些科学家、社会学家和伦理学家开始全面反思生命科技发展可能给人类自身带来的风险，主张有限制地和审慎地适用克隆技术。

---

① 生命科技除广泛而深深地影响到人类的生命活动，而且在农业、畜牧业和食品工业中的应用也引人注目。在农业领域，基因工程在多种农产品培育中取得成功，转基因西红柿、棉花、水稻、抗病虫害马铃薯等新型农产品层出不穷。在动物基因方面，转基因动物——牛、羊、猪、鸡等，相继培育成功。随着基因组学和蛋白质科学的研究进一步深入，人类对生命奥秘的揭示和对自身的调控能力也达到了前所未有的程度。

为了规范基因技术的研究，1997年11月，联合国教科文组织制定并经由大会通过了第53/152号决议《世界人类基因组与人权宣言》。该宣言提出：（1）不允许克隆人本身；（2）禁止用于生产、发展生物灭绝武器；（3）坚持基因平等，维护人类尊严；（4）坚持和睦进步，整体发展。这些基本原则对保护基因资源、保护人体、反对基因滥用都有重大的指导意义，也成为世界各国立法的基础。国际人类基因组织（HUGO）于1996年发布了《关于遗传研究正当行为的声明》，HUGO伦理委员会于1997年和1999年分别发布了《关于DNA取样、控制和获得的声明》和《关于克隆的声明》。欧盟于1997年通过了《人权和生物医学公约》。2001年10月22—23日联合国教科文组织在巴黎召开了《生物伦理：国际挑战》科技部长圆桌会议。来自世界70多个国家和地区的120多名代表出席了这次会议，其中包括近50名主管科学的部长、副部长及国务秘书。会议一致通过了联合国教科文组织关于生物伦理的公报。这是全世界首次就科学伦理问题召开如此级别的国际性会议。另外，鉴于基因滥用给人类带来的危害，欧洲一些科学家提议建立《基因宪章》，约束有关研究活动。① 时至今日，绝大多数的国家绝对禁止有关于人类生命的克隆技术运用。这既是为了防范滥用基因克隆技术和保障人类生命安全的需要，也是为了维护现代社会承延至今的人伦社会关系的纯洁性。同时，对于生命科技在农畜及食品领域的运用，颇受关注存在较大非议的莫过于转基因食品的安全性问题。由于一些转基因食品对人类生命安全的影响是潜移默化的，需要经过漫长的时间甚至是几代人的基因传递才可能会显现出来，而且很可能这种基因的病变又是影响巨大和难以恢复的，对转基因食品安全性的质疑也一直受到社会各界的关注。这种担忧，还是因为在现代社会基因工程被广泛运用于食品工业之前，人类并没有现成的转基因食品确切安全与否的经验和教训，未来处于一种模

---

① 刘长秋、刘迎霜：《基因技术法研究》，法律出版社2005年版，第62页。

糊不定的状态，而这种不确定的状态蕴含着巨大的风险，从而影响到人类社会对转基因食品的接受和认可。

第二节 我国人类辅助生殖的立法现状

在我国，随着医学生命科技的发展，人类辅助生殖技术在医学临床上日益被广泛地应用，而且，人工辅助的内容、形式和程度等方面也在不断地发展扩张。如从体内受精技术到“试管婴儿”乃至“克隆人”，等等。人类辅助生殖技术的迅速发展，对传统社会的伦理道德或法律规范产生的冲击和挑战已经越来越大。为规范人类辅助生殖技术的临床应用，保证人类辅助生殖技术的合理应用，我国陆续颁布实施了一些专门的法律法规。我国的人类辅助生殖立法产生相对较晚，因此一些立法借鉴吸收了国外及国际社会有关人工生殖的基本原则精神。

一、我国人类辅助生殖的立法概述

我国对人类辅助生殖技术应用的立法，最早是 2001 年 2 月 20 日由中华人民共和国卫生部发布，自 2001 年 8 月 1 日起施行的《人类辅助生殖技术管理办法》（以下简称《辅助生殖方法》）和《人类精子库管理办法》。卫生部的立法以“人类辅助生殖”取代了“人工辅助生殖”这一表述①，突出这一辅助生殖技术在“人”自身上的应用，适用的对象是人。这两个“管理办法”的立法宗旨都强调“保证人类辅助生殖技术安全、有效应

① 可以说，“人类辅助生殖”这一表述的用语更加准确、严谨，毕竟“人类辅助生殖”字义上“人工”即人造、人为之义，泛指非自然的，“人工辅助生殖”并不限于适用于人类的辅助生殖。但事实上从人类辅助生殖技术的发展来看，“人工辅助生殖”是一种约定俗成的习惯表述，一般学者在使用“人工辅助生殖”时，就是指适用于人类的人工辅助生殖技术。

用和健康发展”①，《辅助生殖办法》以“人类辅助生殖技术”的应用为主，而《人类精子库管理办法》重在规定人类精子的采集、检测、保存和提供等方面，实际上是人类辅助生殖技术在其应用前期阶段上的活动。因为，医学常见的人类辅助生殖技术应用首先是采集相关的生殖细胞（精子细胞和卵子细胞），再通过人工辅助的方法受精、培育生成胚胎，最后植入女性子宫孕育分娩。为指导和配合这两个管理办法的适用，同年5月14日以卫生部文件形式（卫科教发〔2001〕143号）发布了《人类辅助生殖技术规范》、《人类精子库基本标准》、《人类精子库技术规范》和《实施人类辅助生殖技术的伦理原则》（以下简称《技术规范、基本标准和伦理原则》），具体规定了人类辅助生殖技术和人类精子库管理中应当遵守的技术规范、基本标准和伦理原则。

随着国内外人类辅助生殖技术、人类精子库技术和生命伦理学的不断进步与发展，2003年6月27日卫生部以“卫科教发〔2003〕176号”发布了《卫生部关于修订人类辅助生殖技术与人类精子库相关技术规范、基本标准和伦理原则的通知》，结合我国人类辅助生殖技术应用的实际情况，对原《技术规范、基本标准和伦理原则》进行了修改。在明确“保证人类辅助生殖技术和人类精子库能安全、有效地在我国全面实施，切实保护人民群众的健康权益”的立法宗旨基础之上，该通知加强了对人类辅助生殖技术应用的管理，提高了开展人类辅助生殖技术的各项标准要求。具体表现在：提高了原来的应用相关技术的机构设置标准、技术实施人员的资质要求及技术操作的质量标准和技术规范，并进一步明确和细化了技术实施中的伦理原则。同时，为了防止片面追求经济利益而滥用人类辅助生殖技术和人类精子库技术，切实贯彻国家人口

① 关于立法宗旨，《人类辅助生殖技术管理办法》第1条规定：“为保证人类辅助生殖技术安全、有效和健康发展，规范人类辅助生殖技术的应用和管理，保障人民健康，制定本办法。”《人类精子库管理办法》第1条规定：“为了规范人类精子库管理，保证人类辅助生殖技术安全、有效应用和健康发展，保障人民健康，制定本办法。”

和计划生育政策，维护人的生命伦理尊严，把该技术给社会、伦理、道德、法律乃至子孙后代可能带来的负面影响和危害降到最低程度，对控制多胎妊娠、提高减胎技术、严格掌握适应症、严禁供精与供卵商业化和卵胞浆移植技术等方面提出了更高、更规范、更具体的技术和伦理要求。① 这次重新修订，分别形成了《人类辅助生殖技术规范》、《人类精子库基本标准和技术规范》和《人类辅助生殖技术和人类精子库伦理原则》。结合我国人类辅助生殖技术应用中出现的问题：技术发展和设置规划仍不够平衡，一些地区和机构不顾条件和设置规划的要求盲目进行筹建；一些未经批准的机构违规开展技术；代孕及买卖配子、合子和胚胎等违规行为偶有发生；部分已经审批通过的机构忽视内部管理，技术水平提高缓慢；部分地区和机构受经济利益驱动，存在商业化的倾向。这些现象的存在，损害了人民群众的健康权益，阻碍了人类辅助生殖技术和人类精子库的健康发展。② 为了贯彻两个办法及其配套文件，2007年5月15日卫生部以“卫科教发［2007］163号”发布了《卫生部关于加强人类辅助生殖技术和人类精子库设置规划和监督管理的通知》，该通知旨在进一步引导人类辅助生殖技术的健康发展，规范技术应用管理，切实保护人民群众健康权益以及医疗机构和卫生技术人员的合法权益。在卫生部以部门规章的形式颁布人类辅助生殖技术管理规范时，地方卫生行政部门也根据卫生部的规章，结合各地方的实际情况，纷纷出台了一些地方性的法律文件。例如：2007年6月25日《安徽省卫生厅关于加强人类辅助生殖技术监督管理的通知》，2007年7月16日，《海南省卫生厅关于印发〈海南省人类辅助生殖技术及人类精子库发展规划〉的通知》，等等。

---

① 《卫生部关于修订人类辅助生殖技术与人类精子库相关技术规范、基本标准和伦理原则的通知》，中华人民共和国国家卫生和计划生育委员会官网，http：//www. moh. gov. cn/mohbgt/pw10303/200804/18593. shtml。

② 《卫生部要求加强人类辅助生殖技术和人类精子库监督管理》，《中国药房》，2007年第18期，第1403页。

二、我国人类辅助生殖的主要立法内容

在这些法律法规中，集中规定我国人类辅助生殖的还是2001年卫生部颁布的《人类辅助生殖技术管理办法》。该法立法主体是卫生部，属于部门规章，是我国现有人类辅助生殖技术具有最高效力的立法；而且所规定的是人类辅助生殖技术管理的重要内容。在此意义上，该法不失为我国人类辅助生殖技术管理的“根本大法”，下面就以此为基础对我国人类辅助生殖技术管理立法进行解读和分析。该《人类辅助生殖技术管理办法》共有25个条文，分为五章，依次为“总则、审批、实施、处罚和附则”。第一章“总则”在总体上规定了“人类辅助生殖技术管理办法”的立法宗旨、适用范围、基本标准和伦理原则等。第二章“审批”是我国关于开展人类辅助生殖技术的审查和批准制度，主要规定了：卫生部和各级卫生行政部门在人类辅助生殖技术应用中的管理职权，医疗机构申请开展人类辅助生殖技术的条件与申请文件提交，卫生行政部门的审批程序。第三章“实施”是有关医疗机构在实施人类辅助生殖技术时应当遵守的制度。第四章“处罚”是违反该办法的法律责任规定。第五章“附则”是有关概念和生效时间的规定。显然，其“总则”和“处罚”部分是该管理办法的核心所在，现将主要立法条文罗列如下：

第一章 总则

第一条 为保证人类辅助生殖技术安全、有效和健康发展，规范人类辅助生殖技术的应用和管理，保障人民健康，制定本办法。

……

第三条 人类辅助生殖技术的应用应当在医疗机构中进行，以医疗为目的，并符合国家计划生育政策、伦理原则和有关法律规定。

禁止以任何形式买卖配子、合子、胚胎。医疗机构和医务人员不得实施任何形式的代孕技术。

……

第四章 处罚

第二十一条 违反本办法规定，未经批准擅自开展人类辅助生殖技术的非医疗机构，按照《医疗机构管理条例》第四十四条规定处罚；对有上述违法行为的医疗机构，按照《医疗机构管理条例》第四十七条和《医疗机构管理条例实施细则》第八十条的规定处罚。

第二十二条 开展人类辅助生殖技术的医疗机构违反本办法，有下列行为之一的，由省、自治区、直辖市人民政府卫生行政部门给予警告、3万元以下罚款，并给予有关责任人行政处分；构成犯罪的，依法追究刑事责任：

（一）买卖配子、合子、胚胎的；

（二）实施代孕技术的；

（三）使用不具有《人类精子库批准证书》机构提供的精子的；

（四）擅自进行性别选择的；

（五）实施人类辅助生殖技术档案不健全的；

（六）经指定技术评估机构检查技术质量不合格的；

（七）其他违反本办法规定的行为。

第五章 附则

……

从上述条文来看，我国对人类辅助生殖技术的应用，持严格管理或控制的态度。一方面，人类辅助生殖技术的应用必须在特定的医疗机构中进行，医疗机构必须具备开展人类辅助生殖技术的医疗科学技术条件，向省级卫生行政部门提出申请并经审批。这是开展人类辅助生殖技术在科学技术可靠性上的要求。另一方面，医疗机构开展人类辅助生殖技术必须出于医疗的目的，并符合国家计划生育政策、伦理原则和有关法律规定。这是开展人类辅助生殖技术应当符合社会的要求。2003年6月卫生部还专门发布了《人类辅助生殖技术和人类精子库伦理原则》，为人类辅助生殖技术的应用制定了以下七大伦理原则：有利于患者的原则；知情同意的原则；保护后代的原则；社会公益原则；保密原则；严防商业化的原则；伦理监督的原则。为人类精子库管理也制定了七大原则，即：有利于供受者的原则；知情同意的原则；保护后代的原则；社会公益原则；保密原则；严防商业化的原则；伦理监督的原则。二者除在第一个原则的表述上有所差别外，其余六大原则完全相同。这些伦理原则的规定重申并进一步明确了我国对人类辅助生殖技术应用进行严格管理和控制的基本立法思想，将人类辅助生殖技术的应用限定在合理合法的范围。

在人类辅助生殖技术的种类上，《辅助生殖方法》着重规定了禁止以任何形式买卖配子①、合子②、胚胎③和不得实施任何形式的代孕技术。这是我国在人类辅助生殖技术实践应用中面临的突出问题，对此，我国立法采取了“禁止”的态度。至于生命科技的最新发展“克隆技术”，虽然近年来受到社会各界的热议，纷纷担忧克隆技术在人类生殖上的应用而产生难以想象的伦理道德危机，但毕竟“克隆人”尚处在科学研究和理论设想的阶段，或许因为此，该管理办法并没有对克隆技术的明确规定。不过，根据该管理办法的立法原则和精神，克隆人技术显然是应当被禁止的。因此根据该管理办法，我国合法的人类辅助生殖技术应用主要包括两大

① 所谓配子，是指生物进行有性生殖时由生殖系统所产生的成熟性细胞。配子分为两种，即雄配子（male gamete），通常称为精子（sperm）；雌配子（female gamete），通常称为卵细胞（ova 或 egg）或卵子。

② 合子是雌雄配子结合后的细胞结构的统称。当雌雄配子结合时，雌雄配子原核核膜破裂，来自两个配子的遗传物质融合在一起，是精子和卵子的配合过程，这一方面标志着受精过程的结束，同时又代表着合子的形成。对于有性生殖来说，雌雄配子分别是卵细胞和精子，它们结合后的细胞叫受精卵，因此受精卵属于合子。

③ 胚胎是专指有性生殖而言，是指雄性生殖细胞和雌性生殖细胞结合成为合子之后，经过多次细胞分裂和细胞分化后形成的有发育成生物成体的能力的雏体。胚胎指的就是有性繁殖发展形成过程的最初阶段，从受精卵开始第一次分裂，到下一阶段发展开始前，是发育生物学最早的阶段。

部分：

一是各种体内受精技术，包括夫精体内受精（AIH），也称为同质人工体内受精，医师收集丈夫的精子以人工方式将其注入妻子体内使其受孕分娩；捐精体内受精（AID），也称为异质人工体内受精，该方式与同质人工体内受精唯一不同的是精子非来源于丈夫。

二是体外受精（IVF），在试管内使卵子受精，然后人为植入子宫，即"试管婴儿"技术。2003 年卫生部修订的《人类辅助生殖技术规范》基本上确认了这一人类辅助生殖技术应用的合法界限，并有所扩展，即：人类辅助生殖技术（Assisted Reproductive Technology，ART）包括体外受精—胚胎移植（In Vitro Fertilization and Embryo Transfer，IVF-ET）及其衍生技术和人工授精（Artificial Insemination，AI）两大类。体外受精—胚胎移植及其衍生技术目前主要包括体外受精—胚胎移植、配子或合子输卵管内移植、卵胞浆内单精子显微注射、胚胎冻融、植入前胚胎遗传学诊断等；人工授精技术根据精子来源分为夫精人工授精和供精人工授精技术。

三、我国人类辅助生殖的立法规制问题

面对现代生命科技在人类辅助生殖技术上的飞速发展，人类辅助生殖技术种类不断丰富和复杂化，其在医学实践中日益被广泛地应用，我国立法采取了严格管理和控制的政策。将人类辅助生殖技术的应用主体限定于特定的医疗机构，规定了医疗机构开展人类辅助生殖技术采取审批许可制度，并且人类辅助生殖技术的应用必须是出于医疗的目的，并符合国家计划生育政策、伦理原则和有关法律规定。在笔者看来，这是值得肯定和必要的，人类辅助生殖技术的应用直接关系到不能孕育的患者的疾病治疗和一个新生命诞生，为了"有利于患者"和"保护后代"，理应对其应用加以严格的管理和控制。这也是为了人类辅助生殖技术安全、有效和健康发展，规范人类辅助生殖技术的应用和管理，保障人民健康的需要。然

而，我国人类辅助生殖技术的立法尚存在一些不足①之处，主要表现在立法还存在疏漏和立法的片面、过于简单的问题。

（一）立法的疏漏问题

在立法疏漏方面，法律一经制定出来就落后于社会的发展，这是一种正常的法律现象。我国人类辅助生殖技术管理立法的疏漏主要是相关的立法落后于技术的发展。当今社会，生命科学技术的发展日新月异，我国人类辅助生殖技术不断走向丰富和复杂，一些新的人类辅助生殖技术应用不断涌现，而立法尚没有作出明确的规定。

最明显的立法疏漏是没有对“克隆人技术”作出禁止应用的规定，虽然从《辅助生殖办法》及相关法规的立法原则和精神看，我国绝对禁止有关人类的克隆技术应用，但是没有明确的立法禁止，还是可能产生“法无禁止即为自由”的认识误区。《辅助生殖办法》制定于2001年，当时世界生命科学界对“克隆技术”的研究尚处于起步阶段，我国人类辅助生殖技术的应用实践完全不存在克隆问题，因此没有对这一新兴的人类辅助生殖技术作出规定，只是在2003年卫生部修订的《人类辅助生殖技术规范》之“实施技术人员的行为准则”中于最后一项规定“禁止克隆人”，也没有对违反此规定制定任何法律责任。近年来克隆技术的发展使其人类生殖紧密相连，引发了社会各界对“克隆人”的广泛担忧，用立法对“克隆人”加以规定势在必行。早在2000年，还沉浸在“克隆羊多莉获得成功”科学界就不时爆出“成功克隆人”的传闻；据报道，2005年5月19日英国纽卡斯尔大学的科学家宣布通过细胞核转移技术成功克隆出人类胚胎。② 事实上已经为“克隆人”扫

① 本书探讨生命科技问题的法律规制，旨在分析面对现代生命科技的迅速发展和广泛应用，有利有弊，我国生命科技立法应如何应对，是允许还是禁止？至于立法形式、立法技术等方面的问题，这里不作讨论。

② 《英科学家成功克隆人类胚胎 在欧洲尚属首次》，中华网，http://tech. china. com/zh_cn/science/zhuanti/clone/renlei/3220/20050523/12335029. html;《克隆人类胚胎，一日两传捷报》，新浪网，http://news. sina. com. cn/w/2005-05-22/11125955041s. shtml，等等。

清了技术上的障碍。因此，应当以立法的形式明文规定禁止克隆人，并对违反这一规定设立严厉的法律责任。

从人类辅助生殖技术的实际应用来看，另一立法疏漏是欠缺对人类辅助生殖技术应用中存在基因滥用的规定。如“人兽基因杂交”、不合理不正当的“基因修饰”或“基因重组”，等等。在医学实践中，现代社会生命科技的发展已经使人类辅助生殖技术的应用前进到了DNA分子水平，不再是简单的人工授精活动，而是发展出了对人的基因进行加工改造的能力。由人类辅助生殖技术中的“体外受精—胚胎移植”衍生出诸多关于人的基因应用技术。事实上，基因技术在生物学上是炙手可热的研究领域，生物学中的“基因工程技术”，就是将重组对象的目的基因插入载体，拼接后转入新的宿主细胞，构建成工程菌（或细胞），实现遗传物质的重新组合，并使目的基因在工程菌内进行复制和表达的技术。随着基因技术的发展，这些生物学上的基因工程技术完全可能被用在人类的自身基因上。对此，2003年卫生部修订的《人类辅助生殖技术规范》就已经注意到了这一点，将有关的“衍生技术”（主要是植入前胚胎遗传学诊断）纳入了人类辅助生殖技术规范。我国也有学者表达了人类基因技术滥用的担忧，指出：“基因技术滥用，又称为基因滥用，就是指一些研究机构、企业或其他团体，在未经允许或没有法律规定、没有制度监督的情况下，进行违背人类社会现有伦理道德和基因技术研究的行为。具体而言，基因滥用是指出于不正当的或非道德的目的，利用基因工程技术制造基因武器，通过基因选择优良人种，转基因技术造人以及将人的基因与动物的基因合成为一种怪物。”① 学者的担忧甚至提前到有关基因技术的理论研究，应当引起立法的重视。

（二）立法的片面问题

我国对人类辅助生殖技术持严格管理和控制的立法态度，对于

① 刘长秋、刘迎霜：《基因技术法研究》，法律出版社2005年版，第57页。

一些有争议的人类辅助生殖技术应用，《辅助生殖办法》就直接采取了“禁止……”的立法模式，即《辅助生殖办法》第 3 条第 2 款：“禁止以任何形式买卖配子、合子、胚胎。医疗机构和医务人员不得实施任何形式的代孕技术。”在笔者看来，这就是一种过于简单、片面的立法，“禁止以任何形式……”的表述也使法条存在立法绝对化的问题。具体而言：

一是从司法实践来看，完全禁止的立法没有考虑到现实社会中的实际情况，导致事实上形成了法不责众的局面，各种人类辅助生殖“黑市”盛行助长了非法交易，也影响到了法律的严肃性。就“买卖配子、合子、胚胎”而言，“配子”即通常所说的精子和卵子，“合子”即受精卵，“买卖配子、合子、胚胎”就是买卖精子、卵子、受精卵和胚胎的行为。虽然《辅助生殖办法》明确且严厉地规定“禁止以任何形式买卖配子、合子、胚胎”，但是在现实社会中，不难发现非法买卖精子、卵子、受精卵和胚胎的行为屡见不鲜。在网上用“百度”搜索“买卖精子”，搜索到的相关结果达到 1320000 条，其中相当一部分是有关非法买卖精子的，众多知名门户网站都有“精子黑市”、“卵子黑市”等的报道。① 有关“代孕”的情况同样如此，“百度”有关“代孕”、“代孕母”和“代孕中介”的搜索结果同样数以百万计，其中相当一部分是代孕网或代孕中介性质的内容。2012 年媒体曝光的广东富商“八胞胎事件”更让“代孕”成为街头巷尾热议的话题。据报道，八胞胎的父母通过试管婴儿技术培育了 8 个胚胎，然后分别植入包括生母在内的 3 位女性体内，一次诞生了 8 个胎儿。事件结局是：2012 年 12 月，广东省卫生监督所、广东省人口计生委公布八胞胎事件调查结果，

---

① 网上有关非法买卖精子、卵子的报道不胜枚举。如：《“卵子黑市”的买卖导致卵子与精子的不公平分配》，人民网（2011 年 11 月 16 日），http：//edu. people. com. cn/h/2011/1116/c227696-2825690475. html；《广东精子库告急黑市交易猖獗 大多夫妻需等一年》，搜狐网，http：//news. sohu. com/20120717/n348349573. shtml；《广东精子黑市调查：注射捐精》，新浪网，http：//baby. sina. com. cn/news/2012-09-18/085356436. shtml，等等。

认定广东富商代孕产8胎5个超生，并处以高额罚款。实际上，这一结局只是对生育八胞胎违反国家计划生育政策而言的，并没有追问这其中必然存在的“代孕行为”法律定性问题。虽然这种局面的形成在很大程度上可以归咎于“执法不严、违法不究”，但是不能忽视其中立法是否合理的问题。因为，科学合理的立法规范，应该是该规范能够被90%左右的人遵守而10%左右的人不能遵守，完全能够为所有人遵守的规范没有立法必要，而制定大多数人不能遵守的规范也难以被人们接受认可。一方面是法律的严令禁止，另一方面却是司法实践的法难责众或法不责众，在某种意义上也表明立法的不够严谨，过于片面和绝对化。

二是从国外的立法例来看，不乏附条件允许商业化的立法。我国禁止任何形式的买卖配子、合子、胚胎和“代孕”，主要是出于“商业化禁令”原则。“商业化禁令”是现代生命科技伦理中的一项重要原则，这是由于生命科技的应用与人紧密相连且使人被不断地客体化，为了保证人的主体地位和避免在生命科技应用中的道德风险，生命科技强调不得进行商业化应用。但这一禁令事实上并不是绝对的。例如：美国对于人类精子库的管理，精子库在精子的获取上采取的是自愿捐献，但对于精子库精子的使用采取的是出卖方式。报道称：“献一次精，献精者都会得到100~130美元的补偿……精子卖出时比买进时贵多了，每小管精液的价钱平均为350美元。如果献精人属于博士、医生和律师三种人的任何一种，其精子将卖到每管410美元。”① 同样，代孕在美国部分州是合法的，如加州被誉为“代孕天堂”，加州法律对代孕有着详细的法律规定，对代孕行为双方的合法权益予以充分保护。据报道，在20世纪70年代的美国，已有超过3.5万个婴儿是通过代孕生育的，面

① 美国是全球最大的精子出口国，1964年美国就建立了精子库。详见：《探秘美国精子银行》，人民网，http://health.people.com.cn/h/2011/0824/c226951-3131153535.html。

对巨大的潜在代孕需求，美国在这70年代末诞生了商业代孕。①在人类辅助生殖技术发达的美国，这些适当允许商业化的立法也并没有产生严重的不良社会影响，其立法值得我国立法加以借鉴。

三是从有关理论研究来看，不乏代孕合法化的观点。近年来我国有关代孕法律规制的研究基本上都主张代孕合法化，即我国立法应当借鉴国外允许代孕的立法经验，结合我国的实际情况，有条件地适度开放代孕。在论者看来，这有助于实现不孕不育夫妻延续后代的愿望，从而有利于社会的安定和谐；也将会使我国代孕行为更加规范化，有力地规范代孕的“地下黑市”等。学者还进一步提出了我国应当制定专门的人工生殖法案，构建我国的代孕制度，明确规定允许代孕的类型、代孕主体的限制、代孕管理机构的设立、对代孕子女的法律地位和代孕协议等相关问题做出规定。② 在此意义上，有的学者则大胆指出代孕合法化是大趋势：“如果一味地封堵、禁止，就会把人逼到民间代孕的路上去，这岂不是更危险？从这个层面上看，在不损害社会公共利益的前提下，代孕合法化势在必行。”③ 这种在学者中已成普遍的观点，显然值得立法的重视。

第三节　我国人类辅助生殖立法的理论基础

立法实践源于立法的理论，我国人类辅助生殖的立法规制，面

① 《美国代孕中心（EC）》，搜搜百科，http：//baike. soso. com/h55803576. htm? sp=l55803989，2012-08-29.

② 我国学者基本上对代孕持合法化态度，相关的论文不胜枚举。硕士论文就有，滕艳军：《代孕合法化研究》，广西大学2008年硕士学位论文；胡梯：《论代孕的合理使用和法律调控原则》，中国政法大学2010年硕士学位论文；李磊：《论我国代孕行为合法性的确认》，苏州大学2011年硕士学位论文；郑雪：《论代孕的合法化与制度构建》，吉林大学2012年硕士学位论文，等等。

③ 田方：《代孕合法化是大趋势》，民主与法制网，http：//www. mzyfz. com/cms/benwangzhuanfang/dujiazhuanfang/xiangguanpinglun/html/1043/2013-03-22/content-696476. html。

对现代人类辅助生殖技术的日新月异，究竟哪些人类辅助生殖技术的应用是应当被允许的，哪些是应当被禁止的？离不开对其中隐藏的理论基础的分析。从法律的视角来看，主要涉及基因权利、人的生育权及生命伦理问题。

一、基因权利

人类辅助生殖技术是用人工辅助方法解决医学中的“不孕不育症”，主要是运用现代社会在基因方面的科学技术成就，包括体内受精、体外受精胚胎植入（即试管婴儿）以及克隆技术等。基因成为人类辅助生殖技术中重要的载体，并引发了人们对人自身基因的社会价值与意义的争论。人的基因是否能成为权利的客体？人能否对其自身基因具有某种权利？等等。这是探讨人类辅助生殖立法的重要理论基础。

何谓基因，是指位于染色体上的一个化学实体，是具有遗传效应的分子中的一定的核甘酸顺序。基因是人细胞内遗传的基本单位，在人类生殖过程中，基因传递、表达着由一代到新一代的遗传信息。人的基因组成是十分复杂的，各种核苷酸聚合而成大分子，形成核酸。其中记录、传递和表达着遗传信息的是 DNA（脱氧核糖核酸）。1953 年，人类首次发现了 DNA 的双螺旋结构，揭开了基因隐藏遗传信息的奥秘。随着对基因研究的不断深入发展，科学家发现一个人的基因与其生理特征，诸如疾病健康等密切相关，如果能够完全掌握每一种基因起作用的机理及其与生理特征和疾病之间的关系，就可以为提高人类体质、治疗和预防疾病打下坚实的基础。① 1990 年，美国就开始启动了“人类基因组计划”这一人类历史上伟大的工程，此后陆续加入的有日本、加拿大、德国和中国等。1995 年科学家又发起了“人体阿波罗计划”，即 DNA 重组计划。两大计划共同承担破译、解析人类 30 亿个碱基对组成的 DNA 序列的伟大历史使命。现在，破译密码工作已经完成。这两项代表当代生命科学基础研究最高水平的跨世纪宏大计划，主要包括以下

① 刘长秋、刘迎霜：《基因技术法研究》，法律出版社 2005 年版，第 2 页。

几种活动：破译人体基因组密码，了解DNA所荷载的遗传信息与遗传语言；发现并公布有关导致癌症、遗传性疾病及其他一些重大疾病发生的基因或其遗传标记的信息，以帮助人类寻求治疗上述重大疾病的有效方法，等等。①

生命科技的发展使人类基因成为人们所能掌握和控制的“有用之物”，由此产生了人类基因的法律属性问题。人类基因在法律地位上究竟属于人格、财产或信息？谁对基因拥有权利及拥有什么样的权利？对此，不少学者明确提出了新的“基因权”这一概念。认为每个人对自己的基因都享有天赋的权利，包括物质权利（财产权）和精神权利（未与身体分离之前属人格权，与身体分离的则属于人格权之变形），任何人都不可剥夺。② 人类基因具有人格权与财产权的复合特征。基因依附于人而存在，是人体中不可分割的一部分，是每一个人独特的“生物身份证”。人类基因在尚未与人体分离之前，不得成为法律上之物。随着人类基因科技的发展，基因所包含的人格上、生物学上、医学上的种种信息，都可能蕴含着经济上的价值。人类基因与身体分离后，是可以作为一种独立非实物形态的物质而存在的，有特定的价值和使用价值，其财产性表现在：（1）基因能通过转让实现其价值；（2）基因能给权利人带来经济利益；（3）基因能像其他财产一样予以抛弃；（4）每种独特的基因的形成都是人类适应自然、改造自然的过程，它是人类不断完善自我和改善自我的劳动智慧结晶，其中凝聚了人类的辛勤汗水和光辉思想，在此意义上可以说，它是智力劳动与物质劳动的产物。③ 在笔者看来，尽管在长期以来大陆法系的传统理论中，人格权与财产权有着明显的界限，人类基因因其神秘性也不存在界定法律属性的问题，但生命科技的现实发展情况如此，客观上已经赋予了人类基因重大的人格和财产权利，应当予以合理地界定。

人类基因是一张“生物身份证”，基因信息就是真实个人的自身

① 刘长秋、刘迎霜：《基因技术法研究》，法律出版社2005年版，第6页。
② 刘长秋、刘迎霜：《基因技术法研究》，法律出版社2005年版，第14页。
③ 刘长秋、刘迎霜：《基因技术法研究》，法律出版社2005年版，第13页。

信息。人类基因记录着一个人重要的生命秘密，与一个人的身体素质、健康疾病、智力品格等密切相连。因此对个人而言，基因信息是其重要的隐私。研究表明，不同的人具有不同的身体素质和行为特征，个人无法选择和事后更改。一旦个人的基因信息被泄露，势必将其一些生理和行为特征“大白于天下”。因此为保证个体在社会生活中的平等地位，必须强调个人对自己基因信息的隐私权，任何人不得肆意侵犯他人对自己基因享有的隐私权利；否则可能因为基因信息的泄露而引起“基因歧视”，这是与现代社会强调尊重和保护人格的尊严、独立、平等和自由等精神格格不入的。

人的基因与特定的人密不可分，到目前为止，基因技术（DNA 检测）是具有最高准确率的身份识别的方法。基因对个人具有重要的价值利益，表现为一定的人格和财产上的权利，基因信息还是个人重要的隐私。但权利总是有限的，与特定的义务相对应。在现实中，权利人行使权利还必须不得违背与之相对应的义务。一般认为，基因是人类的共同资源，因此人的基因，除为特定的个人拥有外，还是属于全人类的共同财富。即不同于传统的物，人类的基因不是单纯地属于某个人所有。由此，基因权利的行使必须符合社会公共利益，人类基因及其研究成果应当为社会公共利益服务，而不能违背或损害社会公共利益。

二、人的生育权

人类辅助生殖是通过人工辅助的方法解决不孕夫妇生儿育女的问题。由于种种原因，患有不孕不育症疾病的夫妇难以顺其自然生育子女，就需要借助人类辅助生殖技术的力量。之所以强调如此，是因为拥有下一代是每个人的权利，此即生育权，也有的称“生存权”。如有的学者提出：“生存权作为法律概念，通常不仅是指人的生命不受非法剥夺的权利，而且包括每一个生命得以延续的权利。”① 这种权利是人与生俱来的权利，天赋人权，是自然权利，

① 刘长秋、刘迎霜：《基因技术法研究》，法律出版社 2005 年，第 30～31 页。

即人作为人应当有的权利。它不是由一个国家的法律所赋予的，而是先于国家而存在的根源于人的本性的法则；这种权利是绝对的、不可剥夺的、不能让渡的。

在我国，集中规定生育权利的是1992年颁布的《中华人民共和国妇女权益保障法》和2001年颁布的《中华人民共和国人口与计划生育法》。《中华人民共和国妇女权益保障法》第47条规定："妇女有按照国家有关规定生育子女的权利，也有不生育的自由。"《中华人民共和国人口与计划生育法》第17条规定："公民有生育的权利，也有依法实行计划生育的义务，夫妻双方在实行计划生育中负有共同的责任。"可见，生育权利或生育自由，就是生殖的自由和权利；生育权是妇女的生育权，也是男性的生育权，这种生育权与国家的计划生育政策紧密联系在一起。生育权或生育自由也是国际人权法律中重要的基本人权内容。20世纪以来，随着世界妇女运动的发展，生育权逐渐为世界各国所普遍接受，生育自由被确定为人类的基本人权。1968年联合国在德黑兰召开的世界人权会议通过的《德黑兰宣言》宣布："父母享有自由负责地决定子女个数及其生育间隔的基本人权。"1974年联合国在布加勒斯特通过的《世界人口行动计划》被视为联合国开展人口活动和指导各国人口活动的宪章，其对生育权如此定义："所有夫妇和个人都享有自由负责地决定其子女的数量和间隔以及为此目的而获得信息、教育与方法的基本权利。"联合国在1984年国际人口与发展会议通过的《墨西哥城宣言》和1994年召开的国际人口与发展会议通过的《国际人口与发展会议行动纲领》都将生育权视为基本人权作了肯定的阐述。① 在西方社会，生育权的权利色彩更加浓厚，生育权的权利主体是所有夫妇和个人，权利内容更加广泛，包括生育自由的权利和获得一定帮助的权利。

生育子女是每个人的基本权利，自然也是包括不孕不育症患者的基本权利。而人类辅助生殖技术显然是辅助人们，尤其是不孕不育症患者实现其生育权的重要手段。这就成为人类辅助生殖合法性

① 焦少林：《试论生育权》，《现代法学》，1999年第6期。

的法律依据。

三、生命伦理观念

人类辅助生殖是产生后代、人类繁衍的科学技术，具有浓厚的生命伦理色彩。自古以来，人类社会的生殖繁衍显然不仅仅是纯粹的生理活动的过程，而蕴含着丰富和复杂的社会伦理观念。这些社会伦理观念也是人类辅助生殖立法不容忽视的内容。

人类辅助生殖技术的问世旨在解决医学上的“不孕不育症”，实现不孕夫妇生育子女的愿望。这无疑具有十分重大的社会意义。生殖繁衍后代是自然界所有生物的共同特性，可以说，每一种生物都有尽可能把自己的基因传递下来、传播开来的本能欲望，这是生物保持种族延续的力量。漫长的人类社会代代相传、生生不息的关键也在于人类自身的不断繁衍。生殖繁衍是人类社会发展的基本前提。中华民族是一个十分重视伦理道德的民族，由此形成的香火延续观念早已深深植根于人们的脑海。在传统的观念中，成家立业、生儿育女、承继香火、传宗接代是一般人理所当然的事情，也是每个家庭所负担的重要职责所在。而现代社会生活节奏快，各种压力不断变大，晚婚晚育现象普遍，种种原因使得“不孕不育症”疾病日益突出，成为一个严重的社会问题。据统计，在中国的育龄男女中不育患者占10%~15%；在中国台湾约有1/7的夫妇由于某种疾病不能生育或在怀孕生育上有不可克服的困难；在美国，每12对夫妇中就有1对不能生育；全世界不孕患者高达5000万~8000万人。世界卫生组织预测，在21世纪末，不孕症已成为第三大疾病，仅次于癌症与心脑血管疾病。① 由于不能正常生育，一些不孕夫妇的家庭生活受到影响，直接导致了对幸福生活的认同感降低；而且不利于社会秩序的稳定，诱发诸如拐卖妇女、儿童的违法犯罪行为。由此，人类辅助生殖技术意义重大，它的出现重新点亮了不孕夫妇的生育梦想，能帮助他们实现生儿育女的美好愿望。可见，

① 转引自刘君丽：《人工生殖的法律问题探析》，华侨大学硕士学位论文2008年，第3页。

人类辅助生殖技术天然就具有良好的社会伦理基础，社会认同感强。

现代人类辅助生殖技术的发展已经较为成熟，社会大众对其也有颇高的接受度。以典型的“试管婴儿”技术为例，由于其对传统生育模式的突破，人们起初对试管婴儿充满恐惧和不安。但随着时间的推移，采用“试管婴儿”技术所生子女的正常发育生长，人们逐渐接受和认可。现代社会，人们认识到人类辅助生殖是促进婚姻和家庭幸福的行动，人类辅助生殖技术无损于所生子女自身的健康。在“试管婴儿”技术问世25周年之际，欧盟赞助进行了一项大型研究活动，该项研究在英国、比利时、瑞典、希腊和丹麦五个国家进行，针对五个国家的1500名儿童进行连续五年的追踪调查，其中975名是试管婴儿，其余525名是自然生殖的孩子。这项历史上规模最大的关于试管婴儿的追踪调查结果表明，这些试管婴儿无论在身体、智力及心理发育方面，还是家庭关系及社交能力方面都与正常婴儿毫无区别，但是试管婴儿的畸形发生率确实要比正常婴儿稍高。不过专家指出这样的结果，不能完全归罪于技术本身，可能与参与调查的试管婴儿母亲年龄偏大有关，因为产妇年龄越大，婴儿越容易带有某些缺陷。但就目前的调查结果，人们可以得出一个结论：试管婴儿基本上可以和正常婴儿一样顺利成长，当初人们对试管婴儿能否正常发育成长的担心是没有必要的。①

人类辅助生殖毕竟与传统人类的生殖方式存在明显的差别，由此引发了诸多生命伦理问题。传统人类社会遵循自然界的人类繁衍生殖方式，新生命是源于两性结合的产物。这也是所有和人类一样的高等生物的唯一繁衍后代的方式。产生的生命个体是既与原来个体存在密切联系但又不同于原来任何个体的崭新个体。这种生命诞生方式是人类及高等动物经过千亿年的自然进化而形成的最有效的生殖方式，保障了人类及高等动物种族的延续性和生命的安全性，同时不同遗传基因组合产生全新的生命个体也促进了种族的发展和

① 《试管婴儿和正常儿没差别》，梅州日报网，http：//www. meizhou. cn/news/0311/19/031119049. html.

进化。而现代生命科技新发现的涌现，主要表现为基因克隆技术、人造生命以及人工智能等，对传统的自然生命产生方式产生了巨大的冲击和挑战。在一定程度上，这些新的生命科技并不是对传统的自然生命产生方式的促进和完善，相反却成为传统生命诞生方式的最大颠覆者。克隆是生物体通过体细胞进行的无性繁殖，克隆不需要精子和卵子的结合，只需从动物身上提取一个单细胞，用人工的方法将其培养成胚胎，再将胚胎植入雌性动物体内，就可孕育出新的个体。克隆即供体的“复制品”，具有与原供体完全相同的遗传特性。在20世纪末期，生命科学家们就已经成功培育出了“克隆羊”、“克隆猴”等动物，也不乏进行“克隆人”实验的报道。人造生命是利用现代生命科学技术从无到有创造全新生命的过程。人造生命是从其他生命体中提取基因，建立新染色体，随后将其嵌入已经被剔除了遗传密码的细胞之中，最终由这些人工染色体控制这个细胞，发育变成新的生命体。2010年5月20日，美国就诞生了世界首例人造生命——“辛西娅”，是完全由人造基因控制的单细胞细菌。

克隆技术、人造生命是人类在科学技术领域的创举，但如果克隆技术被用于人类自身的生产，克隆人、复制和制造人，就势必导致严重的伦理道德危机和生态方面的问题。一方面，克隆技术对传统社会坚守生命伦理观念造成严重的冲击。例如：“克隆人”的出现，将会严重冲击个人的唯一性和独特性，从而使个体丧失自我及其个性特征的自然基础。“克隆人”的生命产生方式会严重侵蚀传统社会以血缘和姻缘为基础的社会结构和社会关系，允许“克隆人”的合法存在也会导致如何确定其社会身份和地位的难题，等等。另一方面，克隆对生态、自然生物进化法则带来严重的影响。基因复制技术的运用会威胁到基因的多样性，生物的演化将出现一个逆向的颠倒过程，即由复杂走向简单，这对生物的生存是极为不利的。人造生命的出现即表明，新的生命体可以在实验室里“被创造”，而不是一定要通过“进化”来完成。对此，有学者指出：“基因技术的发展改变了以往生命科学仅用于认识生物和利用生物的传统格局，而进入人工改造生物乃至创造新生物的局面。这种技术进步对医疗服务行业有直接的实践价值，但在提供新的医疗服务的同时，也萌生了伦理、法律、社会公平等方面的诸多问题。"①还有不少学者认为：人造生命如潘多拉魔盒，结局难判断；人造的有机体如果扩散到自然界，引发生物基因变化，有可能造成环境灾难，它们还有可能被用来制造生物武器。②

综上所述，现代生命科技的发展使人们对自身基因产生认识、控制和利用的可能性，人的基因日益被"物化"，成为法律关系客体的"物"。能满足人的需要，能够被人支配或控制的物质实体，就是在法律关系中"物"。而由于这种认识、控制和利用，"基因权利"观念应运而生，事实上科学研究也已经表明，基因对于一个人具有特别重要的意义，基因就包含了这个人全部的生命信息。提倡"基因权利"以强调对个人基因的法律保护，意义重大。但权利也存在被滥用的问题，在人类辅助生殖技术的应用中，个人能不能自行决定买卖自己的基因及其载体（精子、卵子、受精卵和胚胎）呢？能不能出于所谓正当的目的，对基因进行某种人为地加工改造呢？……答案应该是相对的，需要权衡其中的价值冲突，作出合理的判断。生命科技的发展也深化了人的生育权问题，传统社会只有正常的能够自然孕育的夫妇才有生育权，现代社会生命科技，则使那些不能自然孕育的夫妇也产生了生育权的主张。在现代社会，人们显然不可能继续遵循传统的自然选择来决定能否生育，而是强调借助人类辅助生殖技术的力量来圆"生儿育女之梦"，但对人类辅助生殖技术的应用应当有严格的限制。生命伦理问题也是左右人类辅助生殖立法重要因素，因为法律与伦理道德规范是紧密相连的，制定出来的法律，如果要得到社会民众良好的遵守和执行，显然离不开对基本伦理道德的尊重。

---

① 李建明：《基因技术的应用与医学伦理的冲突》，《科技进步与对策》，2005 年第 11 期。

② 尹传红：《人造生命：打开了潘多拉的魔盒》，《科技潮》，2010 年第 8 期；《美国诞生首个人造生命》，《安徽医学》，2010 年第 5 期。

第四节　我国人类辅助生殖的理性立法

如前面我国立法现状所述，我国人类辅助生殖技术的主要立法是由卫生部于 2001 年颁布的《辅助生殖办法》，该办法明确规定：禁止以任何形式买卖配子、合子、胚胎，医疗机构和医务人员不得实施任何形式的代孕技术。这一立法存在疏漏，即对人们较为担忧的“克隆人技术”或无性生殖技术并没有作出规定；基于现实社会的情况、国外的立法经验和理论研究，这一立法自身也过于片面和绝对化。因此，需要对其加以合理地完善。

现代社会生命科技的发展日新月异，人类辅助生殖技术呈现出不同的种类形式。这些不同人类辅助生殖技术具有不同的技术特点，与传统自然生殖方式的相异程度不同，在社会中的应用状况不同，社会民众对它们的可接受度、认可度也不尽相同。学者基于不同的研究立场视角或不同的表述习惯、不同的研究背景，对人类辅助生殖技术的具体分类存在一定的歧义：伦理学者一般将其分为人工授精、体外受精和克隆三种方式，其中体外受精包括试管婴儿和代孕母；医学界一般认为分人工授精、代孕母和无性生殖三种方式①。其中，人工授精又可分为人工体内受精和人工体外受精；而法学界由于研究较晚、关注度不够，尚没有形成相对一致的分类，但有的学者将人类辅助生殖分为人工体内受精、人工体外受精、代孕母和无性生殖四种方式。② 笔者也主张四分法，四分法基本上是根据人类辅助生殖技术在临床实践中的重点门类和呈现的争议点而作出的，更有利于具体情况具体分析；而且，这种分类从人工体内

① 代孕母行为作为体外受精技术的发展形式，严格地将应当作为体外受精的一种，但由于代孕母方式是将遗传母与怀胎母分离，引发太多伦理和法律问题，致使多数国家禁止代孕母的实施。所以将代孕母和体外受精、体内受精并列为不同的生殖方式。参见张燕玲：《人工生殖法律问题研究》，山东大学 2006 年博士学位论文，第 14~15 页。

② 张燕玲：《人工生殖法律问题研究》，山东大学 2006 年博士学位论文，第 15 页。

受精到无性生殖（克隆），脉络连贯清晰，充分地反映和概括了人类辅助生殖技术的发展演变历程。人类辅助生殖方式从体内受精到体外受精、代孕母，再到克隆，一方面是现代社会生命科技不断发展，取得成功的过程；另一方面是现代社会面对生命科技发展的冲击及其相互影响，各种生命科技活动不断为民众、国家和社会所接受认可的过程。现代生命科技，虽然在产生之初也曾受到各种质疑①，但目前，人们普遍对体内受精和体外受精、试管婴儿持肯定的态度。因此，下面着重对我国人类辅助生殖技术中的“克隆技术”、“代孕”问题加以分析。

一、克隆人问题

在人的生命产生上，需要现代立法予以规制的主要是“克隆人”或无性生殖技术的应用。克隆，就是利用生物技术由无性生殖产生与原个体有完全相同基因组之后代的过程。由于克隆技术对传统生命诞生形式的颠覆性改变，一直以来难以得到主流社会的认同和接受。而且，克隆技术通过无性生殖产生的是与原来个体基因完全相同的个体，也存在着对“克隆人”身份认同的困境。事实上，如前所述，自从克隆技术产生和动物克隆实验开展以来，就有学者明确提出反对意见，担忧克隆技术在人自身上的运用及其可能造成灾难性后果。2002 年，就有诸多媒体竞相报道邪教组织宣称克隆人。② 人们担心一些别有用心的人克隆出希特勒、东条英机等战争恶魔。应该说，无论从克隆人对社会伦理道德观念的巨大冲击，还是从其可能潜在的危及人类社会自身安全的风险出发，“克

① 因为人类辅助生殖毕竟是非自然的拟制生殖行为，不同于传统的通过“两性结合”孕育后代的生殖方式，所以对其不乏质疑之声。如对于人工授精，批判者认为其割裂了婚姻、性和生育的紧密关系，使女性认为无需丈夫和家庭就可以生育下一代，从而破坏了婚姻和家庭关系。

② 《加邪教组织放言：世界上第一个克隆人圣诞节出生》，中国新闻网，http：//www.chinanews.com/2002-12-23/26/256238.html；《一邪教组织宣称世界第一个克隆婴儿诞生》，新华网，http：//news.xinhuanet.com/st/2002-12/30/content_674321.htm，等等。

隆人”的做法是应当被严格禁止的。此为其一，其二是对于出于治疗目的的克隆人行为的评价，也应当谨慎合法化。在克隆人问题上，一种观点认为虽然纯粹地克隆人是不道德应被禁止的，但出于治疗目的而进行的克隆应当被允许。因其目的的善——治疗疾病的需要，应当允许一定范围内的克隆技术适用。对此，笔者认为其合法与否也是需要谨慎对待。试想，为了获取可以移植的器官，克隆了一个新的个体以供摘取其器官，那么新克隆个体的法律性质是什么，如果作为人，我们又能否摘取其器官呢？因此应当审慎对待。笔者倾向于全面禁止克隆技术的应用，终其缘由，克隆是完全违反自然界人的自然生命诞生过程的，是对传统自然法则的背离。对这种完全背离自然法则的行为，在没有经过可靠的安全性检验，不能确保对社会的无伤害性之前，我们不应当贸然实施之。同理，人造生命，是不通过种族的生殖繁衍而直接通过化学合成的方式制造出新的生命，因其违背自然伦理也应当被严格限制。当然，禁止克隆和人造生命，并不是意味着生命科技在生命诞生中的全面禁止，相反是要求将生命科技的运用限定于相对合理可行的范围之内。现代临床医学，对于无法正常生育的患者，采取“试管婴儿”技术即是适例。该项技术在临床实践中被广泛运用，并不存在什么争议。

禁止克隆人，很大程度上是对克隆人个体而言的，即禁止通过克隆生殖的方式产生新的生命个体。而克隆技术的应用还包括在细胞和基因水平上的克隆。这涉及利用基因工程技术、基因重组操作技术，使特定的基因与载体结合等。如前面的立法不足所述，对于这些人类辅助生殖的“衍生技术”，《辅助生殖办法》尚缺乏明确的规定，虽然其他一些“技术规范、伦理规则”中有所规定，但仅规定“禁止……”，并无法律责任的设定。对此，立法应当在广泛调查研究的基础上，对人的衍生技术作出合理的规定。一是对于一些基因滥用的情形，如“人兽基因杂交”、不合理不正当的“基因修饰”或“基因重组”等，这些是明显的基因技术滥用行为，与生命科技的伦理原则格格不入，应及早用法律作出明确禁止的规定。二是虽然对人有利但也存在隐患的基因技术。这些衍生技术对人的生命健康和人类种族安全而言，没有证明是完全安全和可靠的情况时，并不适宜开展。实践中还有“出生前胚胎着床前遗传学诊断”问题，笔者认为，胚胎着床前遗传学诊断，虽然可能存在有违物种自然进化淘汰的规律，但通过胚胎遗传学诊断就可以事先诊断出将来可能罹患的重大疾病，防患于未然，对于新出生的胎儿及整个人类而言，并不存在较大的问题。

二、代孕问题

尽管我国《辅助生殖办法》明确规定禁止任何形式的代孕，但现实社会不乏非法代孕问题，还产生了“代孕母”这一边缘群体，“代孕母”即“代理母亲”、“代理孕母”，是代理代替他人孕育和生产子女的妇女。代孕母是“出租”自己的子宫给他人孕育子女的一方，这里的“他人”是借代孕母的子宫实现“借腹生子”。前述新闻媒体热议的广东富商“八胞胎事件”，据报道，就与代孕相关，通过试管婴儿产生的 8 个胚胎全部存活，这些胚胎以“3+3+2”的方式分别被植入到母亲和两名代孕者体内，成功诞生八胞胎。该事件处理结果是，2012 年 12 月，广东省卫生监督所、广东省人口计生委公布八胞胎事件调查结果，认定广东富商代孕产 8 胎 5 个超生，并处以高额罚款。这在某种意义上，对于其中的代孕行为并没有作出相应的责任追究。在笔者看来，既然现实社会中代孕行为是客观存在的，而且，前述已指出，这一“禁止任何形式的代孕”立法存在过于片面和绝对化之嫌，那么理应作出合理的调整。如学者所言，“代孕行为虽然在我国已明令禁止……并没有真正从实际生活中消失……应以一种真正的实事求是的态度对待代孕，才能让其更好地为人类服务”①。也有学者指出：“随着社会发展和生命科技的广泛应用，人们对代孕的观念逐渐发生了转变，越来越多的学者倾向于肯定的态度，主张有条件地适度开放代孕，以实现部分不孕不育夫妻延续后代的愿望。”② 之所以强调代

① 黄邦道：《代孕行为引起的法律问题探究》，《重庆交通学院学报（社会科学版）》，2004 年第 1 期。

② 张燕玲：《论代孕母的合法化基础》，《河北法学》，2006 年第 4 期。

孕有限的合法化，是因为代孕是实现生育权的需要。生育权是基本人权，生育后代是人类的本能和难以剥夺的自然权利。事实证明，如果强行禁止并不会有效地阻止一切代孕行为的发生，相反会加速其转为隐蔽的“地下黑市”而难以具体规制，如由不符合条件的机构实施代孕，术前不进行严格的健康筛查导致疾病泛滥，严重影响下一代的身体健康；缺乏合理的法律规制，使得委托双方权利义务不明，导致孩子监护权产生混乱、家庭纠纷不断，等等。而且，这些问题可能进一步对社会造成难以弥补的严重危害后果。在此意义上，既然代孕是实现生育权的需要，而生育权不应且不宜严格设限，立法就应尊重和保障人们的生育权，并以此为基础构建理性的代孕法律规范。

第五章　人体器官移植的法律规制

在现代医学实践，人体器官移植技术被广泛应用于各种器官疾病的治疗之中。当一个人的器官发生病变或丧失功能时，人体器官移植可以通过手术的方式移植入新的健康的他人器官以替代患者原来病变的器官，恢复其正常的生理功能。人体器官移植技术极大地拓展了医学治病救人的能力；而且，这往往是挽救那些严重器官组织病变、无法通过传统药物治疗方式治愈患者的唯一有效手段。相对于传统的对症下药，人体器官移植被誉为20世纪医学领域具有划时代意义的变革，一经面世，就对现代医学发展产生了重大的影响，在当今世界各国得到了普遍的承认和广泛的应用。诸如肝脏移植、肾脏移植等人体器官移植已经为人们所耳熟能详。但应当注意的是，人体器官移植也涉及原来器官所有者的生命健康，而且人体器官也并非简单的可随意处置的“物”。因此，对人体器官移植应当进行合理的法律规制。

第一节　人体器官移植及立法概述

人体器官移植技术的发展及其应用，与相关的立法是紧密相连的。随着现代人体器官移植技术的产生、发展和广泛应用，人体器官移植的立法也不断发展和完善。从历史发展来看，人体器官移植技术首先产生于英美等生命科学技术发达国家，应对社会中人体器官移植实践及其引发的各种问题，西方发达国家普遍建立了较为完善的立法。这些立法对于我国人体器官移植立法显然具有较大的借鉴意义。

如前所述，现代人体器官移植技术始于1902年，被誉为“器官移植先驱”卡雷尔的血管缝合技术取得成功，但人体器官移植技术在应用上取得重大突破，被医学实践广泛应用是在20世纪40年代人体免疫原理被科学家所认识之后。在解决了人体免疫排斥反应之后，器官移植日益得到广泛的运用。1954年，美国科学家莫里在一对双胞胎之间成功地实施了肾移植手术，这是人类历史上第一例长期存活的器官移植。60年代以来，随着新的免疫抑制药物的研制和应用，组织配型能力的提高以及外科手术的改进，器官移植取得了巨大的成就。1963年首例肝移植、1967年首例心脏移植……目前，在医学实践，除了神经系统外几乎对人体内所有器官和组织都可以移植。卡雷尔在改进血管缝合技术、开辟器官移植道路之后，向全世界宣布：“任何人体器官都可从人体上取下培养，而且可以移植到另一个人体上。”① 但囿于技术条件的限制，目前医学开展的器官移植主要有角膜移植、心脏移植、肾脏移植、肝脏移植、胰脏移植、肺脏移植、骨髓移植、眼球移植，等等。其中，肾移植的应用最为广泛，存活率也最高。人体器官移植手术开展的50年来，人类在医学领域取得了巨大的成就。

从美国人体器官移植立法来看，20世纪五六十年代，美国有些州制定《眼球提供法》，以解决角膜移植之合法性。当时，大多数州制定了无特定对象的遗体或遗体脏器提供法，但各州立法有分歧，于是1968年美国制定了《统一解剖捐献法》(*Uniform Anatomical Gift Act*)。该法规定的是有关尸体器官的捐献移植。主要规定有：(1) 尸体及其器官的利用，以移植、治疗、教学研究为目的；(2) 本人生前，或者特定的近亲属在其死后，可以决定遗体（或器官）的捐献。生前捐献遗体者，必须是年满18周岁且精神正常的人。由特定的近亲属决定的，必须是本人在死亡之前未做出捐献身体全部或者部分的申明，也没有足够证据证实他反对，其亲属有权做出是否捐献的决定；亲属的权利顺位是夫妻、成年子女、父母、成年兄弟姐妹、死者监护人、其他被法律授权或有义务处置该尸体的人。如果本人或同顺位或先顺位的人反对，不得捐

① 黄丁全：《医疗、法律与生命伦理》，法律出版社2007年版，第243页。

献。(3) 任何人在死亡之前做出捐献身体或部分的申明，亲属和其他人除法律允许的特殊原因外，不得取消。① 即这一立法率先肯定人体器官移植的合法性，但限于尸体器官移植（摘取尸体的器官进行移植）；同时确立了器官“自愿捐献原则”，规定不得买卖人体器官，且对摘取尸体器官规定了严格的限制条件。1984 年，美国又通过了法律效力更高的《国家器官移植法》(*National Organ Transplants Act*)。在该法案中，器官移植不再限于尸体器官移植。由此，医学实践中活体器官移植迅速增长。② 同时，该法案旨在构建一个合理的“器官收集及移植网络”③，并重申了人体器官捐献移植制度，规定任何人如在知情的情况下获取、收取或以其他方式转让任何人体器官供移植用途，借此换取代价，即属犯罪。即：“美国的《国家器官移植法》规定人体器官不能自由买卖，只能出于道德善行捐献，并把买卖人体器官规定为重罪。”④

英国人体器官移植的立法主要有：1961 年制定的《人体组织法》(*Human Tissue Act*) 和 1989 年制定的《人体器官移植法》(*Human Organ Act*)。1961 年的《人体组织法》，同样是有关尸体

① 相关立法参见黄丁全：《医疗、法律与生命伦理》，法律出版社 2007 年版，第 321 页；郑建中、王洪奇：《脑死亡与器官移植中的伦理与法律问题》，《中华医学研究杂志》，2005 年第 9 期。

② 以医学上最常见的肾移植为例，根据学者的研究，在欧洲，多数肾移植都是活体移植；在美国，2000 年以后，活体肾移植的数量开始超过尸体肾移植。活体肾移植缓解了尸体肾源紧张的问题，让患者手术的机会增加，而且，相比尸体肾移植，活体肾移植手术的术后效果更好。根据国外的统计，尸体肾移植 10 年存活率是 50%，而活肾移植的 10 年存活率是 70%~80%。参见《活体器官移植，准备好了吗?》，《新民周刊》，http://weekly.news365.com.cn/sh/200707/t20070709_1484525.htm。

③ 该网络由一家非牟利机构负责，目的在确保病情危殆及身体状况适合接受移植的病人有平等的机会获赠器官；保证能安全有效地收集及运用珍贵的重要器官，以及搜集和追查所有移植手术及移植病人的资料。在器官收集及网络的运作细则方面，公共卫生服务部于 2000 年制定《联邦规例守则》(*Code of Federal Regulation*)，就器官收集及移植网络的运作细则作出规定。参见黄丁全：《医疗、法律与生命伦理》，法律出版社 2007 年版，第 321 页。

④ 吴蓉：《器官移植的法律分析》，《中国卫生法制》，2002 年第 6 期。

器官移植的立法，规定任何人可以允许死后将其器官用于医学和科学研究的移植；如果本人并无这种请求，或拥有尸体合法权利者无足够证据证实死者对器官移植表示过反对意见，或者死者的配偶或亲属不反对器官移植，可以作为移植的依据。① 尸体器官移植也是严格遵循自愿捐献的原则。1989 年的《人体器官移植法》，器官移植不再限于尸体器官移植，也包括活体器官移植，但活体器官移植限于“有基因联系者”。该法案明确规定禁止买卖人体器官。② 下列行为属于违法犯罪：（1）从已死亡或在生人士身上取得拟用作移植用途的人体器官，做商业交易者。（2）刊登购买或出售器官的广告。（3）隐瞒法例规定须予披露的有关移植手术的资料。不过，毛发、指甲等被视为是废弃的组织，不在管制之列，即使出售亦不会冒犯人类尊严。③ 2006 年，为了解决用于移植的器官一直短缺的问题，英国颁布了新的《人体组织法》，进行了两大修改：一是在捐献器官的决定上，由“本人生前或近亲属在其死后决定”的方式转变为“推定同意”的方式。④ 二是明确规定活着的人可以给非亲属捐献器官，即可以使两个配型一致的陌生人能够进行器官互换移植。⑤

日本的人体器官移植立法也较早，1958 年日本制定了《关于

---

① 《人体组织法》第 1 条第 1 项规定：任何人以书面或临终之际在 2 人以上证人之前口头表示，将身体或其身体的指定部分捐出供治疗或医学教育研究之用时，除本人生前合法的尸体拥有权人将死者生前之捐赠表示撤销外，不得将尸体的一部或特定部分从尸体摘出。参见黄丁全：《医疗、法律与生命伦理》，法律出版社 2007 年版，第 322 页。

② 参见［英］厄莱斯代尔·麦克林：《医疗法简明案例》，武汉大学出版社 2004 年版，第 105 页。

③ 黄丁全：《医疗、法律与生命伦理》，法律出版社 2007 年版，第 323 页。

④ 推定同意，是在特殊情况下，无需当事人的同意而推定其同意。在人体器官捐献中，所谓“推定同意”，即由政府授权给医生，只要死者在死前没有明确表达过反对器官捐献，就推定为同意捐献，允许医生从其尸体身上收集所需的组织和器官。

⑤ 紫藤：《英颁布新人体器官移植法案》，《中国医药报》，2006 年 9 月 15 日。

角膜移植的法律》，仅适用于角膜移植。后来随着器官移植技术的发展，肾脏移植日益盛行，1979 年修订增加了有关肾脏移植的内容，重新制定了《关于角膜及肾脏移植的法律》。这些早期的立法，适用范围限于角膜和肾脏的移植，不包括其他器官，器官来源也只限于尸体。摘取尸体器官必须符合法定的条件，即《关于角膜及肾脏移植的法律》第 3 条第 3 项规定："医师欲自尸体摘取眼球或肾脏时，应取得死者遗族的同意，但死者生前对于其眼球或肾脏之提供，曾以书面表示同意，经医师将其情形告知遗族而其遗族拒绝摘取时，或无遗族者，不在此限。"① 1997 年 6 月 17 日日本国会通过了《器官移植法》，才打破了以针对特定器官立法的器官移植立法形式。该法明确禁止人体器官的商业化操作，并将非法出售和收买人体器官、从事人体器官买卖中介、非法实施人体器官移植手术规定为犯罪。

我国台湾地区早在 1987 年 6 月 19 日即由"行政卫生署"颁布了《人体器官移植条例》，1988 年 3 月 11 日"行政卫生署"又出台了《人体器官移植条例施行细则》。《人体器官移植条例》规定的人体器官移植包括尸体器官移植和活体器官移植，并分别规定了移植要件；且规定提供移植之器官应以无偿捐赠方式。香港地区于 1995 年颁布了《人体器官移植条例》，并于 1999 年进行了修订。该条例强调防止人体器官移植中的商业化交易，第 4 条明文禁止将人体器官作商业交易，并将与之相关联的中介行为、广告行为规定为犯罪。

为指导和规范各国有关人体器官移植的立法，世界卫生组织于 1987 年 5 月 13 日第 40 届世界医学会通过了"WHO40. 13 决议"，发布了关于人体器官移植的九项指导原则：（1）在得到法律允许的情况下，在死者生前无任何正式同意的情况下没有理由相信死者会反对这类摘取，则可以从死者身上摘取用于移植的器官。（2）可能的捐献者已经死亡，但是确认其死亡的医生不应直接参与该捐

① 黄丁全：《医疗、法律与生命伦理》，法律出版社 2007 年版，第 319~320 页。

献者的器官摘取或摘取后的移植工作，或者不应负责照看这类器官的可能接受者。（3）供移植使用的器官最好从死者身上摘取，不过活着的人也可以自愿捐献器官。但总的来说，这一类捐献者应与接受者在遗传上有联系，骨髓和其他可接受的再生组织的移植例外。如果活着的成人答应免费提供，则移植用的器官可以从其身上摘取。这种捐献人不应受到任何不正当的影响和压力，同时应使其充分理解并权衡答应捐献器官后的危险、好处和后果。（4）不得从活着的未成年人身上摘取移植用的器官。在国家法律允许的情况下对再生组织进行移植可以例外。（5）人体及其部件不得作为商品交易的对象。因此对捐献的器官给予或接受支付（包括任何其他补偿或奖励）应予禁止。（6）为提供报酬或接受报酬而对需要的或可得到的器官进行广告宣传应予禁止。（7）如果医生和卫生专业人员有理由相信器官是从商业交易所得，则禁止这类器官的移植。（8）对任何从事器官移植的个人或单位接受超出合理的服务费用的任何支出应加以禁止。（9）对病人提供捐献的器官，应根据公平和平等的分配原则以及按医疗需要而不是从钱财或其他考虑。①

综上所述，英美等人体器官移植技术产生较早、应用较发达的国家，相应的人体器官移植立法产生较早，几经发展，立法较为完善。其中不难发现：早期的人体器官移植立法都将人体器官移植限于尸体器官移植，早期的美国、英国和日本的立法都是如此。应该说，这与早期人体器官移植技术水平有限，成功率不高有关，反映了当时人们在人体器官移植应用上的一种谨慎乃至保守的态度。为立法允许的人体器官移植，都是有关摘取尸体器官进行移植，不涉及活体器官也就不存在伤害无辜第三人的器官移植；而且即便是尸体器官，也严格限制了合法摘取的条件，强调生前本人及其近亲属的自愿损赠意思表示。后来，随着人体器官移植技术的不断发展，其日益为人们所接受、认可，在医学治疗疾病中越来越被广泛地应

① 孙慕义：《医学大法学》，西南交通大学出版社 2000 年版，第 238~239 页。

用。这也导致在人体器官移植实践中出现了“可供移植器官严重短缺”这一长期的世界性难题。① 因应人体器官移植技术的发展，也为了扩大器官来源，这些国家在20世纪八九十年代，纷纷修订立法，放宽了尸体器官移植的条件，同时将活体器官移植予以有限的合法化；但一般仍禁止人体器官的商业买卖行为。禁止从事人体器官商业买卖的立法也得到世界上多数国家的认同，如法国、德国、加拿大、新加坡、智利、西班牙等也都明确禁止人体器官的商业化操作，并明确将人体器官的商业化规定为犯罪而课以刑罚。而且，国际社会世界卫生组织规定的“人体器官移植九项指导原则”，也主要是有关人体器官移植在尸体器官移植和活体器官移植的规定（摘取尸体器官以“得到同意”为合法化条件，而合法化的摘取活体器官除“得到同意”之外，还要求器官捐献者与接受者存在“遗传上的联系”）；以及不得买卖或变相买卖人体器官，即禁止人体器官移植的商业化。这些立法对于我国人体器官移植立法具有重要的借鉴意义。

第二节　我国人体器官移植的立法现状

目前，我国是人体器官移植的大国。对各种人体器官的移植，在全国各大中型医疗机构被广泛应用，极大地挽救了那些器官病变患者的生命健康。但在医疗实践中，人体器官移植的发展及广泛应用，也带来了一些难以回避的伦理、道德和法律问题。这些与现实社会人体器官移植技术的滥用、不合理使用是紧密相连的。而规范人体器官移植技术的应用，避免引发一些法律问题，则需要十分重视人体器官移植的立法规制。

① 在2005年6月27—29日上海举行的第一届世界医学高峰会议上，有学者就指出：“器官移植正日益成为临床医学的重要组成部分，其立法和伦理问题也受到广泛关注。目前，供体器官短缺已经成为全球性的医学难题。”参见：《供体器官短缺已成为全球性医学难题》，新华网，http://news.xinhuanet.com/newscenter/2005-06/30/content_3156991.htm。

一、我国人体器官移植的立法概述

我国的人体器官移植立法，与西方发达国家相比，立法的步伐相当落后。① 最早的立法是上海市人大常委会于2000年12月15日通过的《上海市遗体捐献条例》。该条例旨在“规范遗体捐献工作，发展医学科学事业……”② 条例对我国的遗体捐献制度作了规范，规定自然人生前或在其死后由其近亲属决定，可以捐献遗体；遗体捐献应当遵循自愿、无偿的原则，捐献的遗体应当用于医学科学事业；而且规定了接受、利用捐献遗体的制度。③ 在此后两三年间，我国先后有浙江省宁波市、山东省、湖北省武汉市、重庆市分别出台了各地方的遗体捐献条例。这些遗体捐献的立法内容基本上是：规定遗体捐献立法宗旨、概念、原则等内容的总则，有关遗体捐献的登记制度，有关接受、利用和处理遗体的制度，相关法律责任和附则。这些立法事实上已经肯定了尸体器官移植的合法化。

我国第一部专门规定人体器官移植的立法是2003年8月的《深圳经济特区人体器官捐献移植条例》。该条例分“总则”、“人体器官摘取与植入”、“管理与监督”、“法律责任”和“附则”五章。该条例将人体器官移植从尸体器官移植扩展到活体器官移植，规定取得人体器官只能捐献，捐献人体器官实行自愿、无偿的原则，禁止以任何方式买卖人体器官；且活体器官移植限于“以移植于其直系亲属和三代以内旁系亲属”、“捐献的人体器官移植于

① 刘长秋：《器官移植法研究》，法律出版社2005年版，第170页。

② 这是《上海市遗体捐献条例》第1条对立法宗旨的规定，条例第2条规定了遗体捐献的概念：“本条例所称遗体捐献，是指自然人生前自愿表示在死亡后，由其执行人将遗体的全部或者部分捐献给医学科学事业的行为，以及生前未表示是否捐献意愿的自然人死亡后，由其近亲属将遗体的全部或者部分捐献给医学科学事业的行为。”

③ 《上海市遗体捐献条例》第20条规定：“接受单位利用捐献的遗体，应当严格依照捐献人的意愿，遵守国家和本市的有关规定，无偿用于医学教学、医学科研、临床解剖以及角膜移植。利用完毕的遗体，由接受单位负责送殡葬单位火化。”

配偶的，接受人体器官移植的配偶应当与人体器官捐献者生育有子女或者结婚满二年以上。但婚后患病确需接受人体器官移植的除外”。① 在“法律责任”一章，对买卖人体器官行为规定了严厉的行政和刑事责任。② 此后是2005年6月的《福建省遗体和器官捐献条例》，将“遗体捐献”和“器官捐献”作为立法的主要内容。随着人体器官移植技术临床应用的日益广泛，卫生部在经过广泛调查征求意见后，于2006年3月16日以“卫医发（2006）94号”发布了《人体器官移植技术临床应用管理暂行规定》。这是国内首部全国性的立法，侧重于构建医疗机构开展人体器官移植技术临床应用的制度，但也明确规定人体器官不得买卖，并规定了摘取尸体和活体器官的基本条件。③ 一年之后，为进一步规范人体器官移植，国务院于2007年3月21日通过了《人体器官移植条例》。这是目前我国有关人体器官移植效力最高的立法，较为全面系统地规

① 《深圳经济特区人体器官捐献移植条例》第7条第1款第4项、第3款的条文。

② 《深圳经济特区人体器官捐献移植条例》第25条规定：“违反本条例规定，以任何方式买卖人体器官的，由市卫生部门没收违法所得。对倒卖人体器官的，并处以违法所得十倍的罚款；对购买人体器官的，并处以售价三倍以上五倍以下的罚款。医师、医院、其他医疗机构进行或者参与人体器官买卖的，对医师处以交易额十倍的罚款，吊销其执业证书，并给予行政开除处分或者予以辞退；对医院、其他医疗机构处以交易额二十倍的罚款，并取消其人体器官移植手术的专门资格；对医院、其他医疗机构的相关责任人，吊销其执业证书，并给予行政开除处分或者予以辞退。买卖人体器官构成犯罪的，依法追究刑事责任。”

③ 卫生部《人体器官移植技术临床应用管理暂行规定》第27条规定：“人体器官不得买卖。医疗机构用于移植的人体器官必须经捐赠者书面同意。捐赠者有权在人体器官移植前拒绝捐赠器官。”第28条规定：“医疗机构摘取尸体器官的，应当对尸体进行必要的、符合社会伦理道德的处理。”第29条规定：“医疗机构进行活体器官摘取前，应当由本医疗机构人体器官移植技术临床应用与伦理委员会主持听证，邀请医学、法学、伦理学、社会学等方面的专家和活体器官捐赠者本人及其家属参加，确认符合法律、法规和医学伦理学原则、是活体器官捐赠者本人真实意愿、无买卖人体器官或者变相买卖人体器官后，方可进行活体器官移植。”

定了我国人体器官移植制度（具体内容见下文）。此后，卫生部又陆续出台了《颜面部同种异体器官移植技术管理规范（试行）》、《关于规范活体器官移植的若干规定》、《卫生部关于加强人体器官移植监管工作的通知》等人体器官移植的相关规范。而对于这些中央的行政法规和规章制度，全国各地纷纷以“转发”、“印发”通知形式出台了地方性的人体器官移植规章制度。

二、我国人体器官移植的主要立法内容

从我国人体器官移植的立法来看，2007 年 3 月 21 日国务院通过的《人体器官移植条例》无疑是我国人体器官移植最重要的立法。该条例由国务院颁布，是目前人体器官移植具有最高效力的立法，其立法宗旨（条例第 1 条）已明确指出是“为了规范人体器官移植”，所规定的内容都是与人体器官移植直接相关。因此，下面以其为基础进行立法分析。

2007 年的《人体器官移植》全文共 5 章 32 条，依次分为“总则”、“人体器官的捐献”、“人体器官的移植”、“法律责任”和“附则”。这基本上是按照器官移植从总的原则、指导思想到具体规定，从器官摘取到器官移植所作的规定。“总则”规定了条例的立法宗旨、适用范围、人体器官移植的基本原则和监督管理制度。“人体器官的捐献”和“人体器官的移植”分别是我国人体器官移植之器官捐献和器官移植的原则、适用条件和适用程序的规定。“法律责任”是违反条例的具体责任规定。“附则”规定的是条例的适用时间。从就我国人体器官移植的立法规制来看①，其主要立法规制是：

① 本书旨在探讨立法应当允许或禁止哪些人体器官移植，是一种人体器官移植的合法性选择问题，至于人体器官移植的具体监督管理制度、器官捐献和移植的程序性规定，虽然对于规范我国人体器官移植也具有重大意义，但一般不涉及人体器官移植的合法性选择，故不作阐述。

第一章 总则

第一条 为了规范人体器官移植，保证医疗质量，保障人体健康，维护公民的合法权益，制定本条例。

……

第三条 任何组织或者个人不得以任何形式买卖人体器官，不得从事与买卖人体器官有关的活动。

第二章 人体器官的捐献

第七条 人体器官捐献应当遵循自愿、无偿的原则。

公民享有捐献或者不捐献其人体器官的权利；任何组织或者个人不得强迫、欺骗或者利诱他人捐献人体器官。

第八条 捐献人体器官的公民应当具有完全民事行为能力。公民捐献其人体器官应当有书面形式的捐献意愿，对已经表示捐献其人体器官的意愿，有权予以撤销。

公民生前表示不同意捐献其人体器官的，任何组织或者个人不得捐献、摘取该公民的人体器官；公民生前未表示不同意捐献其人体器官的，该公民死亡后，其配偶、成年子女、父母可以以书面形式共同表示同意捐献该公民人体器官的意愿。

第九条 任何组织或者个人不得摘取未满18周岁公民的活体器官用于移植。

第十条 活体器官的接受人限于活体器官捐献人的配偶、直系血亲或者三代以内旁系血亲，或者有证据证明与活体器官捐献人存在因帮扶等形成亲情关系的人员。

……

第四章 法律责任

第二十五条 违反本条例规定，有下列情形之一，构成犯罪的，依法追究刑事责任：

（一）未经公民本人同意摘取其活体器官的；

（二）公民生前表示不同意捐献其人体器官而摘取其尸体器官的；

（三）摘取未满18周岁公民的活体器官的。

第二十六条　违反本条例规定，买卖人体器官或者从事与买卖人体器官有关活动的，由设区的市级以上地方人民政府卫生主管部门依照职责分工没收违法所得，并处交易额8倍以上10倍以下的罚款；医疗机构参与上述活动的，还应当对负有责任的主管人员和其他直接责任人员依法给予处分，并由原登记部门撤销该医疗机构人体器官移植诊疗科目登记，该医疗机构3年内不得再申请人体器官移植诊疗科目登记；医务人员参与上述活动的，由原发证部门吊销其执业证书。

国家工作人员参与买卖人体器官或者从事与买卖人体器官有关活动的，由有关国家机关依据职权依法给予撤职、开除的处分。

第二十七条　医疗机构未办理人体器官移植诊疗科目登记，擅自从事人体器官移植的，依照《医疗机构管理条例》的规定予以处罚。

实施人体器官移植手术的医疗机构及其医务人员违反本条例规定，未对人体器官捐献人进行医学检查或者未采取措施，导致接受人因人体器官移植手术感染疾病的，依照《医疗事故处理条例》的规定予以处罚。

从事人体器官移植的医务人员违反本条例规定，泄露人体器官捐献人、接受人或者申请人体器官移植手术患者个人资料的，依照《执业医师法》或者国家有关护士管理的规定予以处罚。

违反本条例规定，给他人造成损害的，应当依法承担民事责任。

违反本条例第二十一条规定收取费用的，依照价格管理的法律、行政法规的规定予以处罚。

第二十八条　医务人员有下列情形之一的，依法给予处分；情节严重的，由县级以上地方人民政府卫生主管部门依照职责分工暂停其6个月以上1年以下执业活动；情节特别严重的，由原发证部门吊销其执业证书：

（一）未经人体器官移植技术临床应用与伦理委员会审查

同意摘取人体器官的；

（二）摘取活体器官前未依照本条例第十九条的规定履行说明、查验、确认义务的；

（三）对摘取器官完毕的尸体未进行符合伦理原则的医学处理，恢复尸体原貌的。

……

第三十一条　国家机关工作人员在人体器官移植监督管理工作中滥用职权、玩忽职守、徇私舞弊，构成犯罪的，依法追究刑事责任；尚不构成犯罪的，依法给予处分。

……

从上述立法来看，我国人体器官移植的立法吸收了国外的一些立法经验，强调了人体器官的自愿无偿捐献制度，尸体器官捐献要求尊重本人和近亲属的意愿，活体器官除了自愿、无偿，还要求活体器官的接受人与捐献者有血缘、姻缘等特殊关系。这些规定都是为了有效地防范人体器官移植中可能存在的侵害器官捐献人生命健康权利、商业化的道德风险。同时值得肯定的是，《人体器官移植条例》十分重视法律责任的规定，对不同违法行为、不同违法主体都规定了较具体的法律责任，法律责任包括民事、行政和刑事责任。2011 年 2 月 25 日全国人大常委会通过的《中华人民共和国刑法修正案（八）》，针对人体器官移植犯罪，增设了“组织他人出卖人体器官罪”，规定将未经同意的强摘、骗摘人体器官行为依照“故意伤害罪”或“故意杀人罪”处理，将非法摘取尸体器官构成犯罪的行为依照“盗窃、侮辱尸体罪”处理。① 这进一步完善了

① 《中华人民共和国刑法修正案（八）》在刑法第 234 条故意伤害罪之后作了如下修正：第一款规定：“组织他人出卖人体器官的，处五年以下有期徒刑，并处罚金；情节严重的，处五年以上有期徒刑，并处罚金或者没收财产。”第二款规定：“未经本人同意摘取其器官，或者摘取不满十八周岁的人的器官，或者强迫、欺骗他人捐献器官的，依照本法第二百三十四条、第二百三十二条的规定定罪处罚。”第三款规定：“违背本人生前意愿摘取其尸体器官，或者本人生前未表示同意，违反国家规定，违背其近亲属意愿摘取其尸体器官的，依照本法第三百零二条的规定定罪处罚。”

人体器官移植的刑事责任规定。

三、我国人体器官移植的立法规制问题

前面我国人体器官移植立法概述已经提到，我国《人体器官移植条例》的出台，是在上海、宁波、山东、武汉、深圳等地方颁布实施有关人体器官移植法规之后。这些地方立法为国务院《人体器官移植条例》提供了先行的经验，而且，我国《人体器官移植条例》于2007年颁布，国外的立法已相对成熟，也为我国立法提供了有益的参考。这为我国《人体器官移植条例》奠定了良好的立法基础，使得立法质量较高；其颁布实施对于我国规范人体器官移植、保护器官供者和患者的生命健康权利，意义重大。

但在笔者看来，该条例也存在值得进一步商榷的地方：重视对器官供者（即被摘取健康器官的人）在人体器官移植或摘取器官中的自愿、无偿捐献及其捐献规则的规定，却欠缺障器官供者生命健康权利的明确规定。如前所述，台湾地区《人体器官移植条例》第8条针对活体器官移植就规定“摘取器官须不危害捐赠者之生命安全”。现在，活体器官移植在数量上已经超过尸体器官移植，成为人体器官移植的主要形式；而且，现实社会中的一些人体器官移植违法犯罪行为也主要发生在活体器官移植之中，因此相关的立法更应强调对摘取活体器官行为的严格规制。

我国理论界对于人体器官移植或摘取器官，也多从器官的权利属性、器官供者的知情同意或伦理道德禁令等方面论述人体器官移植的正当性问题，至于人体器官被摘取给器官供者可能造成人身伤害及其程度问题，虽有论述但往往过于简单，也并没有相应的位阶顺序的探讨。在笔者看来，这是值得商榷的，实际上是立足于人体器官移植所具有的重大医学价值这一主视角以探讨其中的医学伦理道德规范；而忽视了直接基于“禁止伤害”这一社会或法律原则的应有考量。这势必在一定程度上导致现代社会人体器官移植中的法律价值危机。因为，人体器官是人身体的有机组成部分，与作为人最重要权利的生命健康权息息相关，摘取器官的行为极有可能对器官供者的生命健康造成严重的伤害。有学者就指出：器官移植的

实质是需要通过牺牲或损害一个个体的利益去挽救另一个个体的生命健康，这就必然涉及第三人的权益损害问题。① 在现代社会，从国家法律的角度来看，主要是在人格权平等的基本法律理念下，为救助某个个体而摘取另一个健康个体的器官或组织的合法化根据是什么？如何避免在人体器官移植中可能出现的各种风险以有效地保障当事人的合法权利？等等。笔者认为，器官移植摘取器官首要的立法基础就是不得严重损害被摘取人的生命健康，即摘取行为应妥当地保障器官供者的生命安全；只有在此前提下，才能并应当进一步探讨器官摘取中的知情同意。而最终摘取器官也是器官供者自愿捐献其器官的行为，由此可以说，器官成为器官供者的有限权利的客体。

事实上如前所述，随着器官移植技术的广泛运用，非法摘取他人器官而造成严重伤害的恶性事件也不断出现。2006 年年底河北省的行唐案件，罪犯为获得非法利益预谋出卖他人人体器官，竟勒死乞丐，摘取肝、肾、脾、胰等器官。2010 年 4 月北京审理的全国首例非法人体器官买卖案，2011 年河北省又传出少年为买手机而“卖肾”事件，等等。这些案件所造成的严重人身伤害后果触目惊心，令人不寒而栗，却都与被誉为医学高科技、患者福音的人体器官移植密切相关。这些源于器官移植的人体器官非法获取问题，具体表现为暴力强行摘取他人器官，或重金诱摘、骗摘及非法买卖他人器官，等等。这些事件中非法摘取他人器官不仅给被摘取人造成了难以挽回的严重人身伤害，也严重侵害了社会的公序良俗和人的尊严的道德情操，令人警醒。因此，在积极肯定人体器官移植具有较大的合理合法性，为了人体器官移植的需要，摘取人体器官也从早期的摘取尸体器官发展到可以合法地摘取活体器官的同时，应当严格控制摘取器官行为对器官所有人的身体伤害，即并不能因为得到了器官被摘取人的“知情同意”，就可以摘取其人体器官，还应当考虑不得严重地伤害器官被摘取人的生命健康。

① 刘长秋：《刑法视野下的器官移植》，《现代法学》，2008 年第 6 期。

第三节 我国人体器官移植立法的理论基础

现代社会，人体器官移植技术在医学实践中被广泛应用，从在治病救人和挽救生命等方面的巨大作用来看，其具有良好的合法性基础。① 但不能否定，这项技术也带来了一些难以回避的伦理、道德和法律上的问题。在人体器官移植中可能存在的问题无外乎两个方面：一是在可供移植器官的取得上，可以摘取哪些人体器官进行器官移植？如何摘取？二是在器官移植手术上，如何公平分配人体器官？如何保障器官移植的安全？二者构成了器官移植问题的完整逻辑。其中存在较大问题是第一个方面，尤其是摘取活体器官的问题。因为人体器官是人身体的有机组成部分，与作为人最重要权利的生命健康权息息相关，摘取器官的行为极有可能会对器官供者的生命健康造成严重的伤害。有学者就指出："器官移植的实质都需要通过牺牲或损害一个个体的利益去挽救另一个个体的生命健康，这就必然会涉及第三人的权益损害问题。"② 在此意义上，下面主要是从人体器官摘取上来论述其立法的理论基础。对此，结合国外的立法情况和相关理论，笔者认为，可以概括为当事人知情同意原则、器官摘取不伤害原则和"商业化禁令"原则三个方面。

一、器官移植的知情同意原则

在前面有关国内外立法的概述中，不难发现，对于人体器官移植，国内外的立法都强调摘取人体器官应当得到当事人的知情同意。首先，尸体器官移植是人体器官移植的最初形式③，对于摘取

---

① 人体器官移植技术，包括一些医疗手术活动，都在客观形式上表现为对病人身体的某种"伤害"，如开膛破肚、截断肢体等。法律上一般将这种行为作为"紧急避险"的行为可阻却违法性，或者直接称之为"医疗行为"，医疗行为可阻却行为的违法性。

② 刘长秋：《刑法视野下的器官移植》，《现代法学》，2008 年第 6 期。

③ 从人体器官移植的发展来看，最早都限于尸体器官移植，后来发展到活体器官移植。

尸体器官进行器官移植，这种知情同意，表现为死者生前的意思或者在其死后，特定近亲属的意思。一般而言，或者是死者生前明确作出捐献遗体或器官的决定；或者是死者生前未作出捐献遗体或器官的决定，在其死后，特定的近亲属（夫妻、成年子女、父母、成年兄弟姐妹、死者监护人等）可以决定遗体或器官的捐献。但人死后由近亲属决定遗体或器官捐献往往受到一定的限制，一是死者生前不能有拒绝捐献遗体或器官的意思表示，二是近亲属在决定是否捐献遗体或器官时，其决定权是有位阶顺序的，只要有上位亲属或同位亲属反对捐献的，就不能捐献。其次，活体器官移植是现代社会人体器官移植的主要形式，器官被摘取人的知情同意更应得到法律的重视。人体器官是人的身体的有机组成部分，是人的生命健康权利的载体或基础，对个人而言，拥有健康完整的人体器官显然是其重要的权利。摘取人体器官的行为是对这种权利的侵害，在法律上，合法的摘取行为显然理应使相关权利人知情并得到有效的同意。

值得注意的是，知情同意并非仅仅器官供者事实上的知情同意，而是一个法律上的概念。固然原则上存在知情同意的事实就可以摘取其器官，但并非不受任何限制。试想一个尚无准确认识和理解能力的未成年人或精神病患者的承诺，他们很难对摘取其器官的行为及其严重后果完全知情，也就谈不上基于知情的有效同意。为避免器官移植的滥用及其存在的道德风险，保护人们的权利，器官移植的立法普遍禁止以“知情同意”而摘取未成年和精神病患者等缺乏认识能力的人的器官。我国《人体器官移植条例》第 8 条也规定：“捐献人体器官的公民应当具有完全民事行为能力。捐献人体器官的公民应当具有完全民事行为能力。公民捐献其人体器官应当有书面形式的捐献意愿，对已经表示捐献其人体器官的意愿，有权予以撤销。”第 9 条又规定：“任何组织或者个人不得摘取未满 18 周岁公民的活体器官用于移植。”应该说，而且在特定情况下，即使行为人对摘取行为及后果完全知情而作出承诺，但也并不意味着这种承诺的合法有效。再者，知情同意是基于权利人的权利处分行为而言的。众所周知，权利意味着自由，权利主体可以选择行使也可以不行使，可以这样行使也可以那样行使，虽然生命健康权利是典型的人身权，具有自由行使的可能性，但是因其与权利主体人身密不可分，其自由处分的行为是受到一定限制的。例如，在摘取一些重要的决定人的生命的人体器官时，法律是否应任其自由处分呢？这显然是有争议的。① 因为，重要的决定人的生命的人体器官往往是唯一的和不可再生的，摘取这种器官就意味着死亡。在生命权的讨论中，恐怕没有哪一个国家允许人们自由选择放弃自己的生命。可见，当事人的承诺并不是也不应当是无限的承诺权，而必须受到一定的限制，如必须考虑目的的正当性、法律上的正当性以及器官供者的健康状况等。个人的生命健康等权利是个人重要的基本权利，但权利人并不能随心所欲和毫无限制地行使这些权利，而应当遵守社会的一般伦理道德和价值观念。其中为现代社会承认而成为基本信条的是生命是神圣的，任何人都无权处分自己的生命。虽然供者的知情同意是阻却摘取器官行为违法性的理论基础，但是什么是有效的知情同意，或者法律所认可的知情同意与事实中供者的知情同意是有差别的。

二、器官摘取的不伤害原则

采取人体器官移植的方式替换患者已经发生病变、衰竭的器官，医治疾患和挽救生命，前提就必须摘取一个拥有正常生理功能的人体器官。对患者而言，一般无所谓伤害问题，而对被摘取器官的人来说，摘取器官的行为首先无疑是一种“伤害行为”，倘若摘取的是极其重要的直接决定生命的器官，如心脏和大脑，又何异于

① 现代社会，一般国家立法都对生命权的自由处分持一种限制的态度，规定个人无权处分和承诺他人处分自己的生命。但也有个别国家例外，如荷兰在2001年4月成为世界首个承认安乐死合法化的国家。当一个人患有不治之症，遭受极端的精神和肉体痛苦时，患者出于真诚意愿的表示，可以请求医生用人道的方式使其在无痛苦状态中结束生命。荷兰法律对实施安乐死规定了3个条件，即：病人的病情必须是不可治愈的、病人必须在意识清醒的情况下完全自愿地接受安乐死、病人所遭受的痛苦被认为是难以忍受的。参见：《荷兰成为世界首个承认安乐死合法化国家》，新浪网，http：//news. sina. com. cn/w/228567. html。

“以杀人的方式救人”呢？器官移植凭借什么能够摘取一个人的器官将之移植入另一个人的体内呢？

现代社会人权保障思想已深入人心，人权被上升到基本人权、自然权利的高度，是人因其成为人而享有的权利。而自由和平等就是人权的本质特征和要求，如西方有谚语云：高贵的皇帝和穷困的乞丐是平等的。生命面前人人平等，这自然应当成为现代医学开展器官移植必须遵循的基本原则和颠扑不破的真理。摘取他人人体器官理应不伤害或尽可能少伤害器官供体的生命健康权利，不得给他人的生命安全造成严重侵害。之所以强调器官移植的不伤害原则，在于保障被摘取器官人重大的生命健康权利，避免滥用器官移植技术而导致侵害他人生命健康权利的道德风险。将不伤害作为器官移植摘取器官的首要原则，也是缘于器官移植的现实情况，现代医学实践就是以器官移植的不伤害原则决定着器官移植的种类和范围。即将可供摘取和移植的器官限定于那些不至于剥夺生命和危及重大健康的器官。在医学上而言，个体是由生理结构不同、功能各异的器官所构成的，个体的生命和健康与这些人体组成器官的结构完整及功能良好情况密切相关。现代社会器官移植显然不能不加限制地摘取个体的任何器官，而只能摘取那些不至于严重伤害个体的生命和重大健康的器官。基于此，目前人体器官移植较为广泛开展的是肾脏移植和肝脏移植。前者主要是手术摘取某一个体的单个肾脏进行移植，后者主要是摘取某一个体的部分肝脏进行移植。根据我国现行器官移植法律法规，还可以摘取死刑罪犯尸体或尸体器官进行器官移植。由于无生命的尸体不存在伤害问题，这里不作探讨。①正常人体的肝肾都具有强大的生理代偿能力，即单肾或部分肝脏就

① 1984年10月9日，最高人民法院、最高人民检察院、公安部、司法部、卫生部、民政部等联合颁布实施《关于利用死刑罪犯尸体或尸体器官的暂行规定》，规定以下几种死刑罪犯尸体或尸体器官可供利用：（1）无人收殓或家属拒绝收殓的；（2）死刑罪犯自愿将尸体交医疗卫生单位利用的；（3）经家属同意利用的。随着器官移植的广泛开展，近年来社会各界对此规定的争议不断，普遍质疑此规定可能导致器官买卖和人权保障的道德风险危机。

可以代偿受损部分的功能。这种代偿能力为我们摘取这些器官进行移植提供了可能性，即不至于摘取器官就等于伤害其生命。

客观上，重要人体器官直接牵涉到个人重大的生命健康问题。如果器官移植在器官供者的生命健康保障上没有设定明确“禁区”，没有合理的法律规范加以调控，就难免会产生侵犯个人的生命健康权利的道德风险。事实上，目前为社会所关注的器官移植大案，就主要是非法摘取他人人体器官而给当事人造成了难以弥补的重大人身伤害案件，人们所关注的除了表现为非法摘取的“强摘”、“偷摘”、“诱摘”等险恶的手段行为，更让人们目光聚焦的是非法摘取器官给当事人造成的触目惊心的伤害。

在此意义上，保障器官供者的生命健康权利理应成为器官移植立法的一个基本原则。在我国现行器官移植立法中，器官供者又被称为器官捐献者，是自愿无偿提供其器官以供移植的一方当事人，其中蕴含的道德主义、人间情感、利他主义和同情心，毋庸置疑。与之相应，器官移植挽救生命也不能枉顾无辜健康的器官供者的生命健康权利。当然，完全不伤害是现实不可能的，不伤害实为尽可能地不伤害或并不危及被摘取人生命安全的伤害。这种伤害是为现代社会一般民众观念所能容忍的轻微程度的伤害。在不伤害的前提下，一般的社会观念是行为人应当尽可能地为他人提供“举手之劳”。例如，对于非重要的人体组成部分——细胞和组织等（如血液和皮肤组织），它们之于人的生命健康权利的意义不如器官，而且细胞和组织往往具有很强的再生能力，摘取它们对人体的伤害往往比较小，因此一般不会存在严重伤害的情形，在社会中并不存在较大的争议。

三、器官移植的商业化禁令原则

器官移植摘取人体器官的行为符合了不伤害的原则，又具备了被摘取器官者的知情同意，那么是否意味着就可以自由地摘取其器官呢？答案是否定的。究其原因，人体器官并不是一种我们可以随意处分的物，因其是人体的有机组成部分，与人的生命健康、人格尊严等个人特征存在着紧密联系，决定了对人体器官的合理利用必须尊重人的主体价值，不能违背社会的公序良俗或者一般人的道德情感。在现代社会，这主要表现为人体器官不得进行商业买卖。虽然现代社会是商品经济的社会，自由平等、等价有偿的商品交换法则深刻地影响到人们的社会生活，但人体器官涉及人格尊严、人的价值，并不能以商品经济法则一以贯之。

主流的观点是反对人体器官的自由买卖，认为人体器官买卖应当被严格禁止，其理由主要是："（1）人体器官买卖会造成富人对穷人的剥削，因为穷人更有可能会出卖自己的器官；（2）人体器官买卖会使器官的出售者处于手术的风险与痛苦之中；（3）如果允许人体器官买卖，将会导致人体构件乃至人的商品化；（4）任何人都不可能真正自愿同意将自己置于这样一种风险之中；（5）如果允许捐献者获得补偿，则会损害现有的以利他为特征的器官捐献体制。"① 基于已有的社会经验，人们担心允许人体器官买卖并不能真正做到自由平等和等价有偿，而沦为一些人对另一些人的新的剥削压榨工作；而且，人体器官的买卖会使人体及其组成部分器官被商品化，这与近现代社会建立起来的人格尊严、人的主体价值等观念是格格不入的，显然难被一般社会道德情感所接受。事实上，世界上各国和国际社会对人体器官买卖，无一例外地作了禁止的规定，严禁人体器官商业化买卖。这是目前各个国家和地区在规范人体器官移植方面的基本立场。如前所述，1989 年英国的《人体器官移植法案》明确禁止人体器官的商业化运作。日本《器官移植法》第 11 条也规定，任何人不得从事人体器官买卖和相关中介活动。诸如法国、德国、美国、加拿大、新加坡、智利、西班牙、津巴布韦以及我国台湾、澳门等地区也都明确禁止人体器官的商业化操作，并明确将人体器官的商业化规定为犯罪而课以刑罚。我国《人体器官移植条例》第 3 条明确规定，任何组织或者个人不得以任何形式买卖人体器官，不得从事与买卖人体器官有关的活动。第 10 条又将活体器官的接受人限于活体器官捐献人的配偶、

① ［英］约翰·密尔：《论自由》，程崇华译，商务印书馆 1959 年版，第 151 页。

直系血亲或者三代以内旁系血亲，或者有证据证明与活体器官捐献人存在因帮扶等形成亲情关系的人员。这些立法都禁止人体器官的商业化买卖。

既然人体器官不得非法买卖已经得到人们的广泛认同，为什么还要强调这一立法原则呢？这是由于现实的社会原因，因为现实医疗临床上的器官供求矛盾突出，2012 年的报道称："我国每年约有 150 万人需要器官移植，但是每年仅有 1 万人能够接受移植手术，150∶1，这个差距巨大的供需比例，反映出目前我国器官移植存在的难题……"① 这种对人体器官的迫切需要，使得事实上非法买卖人体器官现象猖獗，媒体报道中的触目惊心的"器官黑市"可见一斑。近年来，司法实践中不乏人体器官非法买卖的大案，社会现实客观存在着人体器官买卖的现象。在一些大中型医院或公共场所，经常可以看到一些诸如"卖肾"的小广告。对于人体器官买卖行为，这并不是事实上的非罪化，而是立法、司法和执法的问题，归根结底是立法的问题，需要立法制定出更加科学合理、明确的法律规定。

第四节　我国人体器官移植的理性立法规范

如前所述，我国人体器官移植的立法经历了一个从地方立法到中央立法不断发展的过程，也是一个立法经验积累和完善的过程。在立法内容上，与国外立法相似，人体器官移植是从尸体器官移植（遗体捐献）逐渐发展到包括活体器官移植在内的人体器官移植立法。2007 年，国务院颁布了《人体器官移植条例》，该条例基本上借鉴和吸收了国内外立法的一些普遍认同的法律原则与精神，主要有人体器官捐献制度，人体器官捐献应遵循自愿、无偿原则，不得买卖人体器官；还对违反人体器官移植条例行为的法律责任作了较为详细的规定。这对于规范我国人体器官移植行为具有重要的意

---

① 《中国器官移植供需比 1∶150　来源紧缺供需矛盾大》，中国新闻网，http：//finance. chinanews. com/jk/2012/09-21/4203364. shtml。

义。但由于种种原因，现实社会非法人体器官买卖猖獗，乱象丛生，这反映出有关人体器官移植的立法还是存在有待完善之处。

我国人体器官移植的立法，首先应当恪守上述立法基本原则，即器官移植知情同意原则、器官摘取不伤害原则和器官移植禁止商业化原则。这些原则为理论界所共识，也得到了各国立法的肯定，因此应成为我国人体器官移植应当遵守的基本社会底线。但应当注意的是，如何合理地构建相应的法律规则。

关于知情同意原则，知情同意并非完全意义上的由器官捐献者本人的知情和同意。为了推动人体遗体或器官的捐献，立法往往对知情同意采取了拟制性的规定，即不限于器官捐献者本人的知情同意，而是将其作了扩大化的解释，一是知情同意的主体扩大到特定的亲属成员，二是知情同意的意思表示扩大到“只要没有明确表示反对，即为同意”的推定同意制度。① 有学者称：“其中推定同意包括两种形式：一种是国家授权医生摘除死者有用的组织或器官，而不考虑死者或亲属的意愿；另一种是法律推定，不存在来自于死者或家庭的反对时，方可进行器官的摘除。在欧洲，实行两类推定同意的国家都有。”② 绝对的推定同意制度，是根据当时具体的事实情况推定当事人会同意某种行为，至于当事人是否真实同意在所不问，即使事后知道当事人不同意，也不否定推定同意的法律效果。因此在笔者看来，这种绝对的推定同意是可能存在侵犯当事人权利的，应当加以严格的限制。对此，有学者提出：“在广泛进行宣传教育之后，如果你不表示明确反对，就隐含着你的同意。”并称其“推定同意”并不与“知情同意”相矛盾。③ 这应该说是可取的，立法应当平衡协调对器官捐献者真实意愿的强调和对人体器官移植发展的需要。

---

① 美国的驾照背面就是器官捐献表，如果司机不幸遇难，医护人员可以立即将可用的器官摘除保存，以拯救其他人。

② 颜青山：《论“推定同意”的伦理限制》，《医学与哲学》，2001 年第 1 期。

③ 邱仁宗：《利用死刑犯处决后的器官移植在伦理学上能否得到辩护》，《医学与哲学》，1999 年第 3 期。

关于器官摘取不伤害原则，不伤害原则是尽可能地减少伤害的程度，因为人体器官移植摘取器官供者的器官，完全不伤害是不现实的。人体器官与人的生命健康是紧密相连的，人的身体作为一个有机的整体，理论上并不存在多余的无用器官。因此，一方面应当明确规定摘取人体器官不得严重伤害器官捐献者的生命健康；另一方面，应当禁止造成相当程度的身体伤害，至少一点是不得伤害他人生命，不能以“杀一个人的方式去救另一或几个人”。再者，我国已有明确的人身伤害程度鉴定制度，司法部于2004年4月14日发布了《人体损伤程度鉴定标准》，将人体损伤程度分为重伤、轻伤、轻微伤三等，并有相应的分级；之前也由司法部门先后制定了具体的《人体重伤鉴定标准》《人体轻伤鉴定标准》和《人体轻微伤鉴定标准》。① 鉴于刑事立法规定的故意伤害犯罪以造成轻伤以上伤害为起点，即对造成轻伤以上程度的伤害，才给予最强烈的法律否定评价；轻微伤害只是有违民法和治安法的一般违法行为，建议人体器官移植立法应当明确禁止造成轻伤及其以上伤害的器官摘取行为。

关于器官移植商业化禁令，应该说，这是国内外立法较为关注的一个问题。我国《人体器官移植条例》明确禁止有关人体器官的买卖行为，并在“法律责任”规定了非法买卖人体器官行为的具体责任。立法表述是“买卖人体器官或者从事与买卖人体器官有关活动”，其中“有关活动”还存在过于宽泛的问题，建议明确指出是人体器官中介活动等；而且，相关法律责任的规定主要是行政法律责任，应增加完善刑事责任的规定。目前我国刑法只有

---

① 为规范人体伤害程度的司法鉴定，20世纪90年代由最高人民法院、最高人民检察院、公安部和司法部联合颁布了《人体重伤鉴定标准》和《人体轻伤鉴定标准》。这两个标准颁布于1990年3月29日，于1990年7月1日起试行，其标准适用于《中华人民共和国刑法》规定的伤害他人身体健康的法医学鉴定。《人体轻微伤鉴定标准》由公安部于1996年7月25日发布，自1997年1月1日实施。该标准规定了人体轻微损伤的评定的原则方法及内容，适用于一切违反《中华人民共和国民法通则》和《中华人民共和国治安管理处罚条例》所造成的轻微损害。

"组织他人出卖人体器官罪"，对于非组织他人出卖人体器官行为，单纯出卖自己人体器官的行为，都没有作出明确的规定。而鉴于当前现实社会人体器官买卖猖獗，原有的立法已经不能有效地遏制买卖人体器官的行为。因此，建议增设非法买卖人体器官犯罪、人体器官买卖中介犯罪等条款，动用最为严厉的刑罚以有效地打击违法犯罪行为。

第六章　脑死亡问题的法律规制

脑死亡即大脑功能不可逆转地丧失，现代社会医学界率先提出了将脑死亡作为人死亡的判断标准。虽然这种观点在医学领域得到了较为广泛的认同，但是在一般社会中、在法学领域，则是一个充满争议的问题。有的对脑死亡标准持肯定的态度，有的对脑死亡标准持否定的态度，还有的认为人的死亡是一个事实判断的过程，不能也无须由法律作出规定。可以说，法律上的脑死亡问题，实际上是一个如何对待脑死亡的法律性质的问题，即脑死亡者是已经死亡的人吗？尤其是，在一个人虽然已经发生了脑死亡，但仍具有心跳或呼吸的时候，应不应该当做死者看待？有生命的人与无生命的尸体，在法律上的评价是迥然不同的，应当有准确的区别。当然，具体的脑死亡判断标准也是脑死亡中值得探讨的重要问题，但这主要涉及医学技术判断的问题，故在法律上不作详述。因此，下面主要从脑死亡与传统死亡观念论述我国的脑死亡立法问题。

第一节　脑死亡的法律定义

脑死亡概念的提出与人体器官移植的需要密切相关。如前所述，我国人体器官移植中一个现实而紧迫的问题是可供移植的人体器官来源严重缺乏，器官移植中器官供求矛盾突出。中国每年大约有 150 万人因末期器官功能衰竭需要器官移植，但每年能够使用的器官数量不到 1 万，供求比例达到 1 : 150。因为人体器官是人的重要组成部分，是个体生命健康及人格尊严的重要载体，摘取某个人正常健康器官的行为极可能与其是生是死、健康与否等息息相关，自然不是简单的技术问题，而是一个“应当与不当”的社会伦理道德的规范问题。但基于器官移植治病救人的善良目的及其显著成效和广阔前景，现代社会器官移植技术被广泛接受和运用。问题不在于器官移植技术，而是如何扩大人体器官来源从而获得足够可供移植的人体器官。其中一个重要的解决途径就是脑死亡人器官移植，主张将脑死亡作为人的死亡判断标准，只要人的大脑出现不可逆转的死亡就标志着人的死亡，即便仍有心跳和呼吸也已成为尸体。从活体到尸体，器官移植在摘取可供移植器官的认识和接受程度显然更高，摘取尸体器官进行移植就可以有效地挽救罹患重病患者的生命健康，则更具社会正当性。

同时，脑死亡标准的提出是现代社会生命科技发展的产物。可归结为以下两个方面：一方面，脑死亡标准是现代生命科学对人的生命现象和本质深入认识的必然结果。随着医学科学技术的发展，现代社会人们已经清楚地认识到大脑才是主宰人的全部生命活动的中心，而并非原来的人以心脏为中心的“心脏中心论”。在医学上，大脑是控制运动、产生感觉及实现高级脑功能的高级神经中枢。人类的大脑是在长期进化过程中发展起来的思维和意识的器官。即由大脑的生理活动形成人的有意识的身体动作，产生人的思想意识和思维活动，大脑是作为主体的人的自我意识的物质基础。而包括心跳和呼吸在内的人的生命活动，只是人生命活动的客观外在表现，是作为现象的生命；大脑的生理活动才是生命的本质。因此，脑死亡才是科学技术意义上的死亡。另一方面，脑死亡标准是科学解决临床实践中新问题的需要。随着现代医学科学技术的发展，一些新型的医疗设备和仪器不断问世，大大提升了医学治病救人的能力，但也引发了诸如死亡判定的难题。在临床实践中，对于一个已经脑死亡的病人，通过现代医学生命维持系统、人工呼吸机的使用，就可以使一个人长时间地维持正常的心跳和呼吸。在这种情况下，是有生命的人还是尸体呢？依据传统观点，回答是有生命的人。但事实上，由于大脑已经死亡，这种单纯的心跳和呼吸难以产生多大的社会意义，脑死亡的人不可能作出意思表示的行为，也不可能产生自我意识，实为有心跳和呼吸的“尸体”。

当然，“人命大于天”，长期以来，人们形成了对死亡极其重视的文化传统。在人类社会几千年的历史发展中，死亡已很难说仅仅是一个医学判断问题，而是一个广泛牵涉社会伦理道德、宗教思想和心理等诸多领域的问题。千百年以来，传统观点都是将心跳和呼吸停止作为人死亡的确切无疑的标准，学者们通常称之为“心肺死亡说”。“脑死亡”则只是人类迈入到现代社会才被提出的一个概念，而且对于脑死亡的具体判断标准和指标，一直存在不同的观点。这也严重影响到人们对脑死亡标准的接受。目前，我国社会脑死亡与心肺死亡说并存，应如何协调二者之间的关系？一直是人们关注的热点问题。

第二节　脑死亡的法律定位

一、从心肺死亡到脑死亡

关于死亡的判断，我国尚没有明确的相关立法。死亡问题具有深厚的历史底蕴，死亡判断承载着人类社会几千年来形成的生死文化观念，因此，死亡判断难以成为现代法律规范调整的对象。相关死亡标准的争议则主要是社会实践和理论研究中的问题，概括起来，实质上是传统的心肺死亡说与现代医学上脑死亡说。

传统社会的观点是把心跳和呼吸的停止作为死亡的判断标准。死亡必须发生在心跳和呼吸活动停止之后，此即心肺死亡说。这一标准可细分为“心脏死”和“肺死亡”。心脏死或称心死亡，是指原发于心脏功能不可逆中止所引起的死亡。此时心跳停止先于呼吸停止和脑功能的完全停止。心脏死亡最主要的原因是心脏本身的严重损伤或疾病。其他原因如各种原因的休克、电流通过心脏的电击、具心脏毒性的毒物中毒等也能引起心脏功能不可逆中止死亡。① 死亡意味着人体活动的停止和归于寂静，表现于外的呼吸活动的停止通常也被作为个体死亡的重要标志。而且，一些人的死亡并不是“因心而死”，其死亡过程并不是开始于心跳停止，而首先

① 王保捷：《法医学》，人民卫生出版社 2002 年版，第 11 页。

表现为呼吸停止，一旦呼吸发生不可逆转的停止，继而则是心跳停止，当这一过程不可逆转的发生时，个体即死亡，此即“呼吸死”或“肺死亡”。

“脑死亡”可追溯至1959年第23届国际神经学会上提出的“昏迷过度”概念，学者在报道23例这种病理状态时使用了“脑死亡”一词，并提示凡是被诊断为“昏迷过度”的病人，苏醒可能性几乎为零。此后，“脑死亡”的提法为医学界所广泛接受。世界上第一个脑死亡诊断标准是1968年的美国“哈佛标准”。当年在第22届世界医学大会上，美国哈佛医学院脑死亡定义审查特别委员会提出了“脑功能不可逆性丧失”作为新的死亡标准，具体诊断标准为：(1)不可逆的深度昏迷；(2)无自主呼吸；(3)脑干反射消失；(4)脑电波消失(平坦)。在此影响下，世界上许多国家采用了“哈佛标准”或与其相近的标准。随着医学对人脑结构和功能深入认识——呼吸中枢位于脑干，因而脑干功能受损直接导致呼吸功能停止，20世纪70年代，英美国家率先提出脑干死亡就是脑死亡。1971年，美国提出脑干死亡就是脑死亡的概念，英国皇家医学会于1976年制定的脑死亡标准也确认了脑干死亡说。当一个人的脑干永久性完全丧失功能，以致呼吸功能不可逆的丧失，随后身体的其他器官和组织也会因为没有氧气供应而逐渐丧失功能。因此，脑干死亡就是脑死亡，脑死亡即人死亡。应该说，以脑干死亡作为人死亡的判断标准具有一定的科学性，但以部分人脑的死亡作为大脑的死亡，以脑干呼吸中枢的死亡作为人整体的死亡，还是难以令人信服。在此意义上，目前多数国家还是采用全脑死亡的概念，只有部分西方国家采用脑干死亡的标准。

二、观点评析：从道德情感主义到功利主义

笔者认为，传统的心肺死亡说主要代表着前医学科学时代对死亡的社会、伦理和道德判断，蕴含着朴素的道德情感主义；脑死亡则是现代社会对人死亡的医学科学认识，而且这种认识与医学临床获取人体器官以进行器官移植紧密相连，表现出浓厚的功利主义色彩，二者之间难免产生一定的价值冲突。

心肺死亡说是人类社会千百年来普遍接受的死亡判断标准，是死亡判断的社会大众标准，也是文化习俗、伦理宗教上的标准。自古以来人们极其重视生死问题，生死不仅是个体的自然生死事件，更是牵涉广泛的社会文化、历史传统和伦理道德问题。譬如，不同民族、国家和地区普遍存在丧祭礼仪的死亡文化，在寄托哀思表达尊重之外，严肃而费时的礼仪程序何尝不是对死亡准确判断的重视？传统社会死亡直接表现为心跳和呼吸的停止，而将之作为死亡的判断标准具有以下优点：一是客观形象有利于作出准确判断，心跳和呼吸是人生命活动集中的客观外在表现，普通民众就能够清楚地观察到，如心脏跳动、脉搏和呼吸气息等。而明确可辨的客观标准很好地满足了死亡判断的严谨性，不容丝毫差误。二是社会认同感强。心肺死亡说作为传统标准，承载着人类社会对死亡判断的文化认同。传统观念认为，死亡意味着沉寂和终结，因此让人去接受"一个心脏仍在跳动，气息尚存的人已经死亡"的观点难以想象。在现代医学科学之前，对死亡的判断还比较简单，主要是以直观的心跳和呼吸停止为标准，可以说是一种经验判断的结果，具有较强社会认同感，反映了广大社会民众朴素道德情感的需要。

医学的发展改变了死亡的定义，也深深地影响到对死亡的判断标准。脑死亡，虽然具体判断标准存在一些争议，但并不妨碍其成为一种不同于传统心肺死亡说的全新死亡判断标准。脑死亡不啻现代医学科学的死亡判断标准，不仅由医学界率先提出，而且具体判断必须借助医务人员的专业判断，如检查脑功能情况的脑电图，必须由医务人员通过专业仪器加以判断。而现代社会提出脑死亡标准其合理性在于：一是标准的科学性。在现代医学科学中，人们充分意识到大脑之于生命的首要意义，大脑不仅是思想意识的物质载体，而且人所有生命活动都受到大脑及中枢神经的调控。可以说，大脑功能的有无天然就是判断生死的重要标准。二是标准的医学和社会价值。脑死亡与器官移植紧密相连，是器官移植的重大便利之举。在器官移植中，摘取活体器官涉及供体的生命健康权利及其社会接受度等因素，往往受到传统文化和法律规范的严格限制，而通过脑死亡判断标准确定某人死亡之后，再依法摘取就属于尸体器官，并且对于摘取尸体器官移植就可以治病救人显然具有较高的可接受性。根据脑死亡观点，一旦大脑功能不可逆的丧失，即使存在心跳和呼吸，也是死亡，属于“有心跳的尸体”。在某种程度上，意味着人死亡界定点的提前，为器官移植的需要就可以依法提前摘取那些仍具有良好活性的器官。在实践中，脑死亡者往往是罹患严重疾病而陷入深度昏迷的患者，被确定为脑死亡的人基本上苏醒无望；脑死亡者已经丧失了基本的知觉和自主意识活动，自然也不可能参与到重要体现人的社会活动中。脑死亡者在没有医学生命维持系统的情况下，心跳和呼吸也会在一段时间内相继停止，而要求继续维持其心跳和呼吸则会给患者家属造成巨大的经济压力，也往往需要耗费大量宝贵的医疗资源。这与我国人口众多而现阶段医疗资源相当匮乏的社会背景是难以相容的。举重以明轻，脑死亡者放弃治疗有其存在的合理性。在此意义上，脑死亡判断标准有利于提高人体器官的利用效率和节约有限的医疗资源，也有利于减轻脑死亡者及其家属的经济负担。

传统的心肺死亡说和脑死亡说各有其合理之处，但二者也存在各自的问题。传统的心肺死亡说不得不面临医学发展中的难题——并非心肺而是大脑才是生命活动的关键。现代医学科技如心肺复苏术、人工呼吸仪器等生命维持系统的问世，完全可能使那些大脑功能已经丧失的人很长时间地维持心跳和呼吸，但因缺乏作为人的认识、意志和自主活动，这种单纯的心跳和呼吸很难说仍具有人的社会意义。脑死亡说的问题则在于脑死亡的具体判断标准本身仍是一个值得探讨的问题，如有全脑死亡和脑干死亡，各种具体诊断标准不一；而且，脑死亡标准与器官移植的开展紧密相连，功利性明显，在方便获取可供移植器官的情况下，难免让人担忧其中潜藏的道德风险，即可能在某人还没有真正死亡的阶段，非法提前摘取其人体器官，从而触犯刑法构成故意伤害罪甚至故意杀人罪。

三、脑死亡的死亡定位：死亡二元论

就历史发展来看，死亡判断似乎经历着从“心肺死亡”到“脑死亡”的演变，但“脑死亡”并非终点而只是其中的一条支

路。死亡标准走向的是折中融合且在所难免，“心肺死亡”又何尝不是“心脏死”和“呼吸死”的融合。传统的心肺死亡说和脑死亡说各有优缺点，客观上为二者的融合奠定了基础，而人的死亡是源于心肺死还是脑死亡，因发生原因不同，可以并存。

折中融合的死亡标准即“死亡二元论”，是将传统心肺死亡与脑死亡并列作为死亡的判断标准。例如，1980 年美国的“统一死亡判定法”（DDA）对死亡判定的规定：循环和呼吸功能不可逆性终止，或包括脑干在内的全脑功能不可逆性终止。① 死亡的判定出现双轨制，即心肺死亡和脑死亡并存。② 德、日等国家及我国台湾对于死亡的判断都是采取死亡二元论的判断模式。但脑死亡一般被谨慎地限于个别的特殊情况，通常是将脑死亡配合于器官移植，将其写入器官移植法令中，作为尸体器官移植的重要程序。

生死的界定至关重要，先后有心脏死、呼吸死、心肺死亡和脑死亡等概念。在笔者看来，简单地基于死亡的直接原因，上述死亡概念并不存在问题，毕竟“心、肺、脑”这三大器官及其系统构成了人生命的基础。但是，能否以其中某一器官或系统的死亡作为整体的人死亡值得思考。传统社会虽已存在心脏死和呼吸死，但一般合二为一作为死亡的判断标准，仅有其一，尚不足以判定一个人的死亡。脑死亡的提出则深化了死亡的认识，体现了现代医学科学对人体死亡的本质探索。即心跳、呼吸和大脑功能紧密相连，心肺死亡与脑死亡只是表现于外的现象与隐藏于内的本质的关系，死亡是心脏及循环系统、呼吸系统和大脑及其神经系统三者的整体死亡。不少学者亦主张死亡的综合判定说，是以心脏停止、呼吸停止和瞳孔反射消失为死亡的“三征候说”，其根据是：心脏的自液循环机能、肺部的呼吸机能、脑干自律机能（生命维持机能）三者之间是互相依存的，无论哪一种机能发生不可逆的停止，其他两种

---

① 该法规于 1981 年得到美国总统医学和生物医学及行为研究伦理委员会的批准。

② 陈忠华：《现代死亡学》，科学出版社 2004 年版，第 65 页。

机能在短时间内（数分钟内）也会停止。此所谓“生命的三角关系”。① 而且，鉴于死亡判定的严肃和确凿要求，这种思想颇具影响力。有学者特别说明：三征候说是建立在心肺功能丧失说的判断基础上的，仍是传统死亡标准的类型之一，只是三征候说偏于强调临床实践上，死亡必须透过先后具体的检验程序进行判断。因此，三征候说与心肺丧失说皆一致认为，死亡就是人类体内循环、呼吸不可逆的终止以及中枢神经系统的功能停止。②

随着现代医学的发展，脑死亡的提出及传统心肺死亡演变成为心肺脑死亡的三征候说，反映的是生死判断的审慎。毕竟生与死天壤之别，生死从古至今都是事关重大的问题。然而，从传统心肺标准到“心、肺、脑”三征候，显然不是也不可能是脑死亡提出的初衷。如前所述，与脑死亡紧密相连的是在器官移植，脑死亡是在器官移植取得重大进步并在临床广泛运用，但却存在可供移植人体器官稀缺而严重制约器官移植的背景下，由医学界提出的。在其科学性之外，彰显的是功利主义，旨在心肺死亡之外以大脑功能丧失作为死亡的标志，从而有利于摘取尸体器官进行移植。追本溯源，脑死亡的提出显然并非死亡的确定判断在传统心肺死亡说基础上的“锦上添花”之举，而是对传统心肺死亡说的一种重大突破，即不再以心肺的功能定生死，而以大脑功能作为死亡的新标准。虽然心肺和脑三者之间血脉相通，往往“一损俱损”，但并非一体。人是具有复杂生命现象的有机体，各器官或组成部分的功能丧失或死亡并非完全同步一致。尽管生命在“心肺—大脑”之间联系紧密而存在营养供给和调控的关系，但它们之间的功能丧失或死亡也可能存在或甚至存在着较长的时间差。尤其是当大脑及其中枢神经系统功能丧失后，完全可以借助医学设备长时间地维持心跳和呼吸，此时是活人还是尸体呢？即典型的脑死亡判断问题。对此，笔者赞同脑死亡，即脑死亡就是作为整体的人的死亡。既然大脑已经死亡，

① ［日］西田典之：《刑法各论》，弘文堂 2010 年版，第 8~9 页。

② 林忠义：《死刑犯器官捐赠之研究》，《月旦法学》，第 155 期，第 98 页。

其功能的丧失不可逆转，就意味着作为整体的人已经陷入不可逆转的死亡进程，人的心跳和呼吸就会停止，即使采用现代医学设备勉强维持其心跳和呼吸，只不过是延长其死亡过程和延续尸体的腐败进程。换言之，已经脑死亡的人是处于深度的昏迷状态之中，没有自主的意识表述和行为能力，难以有效地参与社会活动真正成为人。反之在这种脑死亡情况下，如果及时进行器官移植，尸体器官往往还保持着其生前的生理活性，将大大提升器官移植的质和量。

笔者倾向肯定脑死亡，但过分强调脑死亡而将其上升为死亡判断一元论，则不太现实且过于激进。因为，脑死亡判断完全是一个医学临床的判断过程，仅凭民众的肉眼观察和经验难以准确地作出判断；而且，具体的脑死亡判断标准还存在着一些争议。经上述分析，笔者认为我国脑死亡的立法应遵循以下几点：

一是严格脑死亡的具体判断标准。从历史发展来看，有关脑死亡的具体标准有美国的“哈佛标准”、世界卫生组织的标准及众多的不同国家和地区的标准。目前，美国、西欧、日本报告的脑死亡标准有 30 多套。其主要区别在于：有的强调脑死亡是全脑包括脑干功能的不可逆的终止。例如：1978 年的美国《统一脑死亡法》（*Uniform Brain Death Act*，UBDA）将脑死亡定义为，全脑功能包括脑干功能的不可逆终止；1997 年的日本《器官移植法》将脑死亡定义为，全脑包括脑干功能的不可逆停止，但与“植物状态”不同，后者脑干的全部或部分仍有功能；1973 年的第八届国际脑电图和临床生理学会议提出定义，脑死亡是包括小脑、脑干，直至第一颈髓的全脑机能的不可逆转的丧失，等等。有的则主张脑干死亡。例如：1997 年的德国器官移植法规定，脑干死亡就是人的死亡；英国有学者认为生命决定于呼吸、循环中枢，所以脑干机能的不可逆转停止才是脑死亡。我国学者一般将脑死亡定义为包括脑干在内的全脑死亡。对此，从脑死亡到具体的脑干死亡，也许反映了医学科技对人脑组织结构和功能认识的不断深入以及死亡认识的新观念，但在我国目前脑死亡尚处于探索阶段，还不宜以脑干死亡作为人死亡的判断标准。此外，脑死亡标准不仅应严格，体现判断标准的科学性和准确性；而且还应做到相当的明确性，只有明确的标准才能消除具体判断中可能存在的人为的道德风险。在此意义上，脑死亡的判断应具备判断手段上的善。

二是脑死亡的判断必须用于善良的社会目的，即任何人不得假借脑死亡的名义进行非法或不当的行为。医学临床提出脑死亡的概念就是为了解决人体器官移植中短缺的人体器官来源问题，而器官移植往往是治病救人、挽救他人生命的最后手段，合理地利用尸体器官可以挽救他人的生命和健康，无疑为现代社会价值观念所广泛认可。相对于传统的心肺死亡说，脑死亡说显然有利于提升人体器官移植的质和量。正是在此意义上，世界上已有的脑死亡立法一般将其规定在相关的器官移植法律法规中；学者们在论述脑死亡时也一般将其与器官移植紧密相连。这理应成为我国脑死亡立法的有益借鉴。

三是协调脑死亡说与传统心肺死亡说的关系。心肺死亡说和脑死亡说，分别以心肺功能和大脑功能的不可逆丧失作为死亡的判断标准，事实上代表着不同的人类社会的传统和现代的死亡文化。心肺死亡说侧重从心肺功能的丧失观察人的死亡，凝聚了千百年来人们对死亡的直观观察和经验总结；而脑死亡侧重探讨开始于脑死亡的人死问题，脑死亡是现代医学科学发展的产物，其本身也必须借助医学知识和运用临床仪器才能作出准确的判断。这成就了二者之间显著的差别，无形之中也为二者的适用厘定了边界。即对于死亡的判断，存在着一般民众的心肺死亡判断和医学专家的脑死亡判断。

综上所述，笔者认为，我国人的死亡判断应以心肺死亡说为主，以脑死亡为辅；而且脑死亡的运用应具有相当的社会合理性，即应与器官移植紧密结合在一起，脑死亡判断不得用于任何非法或不当的目的。

第三节 脑死亡者器官的再利用问题

现在，脑死亡观点越来越受到社会各界的认可。就我国器官移植来看，在特定情况下，具备了严格的脑死亡判断标准和程序，脑死亡即人死亡，脑死亡者器官当属于尸体器官。而尸体无所谓个人的生命健康问题，因此摘取尸体器官并不存在侵害人的生命健康权利问题。那么，这是否意味着器官移植可以任意摘取尸体器官呢?现有的法律法规并没有作出明确的规定，因此一直是理论学界和社会民众热议的话题。在没有明确的尸体器官立法之前，我们试着从现有人体器官立法出发来说明问题。由于人体及其器官的特殊人身性，这并不意味着器官移植可以任意摘取尸体器官。人体器官是人的有机组成部分和各种人身权利的载体，器官的组织结构完整和功能正常不仅承载着人的生命和健康权利，而且因人的主体性存在而具有深厚的人格色彩。因此，传统的法律文化一直排斥人体及其组织部分的客体化，在主客体法律关系中，人是且只能是作为主体存在而不能成为权利的客体。“虽然人体以有体物的形式存在，但活人的身体仍不得为法律上的物。”① “人的身体为人格所附，不属于物。对于活人的身体及其一部分，不能成立物权。”② 但是，对于已经与活体分离的器官的法律性质，学者一般认为其构成法律上的物。“人身的组成部分，自然地由身体分离之时，如经分离后的毛发、血液等部分已非人身，而成为外界之物，当然得为法律上的物，得为权利的标准，可依照权利人的意思进行处分。”③ 可见，法律严格限制人体及其器官的客体化，在个体生命存续的期间，只有脱离其身体的器官可以被视为法律上的“物”来看待。

尽管传统的观点普遍反对人成为法律关系的客体，但同时对已脱离人（活体）的组成部分网开一面，将其视为法律上的“物”。究其原因，笔者认为是由已脱离人的组成部分自身属性所决定的。在医学中，人是一个复杂的有机整体，人体的组成部分一旦与人脱离，就难以再视为“人”而成为单纯的法律上的“物”。与人体脱离的组成部分已经与人的生命健康权利意义不大，反之愈发显现出法律上“物”的特性：有体性，即可被感知和为人所支配和控制，

① 史尚宽：《民法总论》，中国政法大学出版社 2000 年版，第 250 页。

② 梁彗星、陈华彬：《物权法》，法律出版社 2003 年版，第 22 页。

③ 史尚宽：《民法总论》，中国政法大学出版社 2000 年版，第 251 页。

具有稀缺性、流通性和利用价值。民法上的“物”即是被可以占有的财产。在现代医学科学技术发展及器官移植中，人体器官成为治病救人和挽救生命的重要医疗资源，也成就了其作为“物”的重大价值。应该说脱离人体的器官因为与人（活体）脱离，已经丧失了生命健康权利，而可以被视为法律上的“物”。在此意义上，笔者认为尸体器官同样如此，虽然尸体器官尚没有与人体脱离，但同样对原所有人不存在生命健康权利的纠葛，也可以被视为法律上的“物”。但这显然是一种特殊的“物”，因为它们曾经是具有生命的人或其有机组成部分，而且，人的死亡也不可能使其原有的一切权利归零。较为典型的是人格尊严，即使人已经死亡，其人格尊严仍然不受侵犯。如学者所主张的尸体权利延续说，认为尸体作为丧失生命的人体物质形态，其本质在民法上表现为身体权客体在权利主体死亡后的延续利益。如同人在出生之前对其胎儿的形体所享有的先于身体权的身体利益（先期身体利益）一样，应予以保护。① 事实上，现行刑法第302条就专门规定了“盗窃、侮辱尸体罪”，严惩秘密窃取尸体或以暴露、猥亵、损毁、涂画、践踏等方式损害尸体的尊严，伤害有关人员感情的行为。

尸体及其器官作为“物”的属性意味着它们可以成为权利的客体，为特定主体所占有和使用，这就构成了人体器官移植摘取脑死亡器官的法律基础。但是，由于人体器官的特殊性，对尸体及其器官的利用应有一定的底线，不得做出有伤风化和践踏死者人格尊严的行为。

① 王利明：《人格权法》，法律出版社1997年版，第82页。

总结：我国生命科技问题的立法展望

在现代社会，随着科学技术的迅速发展，生命科技在医学实践中的应用日益广泛。而且，生命科技在其具体种类、表现形式上不断走向丰富和复杂，各种生命科技活动经历了从无到有、从简单到复杂、从不成熟到成熟的嬗变。生命科技在医学实践治病救人、挽救生命中越来越发挥着重要作用，被视为现代医学科技的伟大成就，给一些身患绝症的患者带来了新的希望。同时，生命科技与医学紧密相连，使生命科技问题的法律规制显得更加复杂，各种医学诊疗手段，尤其是本身就具有创伤性或较大风险的手术的应用，往往在客观表现形式上就是一种“伤害”行为，只不过是因为治疗疾病的目的，阻却了行为的违法性。但是，我们不能忽视医学领域中的法律规制问题。因为，医学诊疗行为事关每个人的生命健康，医疗行为本身也带有致人伤害或可能致人伤害的事实特征；而且由于医学的专业性，医疗行为中患者相对于医生的信息不对称、处于极其劣势的地位，难以与医生形成真正平等的法律地位，属于弱势群体，这种相对弱势的地位就需要法律予以强势的保护。生命科技作为医学中的专业性强、对身患绝症的患者而言迫切追求的医疗手段，如果缺乏法律的有效规制，就容易发生被滥用或误用的可能。而且，从现实社会的情况来看，医学生命科技应用中出现的种种违法犯罪问题，如非法买卖人体器官、非法代孕甚至是“克隆人”甚嚣尘上……在某种意义上，这些都反映出我国生命科技的立法还有待完善和加强，既要针对生命科技日新月异的发展及其发展中显现出来的社会问题，及时完善立法；又要应对强化生命科技问题的法律规制，法治社会应当将生命科技的应用切实纳入法治的轨道。

一、立法目的思考

国家通过立法，用法律来调整和规范人们的行为。立法目的是每一部法律制定中的首要问题，立法就是一种价值判断，是实现一定立法目的的需要。应对我国生命科技的应用问题，明确其立法目的十分重要。

生命科技立法的根本目的是规范生命科技的应用。一方面，我国生命科技的立法目的在于防卫生命科技在实践中的滥用，避免侵害患者和无辜第三人的合法权益；另一方面，有关生命科技的立法应当有利于促进我国生命科技的发展，使生命科技在现代社会实践中发挥更大的作用。根本目的实现离不开立法的直接目的，这个立法的直接目的就是解决生命科技应用中的问题。生命科技的发展及其应用，会带来一系列的社会问题。这是由“科学技术是一把双刃剑”的本性所决定的。“技术在现象层次上所表现出的一半是天使，一半是魔鬼的面孔，并非技术本身的过失，而是由一定的社会建制构成的。”① 从生命科技的立法来看，立法总是通过制定一些禁止性规范或命令性规范，对生命科技的实践应用进行某种程度的限制。这是针对现代社会生命科技应用中出现的问题，运用法律的手段加以调整和控制。而由于生命科技具有的科学性和巨大的医疗价值，对生命科技的发展及其应用进行立法规范显然是一个复杂的问题。生命科技自其产生、不断发展在医疗实践中被广泛应用，其具有的积极社会价值毋庸置疑，而且正是生命科技所具有的这些积极价值，推动了生命科技的不断发展。问题是，随着生命科技的发展，它所带有的一些负面问题也日益显现。无论是人类辅助生殖技术的应用，还是人体器官移植或脑死亡的应用，都存在着一些严重的社会问题。应该说，这些问题都是现代社会生命科技发展而产生的新情况新问题，是对传统社会已有的伦理道德或法律规范的挑战和冲击。万物皆有生命，人最宝贵的是生命，人类社会千百年来创

---

① 刘文海：《技术异化批判——技术负面效应的人本考察》，《中国社会科学》，1994 年第 2 期。

造和积累了丰富灿烂科学文化知识和宝贵的精神财富，形成了重视生命健康、维护人类尊严的生命伦理道德观念。现代社会生命科技横空出世、迅速发展，生命科技的进步与突破深深地影响着现代社会的伦理道德观念。

一是对生命产生的冲击。生命的产生是生命科技研究的核心内容。生命科技发展带来的冲击和挑战也首先表现在生命产生的领域，主要是基因克隆技术及人造生命技术引发的新情况新问题。传统人类社会遵循自然界的人类繁衍生殖方式，新生命是源于两性结合的产物。这也是所有和人类一样的高等生物的唯一繁衍后代的方式。产生的生命个体是既与原来个体存在密切联系但又不同于原来任何个体的崭新个体。这种生命诞生方式是人类及高等动物经过千亿年的自然进化而形成的最有效的生殖方式，保障了人类及高等动物种族的延续性和生命的安全性，同时不同遗传基因组合产生全新的生命个体也促进了种族的发展和进化。而现代生命科技新发现的涌现，主要表现为基因克隆技术、人造生命以及人工智能等，对传统的自然生命产生方式产生了巨大的冲击和挑战。在一定程度上，这些新的生命科技并不是对传统的自然生命产生方式的促进和完善，相反却成为传统生命诞生方式的最大颠覆者。克隆是生物体通过体细胞进行的无性繁殖，克隆不需要精子和卵子的结合，只需从动物身上提取一个单细胞，用人工的方法将其培养成胚胎，再将胚胎植入雌性动物体内，就可孕育出新的个体。克隆即供体的“复制品”，具有与原供体完全相同的遗传特性。在20世纪末期，生命科学家们就已经成功培育出了“克隆羊”、“克隆猴”等动物，也不乏进行“克隆人”实验的报道。人造生命是利用现代生命科学技术从无到有创造全新生命的过程。人造生命是从其他生命体中提取基因，建立新染色体，随后将其嵌入已经被剔除了遗传密码的细胞之中，最终由这些人工染色体控制这个细胞，发育变成新的生命体。2010年5月20日，美国就诞生了世界首例人造生命——“辛西娅”，是完全由人造基因控制的单细胞细菌。克隆技术、人造生命是人类在科学技术领域的创举，不啻生命科技发展中的里程碑。但如果克隆技术被用于人类自身的生产，克隆人、复制和制造人，就势必导致严重的伦理道德危机和生态方面的问题。一方面，克隆技术对传统社会坚守生命伦理观念造成严重的冲击。例如："克隆人"的出现，将会严重冲击个人的唯一性和独特性，从而使个体丧失自我及其个性特征的自然基础。"克隆人"的生命产生方式会严重侵蚀传统社会以血缘和姻缘为基础的社会结构和社会关系，允许"克隆人"的合法存在也会导致如何确定其社会身份和地位的难题，等等。另一方面，克隆对生态、自然生物进化法则带来严重的影响。基因复制技术的运用会威胁到基因的多样性，生物的演化将出现一个逆向的颠倒过程，即由复杂走向简单，这对生物的生存是极为不利的。人造生命的出现即表明，新的生命体可以在实验室里"被创造"，而不是一定要通过"进化"来完成。对此，有学者指出："基因技术的发展改变了以往生命科学仅用于认识生物和利用生物的传统格局，而进入到人工改造生物乃至创造新生物的局面。这种技术进步对医疗服务行业有直接的实践价值，但在提供新的医疗服务的同时，也萌生了伦理、法律、社会公平等方面的诸多问题。"① 还有不少学者认为：人造生命如潘多拉魔盒，结局难判断；人造的有机体如果扩散到自然界，引发生物基因变化，有可能造成环境灾难，它们还有可能被用来制造生物武器。②

此外，基因杂交问题还对生命秩序产生了严重的冲击。生命科技的发展对于揭示生命的本质具有重要的意义，正是这种对生命本质的揭示则可能存在被滥用的风险。主要是有关基因杂交和转基因食品的安全问题。基因杂交是不同物种之间违背自然规则的交织和融合，现代生命科技使基因杂交成为现实的问题。生命科技的发展使人兽基因杂交等问题日益凸显，值得注意的是，2008 年英国颁布了《人类受精与胚胎学法案》，一定程度上开放了"人兽杂交"的研究，不仅使多种杂交物种合法化，还赋予伦敦国王学院、纽卡

① 李建明：《基因技术的应用与医学伦理的冲突》，《科技进步与对策》，2005 年第 11 期。

② 尹传红：《人造生命：打开了潘多拉的魔盒》，《科技潮》，2010 年第 8 期。

斯尔大学和华威大学3所研究机构进行相关实验的权力。有报道称：自2008年英国颁布上述法案以来，已产生155个包含人类和动物基因物质的杂交胚胎。① 这种人兽基因杂交显然对传统的生命秩序产生了严重的冲击，如果在动物胚胎中植入了人类遗传物质或者将动物基因植入人类胚胎，首当其冲的问题是由此生长发育而成的将属于何种生物呢？人兽杂交问题将严重冲击到传统的人与兽泾渭分明的界限。不仅如此，不同动物之间的杂交也存在着如何确定其物种身份的问题，同时还存在着动物作为一个物种的生命安全问题。

二是对生命发展的冲击。现代生命科技的发展，使人类社会在生命发展、维护个体生命方面取得了巨大的进步。器官移植成为在传统药物治疗之外临床医学治病救人的重要手段，甚至对于一些因为严重器官病变或衰竭的病人，进行器官移植是其唯一有效的手段。现代社会器官移植技术日渐成熟，并应用广泛，常用的移植器官有肾、心、肝 、胰腺与胰岛、甲状旁腺等。这些器官移植技术极大地提高了现代医学治疗疾病和挽救生命的能力，但同时也让我们不得不面临一些两难的抉择问题。当某个人罹患严重器官病变或器官功能衰竭时，器官移植技术可以提供生命的延续。器官移植是将正常的健康器官移植到患者体内，替代患者发生病变或衰竭的器官以恢复原来器官组织的正常功能。根据器官移植中器官供体和受体关系的不同，器官移植可以分为：自体移植，即移植器官取自受者自身；同系移植，即移植器官取自遗传基因与受者完全相同或基本相似的供者（指同卵双生子之间的器官移植）；同种移植，即移植物取自同种但遗传基因有差异的另一个体；异种移植，指移植器官取自异种动物（如将黑猩猩的心脏移植给人）。一般而言，自体移植和同系移植因移植器官来源于自身或特定关系密切亲属，对此并不存在较大的争议，而问题主要在于同种移植和异种移植。器官移植技术的提出和推广旨在以器官移植的方式替换患者已经发生病

---

① 《英国造出155个人兽杂交胚胎》，财经网，http：//www. caijing. com. cn/2011-08-02/110796534. html。

变的器官，重获新的生命。然而，器官移植治病救人作用发挥是建立在有可供移植器官的基础之上。现代社会器官移植中，一个重要的难题就是可供移植器官的来源问题，即如何获得可供移植的器官？在器官供求矛盾突出的背景下如何公平合理地分配有限的器官？与之相对，提供器官的供体在什么情况下可以提供器官？人体器官是作为个体的人的生命健康权利的载体，个人所具有的生命健康权利是否包含着其对个体身体组成部分即器官的自由处分呢？现代社会个体生命健康权利平等地受法律保护，在此背景之下，能否以牺牲提供器官的供体生命健康的代价以换取患者的生命健康，如果能，又应当如何作出合理的界定呢？等等。而从现实的社会情况来看，由于器官移植在因器官病变疾病治疗中不可替代的作用以及高额经济利益的驱使，非法买卖人体器官的现象屡见不鲜，近年来不乏非法买卖人体器官的重大案件发生，如临床常见的肾脏移植，据报道就有所谓的“卖肾车间”，令人触目惊心。这种非法的人体器官买卖，不仅直接伤害了器官供者的生命健康权利，甚至可能涉及故意杀人罪或故意伤害罪的刑事犯罪，而且也不利于健康有序的器官移植本身的发展。此外，器官移植的技术要求较高，费用惊人，器官移植往往需要高额的医疗费用，即使移植手术成功之后，也需要终身服用抗排异的免疫抑制剂。在医疗资源有限的情况下，巨额的器官移植费用，势必会影响到其他人可享用的医疗卫生资源。如何平衡需要进行器官移植患者和一般人的医疗卫生权利，也是不得不考虑的问题。

三是对生命终结的冲击。生命终结即死亡，传统社会的观点是把心跳和呼吸的停止作为死亡的判断标准。生命科技的发展改变了死亡的定义，也深深影响了对死亡的判断标准。脑死亡虽然具体判断标准存在一些争议，但并不妨碍其成为一种不同于传统心肺死亡说的全新死亡判断标准。

我国生命科技问题的立法，首先就应当充分认识我国现代生命科技的发展、应用及其产生的法律问题，分析这些问题产生的原因。在笔者看来，由于生命科技利弊交错的“双刃剑”属性，不妨将导致现实社会生命科技问题的原因分为固有的先天性原因和人为的后天性原因。对于前者，立法对策应以调控为主，充分发挥医学生命科技的长处而合理控制风险；对于后者，立法对策应尽可能明确规定，分析原因构建相应的解决对策。

二、生命权利与合理权利限制的立法模式

现代社会生命科技的发展及其应用，旨在提高医学治病救人的能力，改善人的生命质量。而这是每个人重要生命权利的要求，每个人都有获得医学救治、改善自身生命质量的权利。生命科技依照生命从生到死的发展过程，主要有人类辅助生殖、人体器官移植和脑死亡，所涉及的法律上的权利主要是人的生育权和生命健康权利，还有一些学者提出了基因权利和器官权利。生命科技的发展极大地扩展了人们认识和改造自身生命活动的能力，基因权利和器官权利等一些新的权利由此产生。虽然在法律上，权利即意味着自由，可以行使也可以放弃，但生命权利因其与人的生命健康、人格尊严①等是紧密联系在一起的，在其权利行使上，往往受到一定程度的限制，并非完全的自由。前面已谈到生命权，除极少数国家如荷兰将安乐死合法化，赋予那些“求生无望又遭受极端痛苦”的人选择死亡的自由，绝大多数国家否定任何人有处分自己生命的权利，认为相关的帮助他人自杀行为都是违法犯罪行为。对于涉及人的生命健康的权利，一方面它们是人权保障中的基本人权，严禁任何侵犯他人生命健康的行为，侵犯这些权利的行为都是严重的违法犯罪行为。另一方面这些权利的主体并非拥有完全意义上的权利，即权利主体也不能随意自由处分自己的这些权利。在此意义上，法律赋予这些权利是为了禁止他人对这些权利的侵害，而不是允许权利主体对这些权利的自由处分，即赋予生命权利的同时对生命权利的行使进行合理的限制。这是我国生命科技问题的立法规制应当遵循的基本立法模式。立法赋予生命权利是相对于他人对生命权利主体的生命权利侵害而言的，而限制生命权利是相对于生命权利主体

① 现代社会，人是社会的人，人格和名誉对于人具有重要的意义，它们往往被视为人的“第二生命”。

对自己生命权利的处分而言的。

首先是生育权及其限制。人类社会自古以来，生育子女是每个人的基本权利，也是人类社会得以不断繁衍至今的基础。如前所述，生育权具有坚实的社会伦理道德正当性基础，而且无论是国内外或国际社会的立法都肯定了每个人享有生育的权利，这种权利被视为先于国家而存在的根源于人的本性的法则，是绝对的、不可剥夺的和不可让与的权利。

笔者不否定生育权之于每个人的重要意义，问题在于生育权的实现方式。现代社会人类辅助生殖技术的产生和发展，使那些不能自然生育子女的人也能够实现生育子女的愿望，但人类辅助生殖技术的应用，除了实现生育子女的“目的上的善”，还应当具备“手段上的善”。合理的人类辅助生殖技术的应用应该是目的善和手段善的有机统一，否则就可能引发一些难以解决的社会问题。因为，传统的社会人们通过自然的两性结合孕育后代，这是人类生殖繁衍上的自然法则。遵循这种自然法则孕育子女繁衍后代，传统的社会已经形成了一套完整的人伦道德和法律规范。而现代社会生命科技的发展，完全颠覆了两性自然结合生育子女的模式，不论是现在饱受批判指责的克隆技术或无性生殖技术，还是受到充分肯定在实践中广泛应用的试管婴儿技术等，都会对传统社会的生育制度或文化产生重大的冲击。这些冲击，包括对家庭婚姻关系的冲击、人乱关系的紊乱等，在前面已有详述，不再赘述。现代社会，国内外立法实践和法学界都普遍主张禁止克隆人，禁止有关于人的无性生殖技术研究及其应用。因为这一类人类辅助生殖技术完全有悖于生育的自然法则，所产生的后代与父代具有完全相同的基因，也会导致难以解决的人伦关系混乱问题。一般的人工授精等技术，只是以人工辅助的方式部分替代了传统两性结合的生殖方式，在严格规定适用条件的情况下，一般不存在较大的问题。而对于“代孕”，如前所述，世界各国的立法态度不一，有的禁止代孕，有的肯定代孕，这主要涉及人们对商业性代孕的看法。基于代孕的现实存在、国外代孕合法化立法与实践等因素，笔者倾向有条件地合法化代孕。总之，生育权的权利观念赋予了现代人类辅助生殖技术的合法性基础，但这种目的善，还必须与实现目的的手段善相结合，只有这样，它才是为现代立法所允许的人类辅助生殖技术应用。

其次是生命健康权利及其限制问题。这在前面人体器官移植的法律规制已有阐述，故不作赘述。需要说明的是，它是人体器官移植中首要的法律问题。人体器官移植通过手术方式替换已经病变的器官，是治病救人挽救生命的善举，这是对患者而言的。在进行器官移植之前，必须有可供移植的人体器官，而摘取活体的人体器官必然会伤及无辜，因此早期的人体器官移植立法都是有关规范尸体器官移植的立法，合法的人体器官移植仅限于摘取已死亡的尸体的有用器官进行器官移植。后来，随着人体器官移植技术的完善和成熟、社会观念的转变，才扩展到活体人体器官移植，但对于活体人体器官移植往往规定了严格的移植对象限制，一般限定于特定亲属人员之间。现实的问题是，社会上非法买卖人体器官现象猖獗，一种观点认为生命健康权利是个人的基本权利，个人自愿出卖自己的人体器官是处分自己的生命健康的行为，不应由法律来加以规制。对此，笔者认为这是值得商榷的。一是帮助他人自杀是违法犯罪行为，二是帮助他人实施一般伤害的行为，那就要根据造成伤害的程度来确定其行为的性质，从前面人体器官移植法律规则的论述来看，如果伤害的程度是轻微伤及其以下，不是违法犯罪行为；如果是轻伤及其以上，则不能免除其法律责任。

最后是有关基因权利和器官权利的问题。这些权利都是随着现代生命科技的发展，被学者提出的新的权利。现代社会有关生命科技的立法，显然离不开对这些权利的构建，这也是生命科技立法的应有之义。应该说，这些权利概念的提出，都源于人类对自身生命活动的认识和改造能力的提高。基因权利的产生，在于生命科技对人体基因的提取、对基因所蕴含的个人信息的认识；器官权利的产生，在于人体器官移植技术的发展使人体器官具有了治病救人的重要作用。这就使基因、人体器官具有了法律上“物”的意义，可以为人们所认识、掌握和利用，也能为权利人带来某种利益或价值。但不能否定，这些“物”来源于人体，因此是一种特殊的“物”。

就人的基因权利而言，如前面人类辅助生殖的法律规制部分所述，不少学者提出了新的“基因权”这一概念，认为每个人对自己的基因都享有天赋的权利，包括物质权利和精神权利，基因权是任何人都不可剥夺的权利。这一权利在现实社会更具有重大的意义。事实上，生命科技的发展使得对人类基因的认识不断深入发展，早在1985年，美国科学家就率先提出了“人类基因组计划”(Human Genome Project，HGP)①，该计划于1990年正式启动，全世界来自美国、英国、法国、德国、日本和我国科学家共同参与这一巨大的人类基因组计划。科学家们计划把人体内约2.5万个基因的密码全部解开，同时绘制出人类基因的图谱。现在，人类基因组测序任务已经于2003年顺利完成。这意味着人们已经基本掌握了人类基因的奥秘。如果想要了解某一个人的基本情况，诸如是否会发生某种疾病、性格或特定遗传信息等，只需要对这个人相对应的基因部分进行过测定就可以了。“随着‘基因探针’和‘基因芯片’的出现，‘基因检测’技术迅速普及，基因科技对隐私权保护也构成了挑战。”② 基因是一张人的“生物身份证”，基因信息就是真实个人的自身信息，与一个人的身体素质、健康疾病、智力品格等密切相连；不仅如此，基因还涉及人类整体的利益或安全，某种对个人基因的改造，完全也有可能会“感染”到其他人类个体，从而造成人类种族的危机。因此，个人的基因权利主要是个人对自己的基因享有的排斥他人非法侵害的权利，个人对自己的基因享有隐私权，禁止他人利用或泄露自己的基因信息；而处分自己基因的行为应当受到严格的限制。

① 人类基因组计划与曼哈顿原子弹计划和阿波罗计划并称为三大科学计划。人类基因组计划的目的是破译人类全部遗传信息，从而解码生命、了解生命的起源，了解生命体生长发育的规律，认识种属之间和个体之间存在差异的起因，认识疾病产生的机制以及长寿与衰老等生命现象，为疾病的诊治提供科学依据。

② 胡朝阳、周旋：《基因科技发展对人权影响及其法律调整》，《中国法理学研究会第一次会员代表大会暨2012年学术年会会议论文集》（上卷），第755页。

就人的器官权利而言，不少学者提出器官权利的概念，指出器官权利的形成实质是器官的法律地位从主体“人”的组成部分转化为权利客体，即器官“客体化”，器官权利提出的意义不只针对规制器官移植技术的本身，其后蕴藏更深刻的意义在于对人体客体化的法律规制的探索。①“所谓人体器官权利，是指法律所赋予地自然人对其器官依法所享有的不受他人侵害的权利以及自主支配的权利，其兼具身体权和物权的属性，可以说是一项全新的权利。”②几乎所有的学者都意识到人体器官法律属性的复杂性——在传统民法“人”、“物”二分理论中，人体器官具有“人格”和“物”的双重属性。在此意义上，学者一般将其视为一种全新的权利。而权利即自由，不少学者大胆主张人体器官可以合法地自由买卖，成立人体器官市场，允许通过自由的商业买卖来获取临床上急需的人体器官。即国家应当建立一个人体器官交易市场，允许人体器官的转让和交易。在某些人看来，人体器官自由买卖合法化具有重大的意义：一是可以有效地解决临床中供体器官短缺的问题，有利于救死扶伤、挽救更多的人的生命，促进医学科学技术的发展；二可以通过等价有偿的市场交易使器官出让人的损失得到合理补偿，有利于防止非法交易侵犯出让人的权利；三可以通过买方与卖方所达成的协议，确保器官的正常用途。③器官权利自由的理论基础，现实医疗临床上的器官供求矛盾突出的迫切需要，为人体器官买卖合法化提供了肥沃的土壤。在笔者看来，器官权利思想具有可取性，主张器官权利有助于个体维护其自身的器官完整和功能健康的权利。但如权利相对的观点，这种权利也是一种相对的权利，受到社会伦理道德和法律观点的约束。人体器官是人体的重要载体，它不具有财产性，不能作为物来交易；而对人体器官的买卖、担保、抵押等商

---

① 曹玲玲：《论器官权利》，吉林大学2009年博士学位论文，第5页。

② 徐晓宁：《论人体器官权利——以几起器官捐献案为例》，兰州大学2011年硕士学位论文，第15页。

③ I. Loyd R Cohen. lncreasing the Supply of Transplant Organs. The Virtus of a Futures Market 58 Qeowash I. Rex I, pp. 1989-1990.

业行为，往往被视为违反社会公序良俗的行为，其行为不应有效；而只有以无偿捐赠为基础的器官移植，才应是一种富有意义的道德行为。如果允许人们随意转让器官，无异于明确承认人格的商品化，而人格的商品化则有可能诱发道德风险，导致自杀甚至是谋杀同时，人体器官买卖也会造成权利人自身的损害，人们可能因为生活所迫，而出卖自己的器官，甚至可能无视自己的身体健康、为谋取一时的利益而进行身体器官交易，以致给自己身体造成严重损害。① 事实上，买卖人体器官的行为一方面可能直接导致出卖器官的人的重大伤亡，出卖器官的人可能会受形势所迫出卖自己的器官，给自身带来无法挽回的重大伤害；另一方面，买卖人体器官的行为还可能会引发严重的社会风险和道德危机，即人被商品化、被市场经济所异化。因此，笔者认为买卖人体器官的行为应当被严格禁止，器官权利的界限就是禁止人体器官的商业化买卖。

我国生命科技问题的立法，应当注意生命科技中传统的生育权和生命健康权等问题，同时也要关注其中可能存在新型权利，如基因权利和器官权利等。在此基础上，考虑到生命科技的“双刃剑”性质，明确权利的相对性原则，在赋予权利主体享有某种权利的同时，也要对这些权利的行使作出合理限制。

① 刘长秋：《刑法视野下的器官移植》，《现代法学》，2008 年第 6 期。

参考文献

（一）著作类

[1] 倪正茂：《生命法学探析》，法律出版社 2005 年版。

[2] 刘长秋、刘迎霜：《基因技术法研究》，法律出版社 2005 年版。

[3] 李善国、倪正茂、刘长秋：《辅助生殖技术法研究》，法律出版社 2005 年版。

[4] 刘长秋：《器官移植法研究》，法律出版社 2005 年版。

[5] 刘长秋、陆庆胜、韩建军：《脑死亡法研究》，法律出版社 2006 年版。

[6] 倪正茂、李惠、杨彤丹：《安乐死法研究》，法律出版社 2005 年版。

[7] 刘长秋：《生命科技犯罪及其刑法应对策略研究》，法律出版社 2006 年版。

[8] 邱格屏：《人类基因的权利研究》，法律出版社 2009 年版。

[9] 张爱艳：《生命科技的法律问题研究》，山东大学出版社 2007 年版。

[10] 倪正茂、刘长秋：《生命法学论要——2007 年生命科技发展与法制建设国际研讨会论文集》，黑龙江人民出版社 2008 年版。

[11] 黄丁全：《医疗法律与生命伦理》，法律出版社 2007 年版。

[12] 邱仁宗：《生死之间——道德难题与生命伦理》，中华书局 1989 年版。

[13] 张明楷：《外国刑法纲要》，清华大学出版社 1999 年版。

[14] 史尚宽：《民法总论》，中国政法大学出版社2000年版。
[15] 陈忠华：《现代死亡学》，科学出版社2004年版。
[16] 王利明：《人格权法》，法律出版社1997年版。
[17] 王保捷：《法医学》，人民卫生出版社2002年版。
[18] 郭自力：《生物医学的法律和伦理问题》，北京大学出版社2002年版。
[19] 宋思扬，楼士林：《生物技术概论》，科学出版社2000年版。
[20] 刘长秋：《生命科技法比较研究》，法律出版社2012年版。
[21] 熊永明：《现代生命科技犯罪及其刑法规制》，法律出版社2012年版。
[22] 徐宗良：《面对死亡——死亡伦理》，上海科技教育出版社2011年版。
[23] 程新宇：《生命伦理学前沿问题研究》，华中科技大学出版社2012年版。
[24] 闫云君：《生命科学导论》，华中科技大学出版社2011年版。
[25] 涂玲、卢光琇：《控制生命的按钮——生殖伦理》，上海科技教育出版社2012年版。
[26] 刘长秋、陆庆胜、韩建军：《脑死亡法研究》，法律出版社2006年版。
[27] 郸立军：《器官移植民法基本问题研究》，法律出版社2012年版。
[28] 黎桦：《死者人格利益的民法保护——以死者的名誉保护为中心》，世界图书出版公司2012年版。
[29] 梅伟：《意思表示错误制度研究》，法律出版社2012年版。
[30] 冀中、高德馨、张洪涛等：《医学模式》，北京医科大学出版社1990年版。
[31] 何跃军：《风险社会立法机制研究》，中国社会科学出版社2013年版。
[32] 杨炼：《立法过程中的利益衡量研究》，法律出版社2010年版。
[33] 苏力：《制度是如何形成的》，北京大学出版社2007年版。

[34] 孙慕义：《医学大法学》，西南交通大学出版社 2000 年版。

[35] 王伟等：《法治：自由与秩序的平衡》，广东教育出版社 2012 年版。

[36] 倪正茂、陆庆胜等：《生命法学引论》，武汉大学出版社 2005 年。

[37] 万慧进：《生命伦理学与生命法学》，浙江大学出版社 2004 年版。

[38] 谈大正：《生命法学导论》，上海人民出版社 2005 年版。

[39] 宋儒亮：《脑死亡与器官移植：关联、争议与立法》，法律出版社 2008 年版。

[40] 邢玉霞：《辅助生殖技术应用中的热点法律问题研究》，中国政法大学出版社 2012 年版。

（二）译著类

[1] [英] 恩格尔·哈特：《生命伦理学基础》，范瑞平译，北京大学出版社 2006 年版。

[2] [美] 博登海默：《法理学、法律哲学与法律方法》，邓正来译，中国政法大学出版社 1999 年版。

[3] [美] 约翰·罗尔斯：《正义论》，何怀宏等译，中国社会科学出版社 1988 年版。

[4] [美] 彼德·斯坦、约翰·香德：《西方社会的法律价值》，王献平译，中国法制出版社 2004 年版。

[5] [美] 霍普：《医学伦理》，吴俊华、李方、裘劼人译，凤凰出版传媒集团 2010 年版。

[6] [日] 粟屋刚：《出卖器官》，董炯明译，平安文化有限公司 2002 年版。

[7] [美] 罗纳德·M. 德沃金：《生命的自主权——堕胎、安乐死与个人自由的论辩》，郭贞伶、陈雅汝译，中国政法大学出版社 2013 年版。

[8] [美] 罗纳德·M. 德沃金：《认真对待权利》，信春鹰、吴玉章译，中国大百科全书出版社 2002 年版。

[9] [德] 贝克:《风险社会》,何博闻译,译林出版社 2004 年版。
[10] [英] 哈特:《法律的概念》,张文显译,中国大百科全书出版社 1996 年版。
[11] [英] 约翰·密尔:《论自由》,许宝骙译,商务印书馆 2005 年版。
[12] [英] 边沁:《道德与立法原理导论》,时殷弘译,商务印书馆 2000 年版。
[13] [德] 哈贝马斯:《在事实与规范之间:关于法律和民主法治国的商谈理论》,童世骏译,生活·读书·新知三联书店 2003 年版。
[14] [德] 马克斯·韦伯:《论经济与社会中的法律》,张乃根译,中国大百科全书出版社 1998 年版。
[15] [美] 富勒:《法律的道德性》,郑戈译,商务印书馆 2005 年版。
[16] [美] 罗斯柯·庞德:《通过法律的社会控制法律的任务》,沈宗灵、董世忠译,商务印书馆 1984 年版。
[17] [美] 埃里克·A. 波斯纳:《法律与社会规范》,沈明译,中国政法大学出版社 2004 年版。

(三) 期刊论文类

[1] 倪正茂:《生命法学研究略论》,《政治与法律》,1997 年第 3 期。
[2] 倪正茂:《论科技法的激励原理》,《中央政法管理干部学院学报》,1999 年第 5 期。
[3] 倪正茂:《中国走出器官移植困境的出路研究》,《南昌大学学报》(人文社会科学版),2011 年第 2 期。
[4] 倪正茂:《生命法学中的伦理问题》,《科技导报》,2002 年第 9 期。
[5] 倪正茂:《科技进步与法制建设的辩证关系》,《现代法学》,1998 年第 3 期。
[6] 倪正茂:《基因技术立法与社会效益第一原则》,《探索与争

鸣》，2001 年第 4 期。
[7] 倪正茂：《人类辅助生殖：伦理与法律》，《科学》，2004 年第 5 期。
[8] 刘长秋、倪正茂、杨芳、丁春艳：《生命科技发展与法制建设研讨》，《政治与法律》，2008 年第 6 期。
[9] 刘长秋：《论生命法的独立部门法地位——兼对我国生命法学研究的未来展望》，《东方法学》，2008 年第 5 期。
[10] 刘长秋：《生命科技犯罪及其刑事责任制度比较研究》，《中国犯罪学学会第十八届学术研讨会论文集》（下册），2009 年 8 月。
[11] 刘长秋：《刑法视野下的器官移植》，《现代法学》，2008 年第 6 期。
[12] 刘长秋、赵志毅：《人体器官买卖与捐献的法律分析》，《法律与医学杂志》，2007 年第 1 期。
[13] 刘长秋：《人体器官移植的刑法规制研究》，《南昌大学学报（人文社会科学版）》，2011 年第 2 期。
[14] 刘长秋：《论器官移植犯罪及其法律防范》，《福建公安高等专科学校学报》，2003 年第 3 期。
[15] 刘长秋：《浅论我国立法对人体器官买卖的禁止》，《法律与医学杂志》，2004 年第 1 期。
[16] 刘长秋、陈占彪：《论我国器官移植立法过程中应坚持的基本原则》，《法律与医学杂志》，2005 年第 1 期。
[17] 刘长秋：《论器官移植犯罪的概念、构成及其立法应对》，《北京人民警察学院学报》，2005 年第 2 期。
[18] 刘长秋：《澳门器官移植法研究——澳门器官移植法及其对大陆器官移植立法之启示》，《法治研究》，2009 年第 5 期。
[19] 刘长秋：《生命伦理法律化研究》，《浙江学刊》，2008 年第 3 期。
[20] 刘长秋：《刑法学视域下的克隆人及其立法》，《现代法学》，2010 年第 4 期。
[21] 刘长秋、孙志强：《人体器官的买卖应否被合法化?》，《社会

观察》，2005 年第 7 期。
[22] 刘长秋：《生物经济发展与生命法学——兼论当代生命法学的发展机遇及中国生命法学的使命》，《政治与法律》，2012 年第 7 期。
[23] 刘长秋：《生命科技犯罪的发展趋向及其法律对策研究》，《云南大学学报（法学版）》，2012 年第 2 期。
[24] 刘长秋：《遏制器官买卖：法律如何作为?》，《社会观察》，2012 年第 7 期。
[25] 刘长秋：《台湾人工生殖立法研究》，《法治研究》，2012 年第 6 期。
[26] 刘长秋：《现代生命科学技术引发的犯罪现象及其刑法学审视》，《郑州轻工业学院学报》（社会科学版），2009 年第 1 期。
[27] 刘长秋：《生命法学及其在中国的前景》，《科学学研究》，2009 年第 8 期。
[28] 刘长秋：《生命法三论》，《法学评论》，2010 年第 3 期。
[29] 刘长秋：《生命科技进步的负面效应及其法律对策》，《四川警察学院学报》，2008 年第 3 期。
[30] 刘长秋：《生命伦理法律化研究》，《浙江学刊》，2008 年第 3 期。
[31] 管文贤、李开宗：《关于开展活体器官移植的伦理学思考》，《医学与哲学》，2001 年第 6 期。
[32] 李建明：《基因技术的应用与医学伦理的冲突》，《科技进步与对策》，2005 年第 11 期。
[33] 尹传红：《人造生命：打开了潘多拉的魔盒》，《科技潮》，2010 年第 8 期。
[34] 刘红、汤世国、张保明：《2005 世界科技发展综述》，《国际技术经济研究》，2006 年第 1 期。
[35] 刘明祥：《器官移植涉及的刑法问题》，《中国法学》，2001 年第 6 期。
[36] 汪明进、李耀平：《科学技术活动的社会伦理责任浅析》，

《黑龙江史志》，2008 年第 16 期。
[37] 焦少林：《试论生育权》，《现代法学》，1999 年第 6 期。
[38] 张燕玲：《论代孕母的合法化基础》，《河北法学》，2006 年第 4 期。
[39] 胡启忠：《法律正义与法律价值之关系辩正》，《河北法学》，2010 年第 3 期。
[40] 徐大建：《西方公平正义思想的演变及启示》，《上海财经大学学报》，2012 年第 3 期。
[41] 史蕾、宁岩、彭长春：《治疗行为违法阻却原因探析——基于刑法学视角的前序性研究》，《法制与社会》，2009 年第 8 期。
[42] 谢广宽：《澳大利亚 2002 年禁止克隆人法案》，《法律与医学杂志》，2004 年第 1 期。
[43] 黄永晴：《 生命法学的多元化伦理浅析》，《理论观察》，2006 年第 6 期。
[44 谈大正：《 当代生命法学的功能与伦理基础》，《法治论丛》，2007 年第 1 期。
[45] 王淑荣、陈军、陈吉鄂：《英国关于生殖技术的伦理与法律规制研究》，《医学与哲学》，2010 年第 1 期。
[46] 杨辉：《辅助生殖技术对生命伦理的挑战与对策》，《学习月刊》，2008 年第 6 期。
[47] 芦琦：《当代生命科学对生命法学的挑战及其对策》，《上海大学学报（社会科学版）》，1999 年第 1 期。
[48] 纪宗宜：《现代生命法学涉及的死亡问题探略》，《暨南学报（哲学社会科学版）》，2001 年第 5 期。
[49] 纪宗宜：《现代生命法学的科学内核与研究》，《广东商学院学报》，2000 年第 3 期。
[50] 谈大正：《 当代生命法学的特点》，《华东政法学院学报》，2001 年第 2 期。
[51] 龚琳：《上海市第三届生命法学研讨会学术综述》，《上海市政法管理干部学院学报》，2001 年第 2 期。

[52] 莫洪宪、刘维新:《医事刑法研究论纲》,《现代法学》,2011年第6期。
[53] 杜文俊:《生殖工程与法——第四届生命法学理论研讨会综述》,《政治与法律》,2001年第4期。

(四)学位论文类

[1] 曹玲玲:《论器官权利》,吉林大学2009年博士学位论文。
[2] 刘君丽:《人工生殖的法律问题探析》,华侨大学2008年硕士学位论文。
[3] 张燕玲:《人工生殖法律问题研究》,山东大学2006年博士学位论文。
[4] 滕艳军:《代孕合法化研究》,广西大学2008年硕士学位论文。
[5] 徐晓宁:《论人体器官权利——以几起器官捐献案为例》,兰州大学2011年硕士学位论文。
[6] 沈秀芹:《人体基因科技立法规制研究》,山东大学2010年硕士学位论文。
[7] 张小罗:《基因权利研究》,武汉大学2010年硕士学位论文。
[8] 李涤非:《基因与身体的哲学——科学实在论研究》,武汉大学2005年硕士学位论文。
[9] 雷瑞鹏:《异种移植:哲学反思与伦理问题》,华中科技大学2005年硕士学位论文。
[10] 刘融:《脑科学研究的哲学问题初探》,华中科技大学2006年硕士学位论文。
[11] 马兰:《生命伦理原则研究》,华中科技大学2006年硕士学位论文。